ひとを
理解する

なぜ、ひとは、
関係を熱望するのか

ラリー・クラブ [著]

川島祥子 [訳]

YOBEL,Inc.

凡　例

1　本書は、Dr. Larry Crabb (2013 Revised). *Understanding People Why We Long for Relationship*. Zondervan, Michigan の邦訳である。

2　原書注番号は（1）（2）（3）…とし、巻末にまとめた。

3　訳注を設け、読者に必要と思われる情報を巻末に付け加えた。ただし、文脈上本文のなかに（訳注：）として入れたところもある。

4　原書でイタリック体で表記されている部分については、本書では**ゴシック体**で示した。

5　巻末に人名索引・事項索引を設けた。索引項目は読者のため選出したため、原書のそれとは必ずしも一致しない。

ひとを理解する
なぜ、ひとは、関係を熱望するのか

Understanding People
Why We Long for Relationship

目次

人格の成長に関する二つのモデル

成熟の本質

はじめに

　何年にもわたり、私は、聖書的カウンセリングの論考に力を注いできた。少なくても、明らかに一つの結論が得られた。それは、聖書的カウンセリングの論拠をめぐって、際限なく争点が多く、しかも、それぞれの立場はさらに見解が分かれていくということである。見解が分かれる可能性のあるところに、問題の実体が見えてくる。

　いくつかの問題を考えてみよう。まず、はじめに、**カウンセリングのアプローチが聖書的であるというのはどういう意味なのだろうか**。自分の考え方が非聖書的などと宣伝する福音主義者など明らかにいない。しかし、カウンセリングのある立場に立つ人は、非聖書的であることを理由に、批判され続けてきた。クリスチャンのカウンセラーは、他のクリスチャンカウンセラーを、非聖書的だという理由で、あるいは少なくても、彼らと同じような聖書的立場にはないという理由で、著作や講義で公然と非難している。

　正に、カウンセリングの立場が「聖書的」だと呼ばれる資格があるか、どのように判断したらよいのだろうか。一人の神学者が、カウンセリングの訓練プログラムに最低限の神学と聖書コースを含んでいれば、そのプログラムは聖書的であると述べたことを、私は思い出す。彼の主張の背後には、次のような考え方がある。カウンセリングそれ自体は非聖書的であり、カウンセリングの訓練は聖書的かつ神学的事柄と全くかけ離れたことがらである。しかし、十分な神学校レベルのコースが伴っていれば、カウンセリングは聖書的な地位に引き上げられるというものである。

　神学的に保守派である人のすべては自分が聖書的であることを望むが、何をもって、あるアプローチは聖書的（あるいは、はるかに聖書的）で、別のアプローチは非聖書的（あるいは、さほど聖書的ではな

い）だというのか。

　二番目の問題について考えてみよう。**聖書研究と心理学的調査との関係をどのように理解すべきなのか**ということだ。聖書的カウンセラーになることと神学とは、ある程度は無関係なのだろうか。それとも、本質的に無関係なのだろうか。あるいは、単に、神学は助けになる程度なのか。聖書的カウンセリングのミニストリーを目指すクリスチャンは、世俗の心理学を研究するべきなのか。心理学は、彼らの考え方を堕落させるのか、それとも発展させるのか。世俗の理論は世俗の教授の下で検証するほうが良いのか。世俗の理論は、聖書の権威を信じるクリスチャンの教授の助けの下で、批評さえ受ければよいのか。あるいは、聖書がカウンセリングにかかわる問題すべてに十分回答できるならば、世俗の理論は全く無視されるべきなのか。何年も、私のところには、毎日のように、カウンセリングを学ぶのに世俗の学校とキリスト教の学校のどちらを推薦しますかと問う手紙が届く。私は、どんな答えをしたらよいのだろう。

　聖書の徹底した基礎知識があれば、有能なカウンセラーになる準備としては十分なのか。あるいは、聖書の適用とその方法の両方で、さらなる実践的訓練が必要なのか。拒食症の娘やうつ状態の父親の治療のために、家族はカウンセラーにどのような資格や、訓練や、経験を求めたら良いのだろうか。

　三番目の問題は次のような問いである。**教会のリーダーと専門領域で訓練を受けたカウンセラーは、人々が感情的に健全になり人間関係でも良くやっていかれるように援助するために、どのように協働すべきなのか**、ということである。ジョージフォックス（George Fox）大学で心理学の教授をしているマーク・マックミン（Mark McMinn）は、カウンセラーと教会の協調的な関係について、次のように論じている。多くの人々を最善に援助するために知恵と有効な資源が共同出資されるところに、協調的関係は生まれるのである。ティム・クリントン（Tim Clinton）のもとで、全米クリスチャンカウンセラー協会は、有資格のカウンセラーが、教会でも専門職の現場

のどちらでも、働くことができるようにした。ただし、教会のリーダーたちが会衆全体を癒しのコミュニティーにしていくことに、焦点はほとんど当てられていない。霊的に成熟した人は、摂食障害、境界性パーソナリティー障害、パニック障害のような問題をかかえた人々を助ける資格をもつのか。もつと考えれば、それはクリスチャンの理想的な素朴な考えであって、慎重な現実主義者には、当然、酷評の対象になるのか。

ラリークラブ（Larry Crabb）の考えはどうなのだろうか。彼は、自分の最近の本の中で言っていることを本当に信じているのか。つまり、魂についての話は、人々をつなぎ真の霊的コミュニティーにしていくことができる。真の霊的コミュニティーとは、人々からプレッシャーが取り除かれ、福音の力が人々の生活を変えていく場であると述べる。善意のクリスチャンは重要な対話ができるのか。つまり、治療の中でしか起こらないと誤って決め込んでいることが、対話を通してさらに良く実現できるのか。

四番目は、**自己評価という、使い古されているがなおも健在なこのテーマをどう扱うか**である。他者を愛する前に、自分自身を愛さなければならないのか。あるいは、自己愛は、罪深くも絶えず心を支配しているのか。人の変化の過程について、キリスト教界で現在考えられているすべてのことを見てみよう。すると、あなたは、深い谷の向こう側に、他者を愛する条件として自分をまず愛するようにと熱心に説く大きな一団がずらっと並んでいるのを見るだろう。「自分を愛するように他人を愛せよ。」は彼らにとって鍵となるみことばである。この聖句は他者愛が可能になるには自己愛が十分でなければならないと解釈されている。[(1)] トラブルの表面の下にある、核心的な問題は、低い自己受容であるとされている。自己受容の低さが、正に、人々の心の罪の本質だとされる。カウンセリングは結局、人々が自分自身をより徹底的に自己受容できるよう援助することに、その努力を傾けることになる。

もう一つの見方がある。人はあまりに自分自身に関心を集中させ、

自己評価を高める努力をするあまり、問題を悪化させていると考えるのである。この見解は、本当の問題は満たされない渇望にあるのではなく、堕落にあると主張する。罪は心と精神を盲目にしてきたので、聖書の真理だけが、必要な光をもたらしてくれる。結果、神のことばの研究が最優先される。

　この確信に立つカウンセラーは、自己愛擁護者からすれば、人間の心にある深い必要にはおそろしく無感覚であり、聖書全体を通して脈打つ神の確固たる愛の真理を見失っている冷たく硬直した聖書の解釈に捉われているカウンセラーだとされている。

　釈義だけで十分だとする排他的な釈義学者は、自己愛と谷間を隔て、こう危ぶむ。つまり、自己価値は、敵陣営のトロイの馬のようなもので、神の町の壁の内側に、キリスト教らしい言葉で装った、無神論のヒューマニズムを持ち込む策略であると。さらに、人間中心の見方で歪曲された福音のねじれが、自己価値を標ぼうする教えの中に潜んでいるのではないかと懸念する。したがって、彼らは、そのような自己愛の教えを強く拒絶し、反対する。一度攻撃を加えられた信仰を守るために自分たちは戦っているのだと、彼らは信じている。さらに、彼らは、自己愛擁護者が聖書的であることを願う誠実な信仰者であっても、またはリベラル主義かあるいはすくなくても新正統主義の神学の立場をとる人であろうと、自己愛擁護者をいっしょくたにして、惑わされ間違いをおかし危険であるとみなしている。

　私自身は、どちらの立場にもくみしない。自己愛擁護者は、罪を、傲慢な反抗や愚かな自己充足のような極悪なものではないと骨抜きにした。さらに、自己愛擁護は結局のところ、あまりに口当たりの良い療法で、真の問題を扱えない。急激に増殖する悪性の病気が問題とされているときに、成長のために必要な薬を処方する不適切な治療と同様である。

　一方、聖書解釈だけで事足るとするのは、聖書の厳密な釈義に力を注ぐのだけれど、知らず知らずのうちに、テキストから、人間関

係性を取り除き人生を変える力を奪っていることになる。関係性に
目もとめず、人の心の問題を捨象した聖書理解を続けていくために、
共同体や交わりの重要性を説く聖句を軽視することになる。その
ような聖書へのアプローチが重視されると、愛、非防衛的な生き方、
聖化よりも、学識や神学的厳密さのほうが優ると考えるようになる。
また、みことばの厳密な釈義は、実践と神学を切り離すのではなく、
みことばが、理解され、宣べられ、従われるならば、みことば自体
で、人生は変わるのだと強調する。しかし、みことばの研究にどん
なに時間がさかれようとも、神がみことばから切り離されるならば、
私たちは、みことばからいのちの息を得た最初の人のようになるこ
とはできない。

　聖書釈義のみですべては解決できるという教えによって、人間の
経験の多くの重要な領域は触れられないままである。結局、人は変
わらないまま放置されることになる。人生の核心の問題に入りこん
でいく、いのちの真理は、専門的真理にとって替えられてしまう。そ
の専門的真理とは、神学校の試験にパスさせ、釈義的に正しい説教
の準備のための真理であって、人の心を深く動かし、人に意味のあ
るかかわりをし、人の心からの必要に対して宣言される真理ではな
い。互いの人生にどのように意味深くかかわり合うべきか、その困
難な問題に答えることのできない、
聖書理解は、真の意味で聖書理解と
はいえない。

　聖書を神のあやまりのない権威
ある十全のみことばだと信じるす
べてのクリスチャンは、自分たちの
考え方が聖書に支配され、明確な聖書的支持が与えられることを、心
から願っている。しかし、カウンセラーがよく直面するいくつかの
問題（たとえば、父親に三年間も性的虐待を受け、今もなお続いていて、
そのため、自分を憎み、引きこもっている十代の少女にどのように対応し
たらよいのかという問題）の答えを求めて聖書を読んでいくならば、五

> 互いの人生にどのように意味深くかかわり合うべきか、その困難な問題に答えることのできない、聖書理解は、真の意味で聖書理解とはいえない。

番目の論点が明らかになる。

　犠牲者である娘を助けるために必要な情報を聖書から引き出す試みをするとき、どのような聖書解釈と適用の原則が必要なのか、ということだ。聖書を、こうした問いの答えを見つけるのにふさわしいと、私たちは本当に信じているのか。もし信じているならば、聖書に聞く**前**にすでにもっている自分の見解と聖書から「発見した」答えをどう対抗させるのか。通常の神学や聖書原語のどちらも学んでいないけれど誠実で新生したカウンセラーには、聖書の自己解釈（聖書の原文に関して自分の思想を織り込んだ解釈訳者注）が許されるのか、それとも、結局は「本当の」釈義の訓練を受けた神学者に頼るのか。もし頼るべきならば、人々の人生に関するむずかしい質問に、聖書学者はなぜ、答えることができないのかという問題がある。

　聖書は、カウンセラーのための教科書なのか、あるいは、そうではないのか。聖書は、クリスチャンとして生きる上で必要な知っておくべきすべてのことを教えていると主張していながら、「心理的」問題をもった人を専門的援助の資格をもった専門家（たとえば、聖書の領域外にある理念の訓練を受けたカウンセラー）のところに送るのだ（私は、首尾一貫していないと考えるが）。彼らは、心理的問題と霊的問題の間の一般的に考えられている区別を了解し、霊的問題を扱うときのみ、聖書を調べる。これは、正しいのだろうか。心理的障害は本当に霊的ことがらと関係のないカテゴリーなのか。もし、そうであるならば、その区別はどのようにして決めるのか。広場恐怖症は、正しく理解されるならば、少なくても原理的には聖書が扱う霊的問題として分類されるだろう。心理的問題と霊的問題の根は同じだといえる。

　しかし、もし、困難な問題について、二つの別々のカテゴリーがあるならば、私たちは、心理的問題について、新生していないが啓発してくれる心理学者を信頼するのか。ちょうど、病気の診断を受け、治療を受けるため、その医者が信仰者であろうが罪人であろうが関係なく、有能な医者を信頼するように。あるいは、コルネリウ

ス・ヴァン・ティル（Cornelius Van Til）は、道徳的誤りのある無信仰な人によって導き出された、どのような結論も、罪に汚れていると述べ、罪の認識論的影響について語っているが、ヴァン・ティル（Van Til）のそのような主張は正しいと言えるのか。

　ここで、もう一つの別の可能性に戻らなければならない。その可能性とは、障害について一つのカテゴリーがあるだけということである。つまり、いわゆる心の病気や神経的反応は非常に複雑な霊的問題であり、障害は名称の変更であり、みかけであり、なおも、聖書はそれらを理解するために適切な枠組みを提示してくれているという考え方である。もし、この考え方に従うならば、多大な努力を注いで非宗教的調査が集積した多量のデータを一体どう扱うべきなのだろうか。無用なものとして無視するのか。聖書的考えに同調するデータは選択し、真理につまずく異教徒を揶揄しているデータは取り上げるのか。あるいは、非宗教的心理学者が観察してきたことがらを聖書的視点を通して再解釈するのか。

＊　　　＊　　　＊

問題は際限がない。キリスト教界からの反応はあまりに様々である。キリスト教カウンセリング界の状況は、福音主義教会が教派の陣営に分かれて競合し合っているのと似ている（いずれも悪い点で）。諸教会は、生き残りをかけて全勢力をかたむけ、それぞれの教会が他の教会に対して、ときに厚意的に、また軽蔑的に、尊大にふるまいながら、独自の特徴を守っている。

　クリスチャンカウンセラーの間にも教派性があり、それぞれ特徴をなす多様な学派を含んでいる。加えて、既存の運動という飾りも加えられている。すなわち、

・著名なリーダーたち
・熱烈な声楽家伝道者
・忠実な信徒が参加する特別なカンファレンス
・作家や演説者が列記されている公認のリスト

・入信した人々の間で通用する専門用語

　さらなる対話と研究があれば本質的な一致が生じるという見込みはない。全ての保守的な教派が同意する、超教派的一致すらもほとんど可能性はないと思われる。本質的な神学上の立場の一致をめざす人々の間にも、違いは残ったままである。

　このことは、避けられないだけでなく、結局、黙認しなくてはならない。それは仕方のないことだろう。

　不完全な知性のあいだで、神のみ言葉の理解に対立が生まれていく世界では、一つの明確な枠組みの中で考えの多様性があることは健全である。クリスチャンは、互いに刺激し合うというより、違いを見つけるために互いに知ろうとするということが、あまりに多い。その結果、分かっていない分野で理解を広げるために創造的に考えることをやめてしまうのである。

> クリスチャンは、互いに刺激し合うというより、違いを見つけるために互いに聞き合うということが、あまりに多い。

　聖書が最終的に裁決の全権者であるとの確信を共有しながら、異なる視点は明確に位置づけ、漠然とした考えについては黒白つけないでおくならば、自分たちの立場について実りある吟味をしていかれる。そうして、自分たちが、どういうところで重要な問題を正確に理解していないのか、分かるのである。もし、私たちが事実、聖書の高次的見方を確信しているならば、緊急の問題に動揺しても、新しい聖書研究の方法を得ながら、問題に対する答えを求めて聖書に戻るであろう。互いの愛と尊敬、そして寛容の雰囲気の中で、対話することは有益なのである。

　しかしながら、クリスチャン同士の対話（ノンクリスチャンの間でも同様である）は、すぐに、分裂、緊張、敵意に変質してしまう。誤解や無分別な誇張で助長された党派心によって、私たちは、自分たちの狭い世界以外で支持のあるところに対して疑いをもったり、「同族」には不健全な擁護をする。それは何故なのか。互いに意見が違

うとき、クリスチャンがもっとも相手を理解しなくてはならないの
に、神の子どものコミュニティーは、何故、気短かであったり排他
的だったり、また相手を中傷したりする傾向があるのか。答えは簡
単であるが、それは悲しむべきことだ。人は防衛的であり、尊大で
ある。そして、脅威をいだきやすい。一つの立場を擁護しようとす
るとき、「陣営内部」で相互に接触する唯一の目的は、情報を伝え正
していくことであって、互いに知ることではない。事実、何も考え
ず防衛的になっているときは、自分たちは真理を擁護しているのだ
と確信する。対話をしながら、自身の動機を検証することはほとん
どない。むしろ、神の聖霊が自分たちの熱情を喚起していると信じ
ようとする。その結果、それぞれが自己義認的に自分たちの立場に
固着し、他者を否定しそこで議論は終了してしまう。

　真理を正統に守るために、そのようなことは当然起きる。キリス
ト教の宣教師たちは、イスラム教の文化の中に入っていくとき、人々
との心の橋を築く努力をしつつ、真実の福音を曲げて妥協するよう
なことはしまいと決心していく。彼らがそこにいるのは、人々を改
宗させ、誤った考えから真理に立ち返えらせるためである。彼らの
明確な目的の中に、対話によって様々な考えを総合するというのは
ない。

　クリスチャンカウンセラーもまた、神の真理は、どのような見解
にもうまく順応するような、あいまいで歪曲しやすい概念ではない
と確信している。真理もあり、過ちもあるのだ。聖書は、どちらが
何であるかを決める、最終的な判断の基準である。同じように聖書
の権威を堅持するクリスチャンの間にも、教会論、終末論、聖霊論
のようなことがらをめぐって、本質的な不一致がある。だからこそ、
偽りのない確信をもって充分研究をし、自分たちの見解を持たなけ
ればならない。

　しかし、キリストの主権性と聖書の権威性を信仰告白する人々に
も、ある態度が特徴的であるにちがいない。私たちが相互に支え合
い、愛情をもって語り合っているならば、外から見てすぐにわかる。

それにもかかわらず、外部の人々はある態度に気づく。それは、「私は、あなたがどこに行くのか、待ち構えて見張っていよう。そうして、私は義憤の叫びをあげてあなたから離れる」という態度が見えるのである。

クリスチャンカウンセラーとしての見解が違うとき（必ず、そうなるのであるが）、自分たちの見解の特徴を明らかにしながら、自分の確信に誠実でなければならない。さらに、完全な間違いや危険な傾向があると確信した点について、心からの謙遜をもって、しかし、確固として、向き合わなければならない。

問題は、私たちがこれらのことをよくできないことにある。私たちには、ひそかに、また自覚なく、自分と違う立場を批判して**楽しむ罪**の傾向がある。兄弟姉妹の過ちを悲しみ、気の毒に思う一方で、私たちの心は優越感を感じ心地よい興奮で鼓動している。とりわけ同じ考えの、すぐに分かってくれる追随者に、誰かがどこで間違いを起こしたのか話すことは、陶酔する経験で、チャンピオンシップを争う試合の前の高校の応援大会のような経験なのである。

クリスチャンは誰にも増して、気高い動機をパリサイ主義の傲慢さに変えて自分自身をいかに欺いているのか認識しなければならない。自分の中に自己高揚の傾向があるのを知り、相手に自分の立場を表わすときには、特に注意を払わなくてはならない。自分の動機を吟味し、自己利益を求めていないか探るために、十分な祈りのときをもたなくてはならない。間違いを大胆にも告発しているように見せかけ、怒りをかき立てるような誇張を避けなければならない。そして、告発ではなくて、同じ信仰者同士で熱意はあるが理性的な論議をしなくてはならない。大胆さは、傲慢になりやすいのである。

福音派の中で起きている霊的形成への新たな（そして、喜ばしい）関心が、聖書的カウンセリングへの関心を生じさせるならば、ここ

で、古典的な考えを見ておくのが良いだろう。たとえば、ピューリタンの魂のケア、カトリックの神秘主義、改革派の霊性、砂漠の智恵（Desert Wisdom：中東地域で言い伝えられてきた智恵）などは、真の内的変化をめぐる現在の対話につながり、クリスチャンが人格の成長を理解するための土台になってきた。希望にあふれた光のきらめきが、地平線の上に見えてきた印象なのである。

　しかし、イエスによって可能にされる変化を私たちは理解し推進しようと努力するのであるが、豊かに恵みをもたらすというより、重要なところで分裂していく可能性（ある部分、実際にそうなった）があるのである。クリスチャンの働きを、神の真理を照らしながら困難な人生に熱心に介入するための理解の枠組みのために役立たせるよりも、リーダーたちは自分自身のための記念碑の土台にしてしまうのである。それはまた、互いに愛せよと命じられている人々の間で人間関係を良くしていく手段であるよりも、反目と憎しみの機会にしてしまうである。しかし、状況を変える可能性はある。

　もし、聖書的カウンセリングが、悲嘆の心を回復し、ご自身に罪人を和解させることのできる唯一のお方である神の栄光を讃えることを実現しようとするならば、簡略であるが、実際は困難でもあるいくつかのガイドラインを述べてみよう。

ガイドライン1

注意深く、しかも、防衛しないで、自分の見解を表明しなさい。自分の見解の妥当性や有益性を確信しつつ、熱意をもって、しかし敵対的ではなく、自分の見解と聖書との一貫性を示しなさい。確信が揺れ動くなら、熱意も弱まってしまう。（動機の自己吟味は、ガイドライン1にしたがって、行われる）。

ガイドライン2

見解を変えることについては、自発的であり、隠し立てなく率直であること。以前は見えてこなかった聖書への洞察によって、見解の変化が正当だと信じられるならば、見解を変えたことを大事にす

る。他の福音主義のカウンセラーが教えてくれたカンファレンスに参加することで、そのような自発性を証明しなさい。面と向き合って対話し、他のカウンセラーの考え方を本気で学び、考察しなさい。自分たちが聖書にしっかり対応しているか評価するために、聖書神学者に検証してもらいなさい。

ガイドライン3

次の、いずれかを避けることによって、**開かれた確信という張り綱を渡る努力を自覚的にしなさい。**さて、その避けるべきことは、（１）融和主義（融合を聖書の真理より優先して、寛大になること）または、（２）排他主義（もう一つ別の視点を理解するよりも、批判を優先していることを認識している）である。

同意できるときは同意し、同意してはならないときは同意しない。そして、神の目的の追求に妥協を許さずに、可能な限り、力を注いでいかなければならない。

・　　　・　　　・

この本では、以上のガイドラインを見ていく。私の目的は、聖書的カウンセリングを理解しようと努力した結果をあらわしていくことである。私は、カウンセリングの〇〇派を次々と生み出すつもりはない。さらなるディスカッションを刺激し、誤解を鮮明にし、そして、さらなる投げかけをして、神のみ言葉に深く導いていく仕方で、私が考えてきたことを提示していきたい。

私の初期の著作をよく知っている読者は、コンセプトに変化が出てきたことに気づくであろう。しかし、根本的な変化はないと考える。私の初期の言い回しは、今も使いやすさを感じる。安心(security)を求め重要（significance）と思われたい人間の欲求という言葉は、関係性（relationship）を求め影響（impact）を与えたいという、人の心の奥にある深い熱望（longings）を表わす表現である。言葉のセットの

どちらも、私には適切であるが、安心と重要性への人間の欲求は基本的な人の本性の特性であり、正に生涯を通しての関心事であると私の考えを解釈する人もいる。その結果、そのように解釈する人々は、充足のための人間中心的な焦点のあてかたをして、神への従順と神のご栄光を一番とする神中心を強調しなくなってしまう。

「欲求」（Need）という言葉を選択することで、私が確信していないこと、強く反対していることを明確に伝えてきたのだが、「主のみが癒すことができる渇きを実体とする、心の奥底からの熱望」という言葉を使用することで、私が常に信じてきたことがよりよく伝わることを願っている。私の考察で他にも変化があることや言葉使い以上に伝えたいことを、注意深い読者なら理解されるであろう。

この本は、カウンセリング、弟子化、そして霊的形成を考えるための枠組みを提示しようと書かれたものである。カウンセリングの最中に何をクライエントに質問すべきなのか、どのようなところを観察したら良いのかを理解するためには、人々についての年月をかけた考察と、人々へのかかわりのみで得られる人々への直観的な感じ方が必要なのである。この本の中にある概念を習得しても、カウンセラーとして効果的に役割を果たす準備とはならない。しかし、人の理解を深めるための土台を提供できると考える。人はどのように人にかかわり、人の問題はどのように進んでいくのかという理解が土台となってはじめて、人の中でどのように変化が起こるのか、カウンセラーはどのように、その変化がすすむように援助できるのか、議論できるのである。この本はそのような土台を築こうとするものである。

心からの祈りをもって、この本を書きすすめた。その祈りとは、福音派が多くの論点では立場が分かれていても、基本的なところでは一致し、カウンセリングのあらゆる奮闘を通して、キリストの卓越性と聖書の権威に栄光を帰すことができるようにとの祈りである。そして、そのための関心が、福音派の人々の間で高まり、支持されるようにとの、祈りである。

序　章
イエスは道である

「なぜなら私は、あなたがたの間で、イエス・キリスト、しかも十字架につけられたキリストのほかには、何も知るまいと決心していたからです。」（コリント人への手紙第一2：2）

　心理学の深い見識のある文化の中に私たちは生きているが、その文化が望むほどに、人生の問題の解決は簡単なものなのであろうか。今日のごく普通の人は、フロイト理論の複雑さに、かつてほどの関心を示さない。一般受けする心理学は、それがキリスト教的であろうがそうではなかろうが、何十年にもわたって人を惹きつけてきた。多くの人々は、人生の極めて根本的でやっかいな問題にも、簡単で明快な答えに惹かれるのである。

　確かに、答えが明快であるのは良いことだと言える。しかし、当然とは言え、物事の正確な理解のために考慮しなくてはならない現実の複雑さを無視して、単純な考えを鵜呑みにしてしまう傾向があまりに多い。本当の幸せを得るために労苦が伴う道を行く代わりに、痛みがなく瞬時に答えを得たい願望が、この傾向に反映されている。

　簡単な答えがあると信じることのほうが好都合なのである。多分、重要な問題への答えというものは、本当は簡単なものであるかもしれない。難しい個人の問題の実際の解決は困難であるが、おそらく、理解することは容易で、少なくとも、それを述べることはやさしいのであろう。

　何組もの夫婦を別れさせないために文字通り何千時間も費やされているとき、夫がより積極的に妻にかかわり、妻も夫を変えることを止めるならば、たいていの結婚生活は改善されることが、私に関

して言えば、一度ならずも、起こってきたことである。こう見れば、何も込み入ったことはないといえる。そうした解決への道の途上で障害となるのは頑なさであって、理解力の限界ではない。

　察するに、子どもに関して言えば、子どもだったら質問したくなるいくつかの基本的な問いに親が的確にかつ首尾一貫して答えるなら、子どもというものはより従順で、心底愛すべき存在になる。最初に「僕って愛されているの？」と聞いてきたら、正しい答えは「そうだよ、心底ね。これこそ、君に心からかかわっている証だよ。」次に「僕は自分の思いとおりにできるの？」と聞かれたら、「いや、何か犠牲なしに何でもできるということはない。つまり、神のご計画に反するとつらい結果ということになる。」というのが、正しい答えになる。

　不安神経症（通常より上回る不安をもつ人へのイメージ的レッテル）の人々が安心できるのは、錠剤を服用したり子どものときのトラウマによる恐怖を探求するよりも、どの時点で彼ら自身が神は彼らの未来にお手上げになり神の約束を本気で果たせなくなってしまったと考えたのか、確認するときなのである。

　抑うつ症状の場合、治療的な浄化（catharsis）で、抑圧されたきたうらみや痛みの荷をすっかり降ろすことができるとしても、それよりもクリスチャンとしての人生の目的や明日への希望の確かさを得るならば、抑うつ症状の緩解がより長く持続していくかもしれない。「信じ従いなさい。何故なら、イエス以外に幸せになる道はない。」と簡単に言われる。詩篇が示すように、本当に容易にできることであろうか。このような考え方があまりに素朴で表面的に聞こえてくるのは何故だろうか。「イエスに答えがある」という人々は、解決を処方するもっともらしいプロというより、むしろ単純な思考の持ち主のように思えるのは何故なのか。

　「キリストへの純真」がカウンセリングの分野に適応されるとき、たいていの心理学者や神学者はほとんどその意味を理解できないできた。心理学者も神学者も、罪の堕落が拒食症やうつ病、同性愛な

どとどのように関連するのかという実践的な理解、あるいは、これらの問題の解決がどのようにキリストや聖書の中に見出されるのかという問いに、本気で取り組んできたとは言えない。

心理学者は（そして、神学者や説教者の幾人かは）、罪を道徳的に邪悪なこと、非難に値する反抗としてではなく、自己評価の欠落状態、愛する能力がない状態として、再定義した。罪がいかに人格のあらゆる部分に潜入しているか聖書が厳しく捉えていることに背を向け、彼らは人々の問題の解決として、十字架の上でなされたキリストの贖いの業を必要としない解決を提供してきた。キリストなしに問題を解決しようとして、耳目を引く理論で飾りたて、その問題の解決にあたっては、神の考えは救いようがないほど一般的で、絶望的なほど時代遅れであるとする現代の研究に訴えてきた。

神学者たちも（保守的な神学者を含むか、時に保守的な神学者自身である場合もある）同様に、重くのしかかる人生の問いに単純な答えをあてはめていくことに失望してきた。ほとんど例外なく、熟練し精通した学者は、人生のよりどころとなる原則よりむしろ、議論のための議論をあみ出してきた。聖書に記された真理は、その適切性を奪われてきた。冷ややかな正統論は、人々に容易に関わることができない、硬直したクリスチャンリーダーを生みだしてきた。

私の言っていることを誤解しないでいただきたい。人の葛藤に直接に関連がなくても、基礎的な研究は、正当で必要である。綿密に発展してきた聖書的組織神学は、すべて

> 冷ややかな正統論は、人々に容易に関わることができない、硬直したクリスチャンリーダーを生みだしてきた。

の土台として奉仕するものである。さらに、釈義ための諸方法（聖書の原語、文脈的分析、文化的背景の知識）は本当に価値あるものである。

しかし、釈義的正確さを追求することは称賛に値するが、その追求にはわずらわしい問題を避ける傾向があった。心配する親、傷ついた伴侶、なかなか治癒しないうつ病の人、自己嫌悪感をもつ過食

症の人、それらの人々緊急を要する個人的な問題の答えを求めて、聖書の教師のところに来ても無駄なことだった。

何かが間違っている。真実な神学というものはすべて、その本質において、極めて実際的なのである。学識的な研究、黙想、そして聖書の実践的な研究、それらの間に原則的な区別はないはずである。それぞれが分かちがたく関連し合っている。神の真理は常に知的にも理解され、人を霊的にも豊かにし、そして実生活にも関連をもつ。もし、このことが本当なら、真理が個人に与える影響は強い。真理は常に働いていて、人をより深いかかわり合いへと導く。もし、我々の議論で、真理の働きを論じないならば、真理は理解されない。

しかし、何らかの理由で、神学的な広がりをみせても、霊性が深まる保証や、人間関係能力の保証はない。原語や文化的背景に精通した釈義も、有資格の牧会者が信徒の緊急な必要に答える保証をあたえない。専門分野と実践的分野の間に乖離があるのは誤っている。心理学者が情緒障害について罪から派生する原因を理解できないでいるとき、また神学者が学識から（問題との）関連性を排除していくとき、人々は、夜も寝られないほどの問題が本当に解決されるのか疑いながら、混乱の中、生きていくことになる。人々をキリストに導くのに失敗している心理学にも、神の真理をもって人々の心に迫るのでなくむしろ語り手の知識をひけらかす説教にも、本当の解決を見出せずに苦しみにある人々は、一時的な興奮を超自然的現実の代わりにさせ、一瞬の気晴らしを永続的なものの代わりにするような解決でがまんしようとする。結果として、主を信頼するとはどういうことなのか表面的にしか理解しなかったり、歪曲した形で捉えたりすることが多いのである。そして、感情的な高ぶりが静かな信頼にとって代わり、訓練された忍耐よりも熱狂的な狂信が好まれる。他方、クリスチャンは、自己満足や外面的な一致とも言えるパターン化した儀式に落ち着いてしまう。

牧師やクリスチャンの援助者も、一般のクリスチャンと同じである。彼らもまた、ヒューマニズムに色づけられた心理学の考えや当

面の問題と全く関係のない神学のどちらにも助けを見出せないでいる。結果的に、彼らも人々を助けようと努めるのだが、簡単で役にも立たないのに、聖書的に聞こえる考えを受け入れてしまうことが多い。どのような罪を告白するべきか、どのように行動が変わったら本当に助けになるのか全く理解できずに混乱している人々に、罪の告白、悔い改めそして神のご計画（すべての良き正しいなすべきこと）に従うよう熱心に勧めるのだ。しかも、そのような勧めをする人々は、その勧めがどれほど有効なのか自分でもよく分かっていない。(悔い改めを強く勧める背後に自分自身の混乱を隠している人もいる)

エレミヤは、「あたかも平和であるようにわが民の傷を治療する」(エレミヤ書6：14) その時代の浅薄な指導者たちをあからさまに非難した。まだよくわからない問題の根本原因を見つけることができないのに処方箋を出すことは、極めて危険なことだ。その病気を治療もしたことがないのに、末期の病が治り回復すると約束しているようなものである。

私が平易な解決について論じる場合、信仰と愛をもっともらしく論じる浅薄な治療家、あるいは表面的な変化を促すようなことしかしないカウンセラーとは、けっして同一視されたくはない。私は、複雑な心の問題や人としての成長に伴ってくる苦しみを重要視してこなかったキリスト教カウンセリングとは連携したくない。聖書の十全性を信じていながら、みことばを誤用するようなことはしたくない。聖書を自己解釈によって寓話化し架空の意味を取り出すようなことも、釈義だけにとどまり詳細ではあるが無機質な分類の作業もしようとは思わない。

> まだよくわからない問題の根本原因を見つけることができないのに処方箋を出すことは、極めて危険なことだ。

この本を書く私の責務は、浅薄さや見当違いに陥ることなく、イエス・キリストは道であり真理でありそしていのちであること、この明瞭な（むしろ急進的な）ことを理解するために、土台を築くこと

にある。この目標のために、心理的障害がいかに神から離れた罪の生活の追求の結果であるかを知らなければならない。さらに、聖書は真理を私たちに理解させるばかりでなく、私たちの生き方に影響していくのものとして、聖書理解を深めていく必要がある。このような聖書の捉え方を通して、聖書の真理を情緒的な障害の概念と対処のあり方に結び付けていく。

聖書的カウンセリングとは何か考える上で、以下の三つの仮説は、私の考えの方向性を決めてきた。

1. 正しく聖書を取り上げるならば、聖書は、カウンセラーが答えるべきあらゆる問いに対する考えの枠組みを提供する。

2. キリストとの関係性を考えることは、どのような心理的な（例えば、生理学的な原因以外の）問題でも、それを本質的に解決するためには、絶対必要である。

3. 神を信仰する人々の共同体は、聖書が示す人としての互いのかかわりの中で生かされており、人生の問題に対する神の応答が何であるか理解し、神の答えに従って生きるようにされている。

この本は以上の三つの中心となる考えに基づいて構成される。第1部は、カウンセリングのどのような問題にも応答できる聖書の十全性について取扱う。第2部では、キリストはあらゆるカウンセリングの問題を考える上で不可欠なお方であることをはっきり示すために、人間観と問題の捉え方を深めていく。第3部では、人の本質的な変容の過程を考察し、聖書的共同体はそのような変化のために必要な機能を果たすことを示めす。

第1部
聖書の十全性
──聖書のなかに答えを見つける──

1章
どのようにして信じるべきことが分かるのか？

「あなたは聖書的カウンセリングではなく他のものが必要なのではないかと、私は思います。」と、ある牧師が、問題を抱えた若い女性に最近そのように話した。「私が助言をするとしたら、手に負えないほどあなたの問題はあまりに深い。私の意見としては、あなたが抱える問題の根本である感情的な根深い原因に行き着くことのできる専門のカウンセラーに、あなたは会う必要があると思います。」

それから、その牧師は相談者を原初療法の実践家である有資格者の心理学者のもとに送った。その原初療法（primal therapy）というのは、子ども時代の忘れがたいトラウマを再体験させて心の深いところにある問題を扱うものである。

もう一人の牧師は、妻に長い間拒絶されてきた抑うつ状態の夫を、「怒り低減（rage reduction）」（あるいは、怒りのコントロール　訳者注）療法家のところに送った。その牧師は精神分析の限られた知識から、うつ症状には隠れた混乱した怒りがあり、怒りを減らしていくカウンセリングは有効だろうと考えたのである。

いくつかの、怒りコントロール療法のグループセッションを終えた後、夫は以前の隠された怒りについて新たに分かったこともあったが、怒りをあらわに（時に露骨に）他人に向けてしまう術を身につけてしまったことを報告した。彼のうつ状態は強まってしまった。

もう一人のカウンセラーはクライエントに彼言うところの「家族再現」（re-parenting）療法というものを施した。カウンセラーは温かい親の役割をし、遠慮なくカウンセラーに依存するようにクライエントに勧めた。この療法がよって立つ考えは次のようなことだ。誰かの愛の中で安んじ、自分自身に心地良さを感じ、誰からも脅かさ

れていないと感じるなら、その人は人生の試練に立ち向かう力を見出せるというものだ。そのカウンセラーの予約表は、親を体験したい傷ついた人々で埋められていた。

人々が問題を解決してより効果的に生きられるための援助を目的とした、多くの療法をどのように評価できるのだろうか？　家族システム療法（family system therapy）、経験主義的折衷療法（empirically validated eclectic therapy）、論理情動療法（rational emotive therapy）、認知行動療法、内的粉砕療法（implosion procedures）、力動精神療法（dynamic psychotherapy）、アドレリアンカウンセリング（Adlerian counseling）、教示的カウンセリング（nouthetic counseling）、霊的解放（spiritual deliverance）、愛の療法（love therapy）、エンカウンターグループ、指示療法（directive therapy）、現実療法（reality therapy）など、なおも枚挙にいとまがないほどだ。

非宗教的社会もキリスト教界でも、成長と健全に関する所説は過剰気味である。どちらの立場も、人はどのように機能し、何故問題が生じるのか、そしてどのようにしたら変化できるのかということについて妥当な説明ができると主張する。もし、荒れ狂う海のような競合する所説の中に、明確な方向を得ようとするなら、何を信じるべきか決定する戦略をはっきり見つけ出さなければならない。何が有効なのか知るばかりでなく、キリスト者として、何が真実で正しいのか知りたいと思う。

> 何を信じるべきか決定するための戦略をはっきり見つけ出さなければならない。

一つのカウンセリングの方法を決めていく場合、そのカウンセリングモデルの効果以上のことを基準にしなければならない。最初に注目しなくてはならないことは、真実であり、人々を全く良い方向に導くものは、どの考え方なのかということである。成果の有効性は大切なことであるが、このことは正確さと正しさを論じた後の事柄である。依然として問題なのは、何が真実で正しく、そして有効なのか、どのように決めたら良いのかということである。

　どの考えに立つか決定するのに、科学者は一般の人とは違う基準
をもつ。専門誌で発表する際、心理学者は彼らの学説を支持する調
査を示さなければならない。その調査が正しければ正しいほど、結
論は信頼できる。科学として確立するために、半世紀以上にわたっ
て、心理学は真実を見出すために実験的アプローチに依拠してきた。
すなわち、観察された事実そのものによってである。データが理論
を支持するのでなければ、理論は破棄される。

　しかし、何年にもわたって、心理学、特に、カウンセリングや心
理療法の応用領域では、一貫した理論的枠組みを発展させる基盤と
して、経験豊かなカウンセラーが相談業務で得た知見が重用されて
きた。フロイト、アドラー、ユングのような精神分析家や、エリス、
パールズ、そしてマズローのような最近の心理学者たちは、細微に
いり計画された調査は支持せず、その代わり、人間行動を説得ある
内容で説明し、人々の援助のために有効な方向性を示した。結局、洞
察的な説明がなされ人間に関して得られた膨大な経験を、多くの
人々が真実に至るルートとして認めてきたと言っても良いであろう。

　今後、観察されたデータもなく慎重な考察もないまま、創造的な
精神から一つのひらめきが、生まれてくるであろう。そして、人々
は無批判にそれに群がっていく。そのような思い付きは「正しいよ
うに思われる」。それは心に合う感じがして良いように感じるし、
人々を劇的に援助してくれそうだ。ひらめきに影響された人々は証
明など求めない。彼らにとって証拠は全く不必要のようである。直
観的に正しいように思えるという理由で、人々は思い付きに傾倒し
ていく。

　クリスチャンカウンセラーは、正しいことを決定するのに全く異
なる方法を用いる。調査や臨床的経験、詳細な論理を根拠にして、良
いと思われる仮説を支持する人もいるが、多くのクリスチャンカウ
ンセラーは自分たちの見解の価値を証明するため、直接、聖書に訴

える。聖書の内に教えられているならば、所説に妥当性があると主張し、聖書に反する考えは否定する。

　私が最初の方で言及したクリスチャンの女性は、しまいに彼女が受けた原初療法の実践は聖書的なのかどうか疑った。「若い時の痛みに戻ってそれを再体験することは正しいことなのでしょうか。後ろのものを忘れることは聖書的だと考えたら、過去にそのように焦点を当てるのは聖書に従っていないのでは」と質問した。

　その女性が治療家に彼女の懸念を質問した時、彼の治療はパウロが啓示によって受けた教えに反することを、証拠づける聖書の箇所を見ることなく、その治療家はこう答えた。彼の抗弁には相手を納得させるような以下の点が含まれていた。（1）抑圧された感情をためこむ脳の研究があること　（2）原初療法の前提となる理論では、対処されてこなかった過去の感情は現在の正常な機能の妨げになると考える　（3）牧会カウンセリングでは救われなかったが、彼の治療方法によって実際に改善したとする多くの人々の治療経験があること。

　怒り低減療法家と家族再現（re-parenting）カウンセラーも同様に、その理論の論拠をあげているが、そればかりでなく、理論と一致するいくつかの聖書の概念を理論の典拠にして、こう述べた。「聖書の個々の箇所を典拠にして、実践のすべての正当性を証明することはできない。聖書が外科医の手術マニュアルとして機能しないのと同様、聖書がカウンセリングの教科書として意図されたのではないことは理解しなければならない。したがって、心理学的な視点と調査から理論を引き出さなければならないが、その理論は聖書の教えと一致しなくてはならない。聖書を神のことばとして尊重しなくてはならないと確信する。」

　カウンセリングについて、信頼すべきことを知るのは簡単な問題ではない。キリスト教信仰を保持して、どの考えや方法をとるべきか決めようとするとき、二つの中心的な論点が生じる。

　一つは聖書の権威性である。聖書は神の権威ある、ご自身の啓示

であると信じる者は、聖書が拒否することはどんなことも受け入れない。聖書の権威の下で生きる。が、解決が難しい複雑な課題が現れてくる。例えば、聖書は何を認め、何を拒否しているのかを、どのようにそれを確かめられるのか、ということもそうだ。信仰深いカウンセラーはカウンセリング理論と実践に貢献してきた神学的ことがらには、反対の立場に立ってきた。聖書は、カウンセラーが取り組むべき問題に、しかも世俗の心理学が明解に説明している問題に直接答えることさえしていないだろう。聖書の権威が重んじられる世界に、近代心理学が発見してきたことが認められる場があるのだろうか。もし、あるというならば、調査研究や理論からどのように学べるのか、そしてなおも、マクルキン（Mcquilkin）が巧みに名付けた「行動科学に対する聖書の機能的権威[1]」をどのように堅持できるのか。

　第二は、聖書的十全性とは何か定義する際に生じてくる論点である。カウンセリングが抱えるあまりに多岐にわたる問題に直面していく時、聖書はカウンセラーを導くのに本当に充分であるのかということだ。露出嗜好者や拒食症の人に対応するとき、創世記から黙示録を通してどの箇所に助けを求めたら良いのだろうか。あるいは、聖書はそうした問題に答えるに十分なものとして意図されたわけではないということか。多分、私たちは次のことを認識し、認めなければならなくなる。つまり、聖書の権威は聖書が扱う事柄に及ぶだけで、救いや悔い改め、そして永遠の希望というような霊的事柄を理解させるのに十全性があるけれど、カウンセラーの至急の関心事の多くは聖書の範囲を超えたものだということを。その見解に立つや否や、聖書の権威を損なわずに、かつ聖書の十全性を否定しないままに、聖書が答えてこなかった領域の解決のために役立つ、聖書以外の方策に転換していくのだ。

　しかし、カウンセラーが直面する問題を考え抜くために、聖書は包括的枠組みを提供しているのだから、聖書の権威が全くもって重要な課題であると誰かが主張したら、あなたはどう思うか（つまり、

私のように主張したら）。その誰かが、聖書の権威とは何か定義し、聖書の啓示の十全性を明らかにする課題を負うことになる。つまり、その課題が第1章の目的である。

　この第1章と第2章では、啓示はカウンセリングの格子の理論を深め、砦であり土台とならなければならないことを論じる。第3章では、啓示をよりどころにするのは当然のこととし、いずれのカウンセリング理論に聖書の光を当て論じた上で、さらに議論を進めたい。私の見解では、カウンセリングモデルというものは、単に聖書と一致するだけでよいのではない。カウンセリングモデルは、事実、聖書から生れてこなくてはならない。

> カウンセリングモデルというものは、単に聖書と一致するだけでよいのではない。カウンセリングモデルは、事実、聖書から生れてこなくてはならない。

　第4章では、聖書の十全性をめぐって入り組んだ論点を扱う。聖書の筆者のだれもが誇大妄想や過食症について書こうとしなかったのに、その問題について、一体どのようにして聖書の知見を見つけたらよいのだろうか。聖書に答えが容易に見つからないといって、答えを発見するために聖書解釈の原則までも破らなくてはならないのか。あらゆる個人の問題を聖書的に理解するのに見合った聖書の箇所を見つける適切な方法があるのであろうか。

　それでは、最初にカウンセリングに対する聖書の権威について考えよう。

理解のための四つの道

　カウンセリング理論を検討する際に、まず、何故その理論に立つのか見てみなければならない。知識に達する、四つの道が哲学者によって確認されてきた。四つの道とは、直観、理性、経験、そして啓示である。私はこれらを短く論じ、啓示の枠組みや基盤がなければ、他の三つの道はカウンセラーを不適切な概念へと至らせること

を述べたい。

直　観

　人が「ある見解が本当だと今分かった」という時、その人は直観に頼ったのだと私たちは言ったりする。明らかに、それが正確だと分かれば、その考えに人ははっとする。その考えが本当だと認識させるのに、必ずしも、証明も客観性も必要ないように思える。直観とは、**主観的確かさ**が必要なだけの、知識を目指す途上において、信念を正当化するのに合理的客観的証拠は必要のないものなのだ。

　もちろん、直観の出どころは複雑である。ジョン・カルヴァン（John Calvin）は、ある種の概念は、神が人に与えて下さった人間らしさと誰もが信じるような、既知の事実であると考えた。また、直感は人が何かを理解しようとしたときに、これまでの何年にもわたるその人の経験や考察が一つとなった産物そのものだと論じた人もいる。直観が生じた背景が何であるかにもかかわらず、直観は、客観的というより、不確定的であるが内面的に確かだと信じる故に、心の内に生じる信念の形成過程である。

> 直観は、客観的というより、不確定的であるが内面的に確かだと信じる故に、心の内に生じる信念の形成過程である。

　カウンセラーは、カウンセリーとの最初の出会いで治療の方向性が見えてくることを期待しながらも、前もって計画は立てずに直観的なものに頼ってセッションに入っていく。私が察するに、専門の治療法のかなりは（牧会カウンセリングもほとんどは）非常に曖昧な一般的な理論に従っているので、ほとんどのことを直観に頼っている。直観にあまりに依存することは不必要なことだ。その理由を説明しよう。もし、知識が必要な問題であるのに、その問題が判断の基準もなく結局は全く予測できないものであるなら、精々私たちに出来ることは、直観的なひらめきが湧くのを待つことである。

　しかし、カウンセラーにとって、中心課題は人である。人につい

て分からないことや予測できないことが多くあっても、人はどのように生きていくのか、その過程と原則を述べることも、発見することもできる。人は偶然に行動するのではない。自分自身を表現したい衝動をもったり、ある状況でパニックに陥ったりすることがあるが、その人のはっきりとした背景や原因が分からないまま、そのことが偶然に起こるのではない。少なくても部分的にしか理解できなくてもよく考えられたやり方で、人は、選択し、考え、感じ、そして切望する。直観を超えて（なおも、直観がある部分働くこともあるが）人は、人々に関わろうとする。

> 少なくても部分的にしか理解できなくてもよく考えられたやり方で、人は、選択し、考え、感じ、そして切望する。

理　性 (reason)

　精神 (mind) は、これまで、人格の中心、そして人間を動物から区別する能力として多くの人々に理解されてきた。アリストテレスは、精神は自然と超自然の隔てを超えることができると主張した。トマス・アクィナスは、罪に陥った堕落は、人の精神をすべて堕落させたのではないとする伝統的なローマカトリックの考えに従った。アクィナスは、罪性にかかわらず人の思考能力は堕落せず損なわれないと主張した。アクィナスが自然神学、すなわち人の理性によって神に至る道を論じた前提は正にここにある。

　知識が増大し続ける中、精神は、神、自然、人間であれ、人が知りたいと思うものは何でも発見できる最高位の手段としてますます価値あるものとされた。この精神への礼賛は合理主義と呼ばれるもの、すなわち、理性のみで真実のすべてを理解できるという信念に到達した。

　合理主義と適切な理性の用い方とを区別することは重要である。ある考えが本質的に合理的でないと分かるならば、神秘主義者でなければ誰も、それを本当のことだと受け入れることはしない。しかも、神秘主義以外で、精神の明確な働きに頼らないで、真実を理解

したいと思う人はいない。理性は、認識の形成のために適正で必要な場所なのだ。

しかし、合理主義者は、さらにその先を進んでしまった。合理主義者にとって、自分の理性が権威である。彼らはこれから何が起こるか合理的に判断するよりもむしろ、彼らの論理の枠の中に適合するデータを集めたり、あるいはデータを即座に採用しなかったりする。彼らは、人を理解するための理論はどれもどこかエッジの効かないところがあるという見方に反対する。

合理主義に本気で従うならば、すぐに重大な問題に直面する。二人の思想家が、それぞれ理に適ったものとして、反対意見を主張するとき、次に起こるべくして起こることは何か。もし、相手がその自分の考えが本当だと考え、もう一方の相手が自分の考えのほうが本当だから自分の意見が正しいのだと論じても、それは愚かなことだ。事を解決するのに役立つたった一人の仲裁者は理性である。しかし、二人とも理性は自分に味方すると主張する。結局は、自分の立場を立証するために最善を尽くすとしたら、自分の理性の方が相手の理性より良く機能していると主張すること、次いで、いつかは相手が賢くなれば、自分の考えが理に適って正しいと分かるときがくると希望をもつということになる。

理性は、最終的仲裁者として適していないということだ。何が合理的か、人の考えは異なる。繊細な隠れた理由で、人は理性的な議論を避けたいということもある。感情的になって議論したとき、自分の純粋な理性だけを唯一の武器にして相手に勝とうとした人は誰でも、議論の不正確さがよく分かっている。思想や信念の形成には、論理以上のことが含まれてくる。

経　験

もう一つの人気のある道は、経験が最善の教師だという主張である。直観は全く主観的であり、合理主義は、一致しない意見の相違に行き着く。感情と思考以外のところで両者を治められる権威が必

要だ。経験主義（Empiricism）とは、観察や計測の経験によって得られた厳密なデータが必要な権威を与えることができると主張する、知の哲学である。

　誰かがある考えが正しいと主張するならば、必ず、経験主義者はこう叫ぶ。「それを証明せよ。どこに証拠はあるのか。」例えば、ある家族カウンセラーが不従順な子どもには親はたたくべきだと主張したとすると、経験主義者は、叩かれた子どもは叩かれない子どもより、計測可能な基準によって、どれほどよくなったか示すデータを求めるだろう。

　「叩くことは正しいように思える」とは直観主義者の言い分。合理主義者はこう言うだろう。「叩くことはとても道理にかなっている。何かしたら罰せられるならば、それをしなくなるというのは当然の理だ。」クリスチャンはこう主張する。「聖書は、矯正するために鞭の使い方について書いている。」

　経験主義者はいずれの答えに満足しない。叩かないことで得られない結果を叩いたことで得たということにより叩くことの妥当性があるのだと示す調査結果が出るまで、その議論は未解決のままだと考える。

　注意しておかなければならないことは、私たちのほとんどは、厳密でもない一種の経験主義に従って動いていることだ。「こうしたら、こうなった」という証言で私たちは何かをやってみようとする。政治家は、これまで試されたが失敗したやり方には反対する。「証明済み」の販売方法は、以前の結果に従って立証されたものだ。

　人々から尊敬を受けているあるクリスチャンのリーダーが、彼のミニストリーに影響を与えた源について質問をされたのだが、私は彼の回答を覚えている。「私の力のすべては、55年間にわたって一日に少なくても一時間を、祈りと聖書を読むことに費やしてきたことに因るのです。」日々の生活で同じように一時間を過ごせば、力が増していくと多くの人は推論する。議論は経験主義的になされていく。経験によって人を説得するのである。

しかし、経験主義には限界がある。まず初めに、経験主義者が一番よくすることは、データを報告し、一般化して類型化することである。経験主義者は、そこにあるものを言うことしかできない。どうあるべきかを決して言うことはできない。道徳の真実に到達する道を作るには、経験主義は役立たない。記述することが経験主義者の適切な領分であり、処方箋を出すことは経験主義者の範疇外なのである。

　第二に、経験主義者は、確信をもって、発言することはできない。経験主義者が主張できる最大のことがらは、どのように物事が作用するのかについて、ある仮説を支持するために観察されたデータの整合性についてである。(そのような整合性の主張には、クリスチャンが学ぶ価値があるが) しかし、すべてのデータ、あるいは可能性のあるデータを見てきた人はいない。川が二つに分かれて真中を通る道を作ったことを見たことはないけれど、そういうことは起きなかったとか起こるはずがないとは言えない。ただ私が言えることは、それが起きたところを私も (他の多くの人たちも) 見たことはないということだけだ。経験主義は蓋然性を巧みに演出できるが、確実性を確立することはできない。このことを言い換えれば、経験主義は行動するときの実用的な根拠にはなるが (川が分かれるように祈るより、川を渡る橋を探そうとする)、しかし、それは究極の問題の本当のところを決定することはできない。(「神のみこころであれば、神はいつでも川を分けることがおできになる」ということである)

　第三に、経験主義は、見えるものを見るという限界をもっている。観察されたデータが経験主義の全体の基盤になる。そのことによって、経験主義者は扱う事柄を厳密に制限していく。多くの重要な現実、例えば、愛、意味、喜び、悲しみ、正義は、簡単に見える形になるわけではないからだ。

　経験主義者がこのような現実を研究するとき、それらを観察できる証拠によって定義しなければならない。しかし、そのようにしていく内に、説明しようとする現実そのものが正に指の間からこぼれ

落ちていくのを経験主義者は知ることになる。妻に対する愛情を測るのに、妻にキスをした回数とか、頼まれてもいないお世辞を妻に何回言ったかという調査に満足する人などほとんどいない。経験主義者が無形の世界の研究に乗り出すならば、たいていは、雑誌編集者以外の人には全く重要でない、調査的な項目の列挙で終わってしまう。

＊　　＊　　＊

　何が真実なのか、努力をかたむけて決定していくというのは、相当なフラストレーションである。クリスチャンは、心にある深い葛藤を解決するために、原初療法を受けるべきなのか。この問いにどのように答えるのか。

　直観は、主観的に確かだと思うまで、待てと人に要求する。しかし、人々は以前から過ちを「分かっている」。**合理主義**は、考え抜くか、あるいは、より賢明に考える人たちの意見に頼るように勧める。しかし、もっともよく考察する人は、違う仕方で考えるものだ。**経験主義**は、結果を見るよう試してくる。例えば、原初療法は過去の抑うつ状態を直したのかと。しかし、データは混乱している。いずれのカウンセリングの立場も、印象的な結果を主張する。さらに、どのカウンセリングの立場も、それが引き起こした恐ろしいダメージの物語に悩まされている。さらに、たとえ、結果が出ても道徳的な意味で良い結果と言えるのか、経験主義はそのことに答えることはできない。

　確信をもてる位置に到達しようとするなら、直観や合理主義、そして経験主義以外で答えを見出す方法を私たちは必要としている。すなわち、ここにもう一つの可能性、**啓示**があるのである。

　次の章では、知識の基盤としての啓示について議論し、カウンセリングをめぐる問いに啓示によって答える場合の論点についても考察する。

2章
聖書は確信の根拠である

　もし、カウンセリングのモデル、とりわけ、クリスチャンが確信をもって行うカウンセリングのモデルを発展させるために、聖書の啓示を不可欠な前提だと考えるなら、それが意味するところを、正確に厳密に吟味しなくてはならない。神はどのようにして私たちに真理を示されてきたのか。神はクライエントを援助するためにカウンセラーが知る必要のあることを、聖書のどのようなところから示しておられるのか。聖書のどの部分を捜したらよいのか分かったとしても、どのようにしてその知識を得たら良いのか。

　啓示の中に示されるその考えは、正に、啓示者その人を意味する。すなわち、知っていることが少なくとも一部分であれ、それは他者に知らせようとするその人自身を意味する。クリスチャンは、神が存在することを知っている。すなわち、神は思考し、選択し、感情をもつ、生きた人格を持ったお方であり、神は創造された人間を実に愛してくださり、私たちの問題が何であるのか、どのように解決できるのか教えてくださると、クリスチャンは信じている。

　ほとんどの神学者によれば、神は今日、主として二つの手段、つまり、自然と聖書によってご自身を示された。前者を**一般啓示**と言う。一般啓示は、創造の秩序を観察することで重要な真理を知ることができるという事実を表わす用語である。すなわち、創造を説明すべき創造者がいなくてはならないこと、秩序ある創造は、秩序ある精神の産物を反映していること。創造者は知性ある存在であり、人格が存在する世界については、人格をもった創造者によらなければ説明はつかないということである。注意深い観察者は、事物が機能する中に規則正しさがあることに気付き、それによって、人類の病

気のより効果的な治療や橋を建設するためのより良い方法を発見するのである。科学は、この世界にある、観察可能な原因と結果の関係を推測するところに存在意義がある。

　特別啓示とは、人が生きるために知らなければならない特別な事柄で、一般啓示に関する科学的な研究では発見しえないものであり、自然の領域にまさる、聖なる啓示についての神学用語である。聖書において、神は、言葉すなわち理性的に理解できるコミュニケーションの媒介方法を使って、神のご意思を人の心に語られてきた。私たちの務めは、心を使って神が何を言わんとされてきたのか見つけ出し、そのメッセージに私たちの意志を従わせることだ。

　私たちが生きる上で土台となる考え方が神からのものだと確信するかぎり、啓示への信頼を主張することは公明正大なことである。今日、ソングライター、カウンセラー、カルトのリーダーなどを含めて、多くの人々が、ある事柄を神が自分に示してきたと主張してきた。すぐに問題になるのはどの時点で彼らの主張が本当であるのか判断することだ。神が言われたと私たちが考えることを本当に「神は言われたのか」ということだ。クリスチャンの心理学者が心理学的な調査を用いてある意見を支持するとき、神の世界を科学的研究で調べた結果、神は神ご自身を啓示されているのだとその心理学者は主張できるのか。あるいは、クリスチャンカウンセラーが自分なりに理解している聖書のある節を自分の見解の権威のよりどころとし、啓示に信頼していると主張したからといって、そのカウンセラーは安全地帯にいるといえるのであろうか。

　前の章で、直観、理性、経験は啓示を抜きにして取り上げるならば、それらはその価値を失うと論じた。真理へのすべての探求は神と神の御業を知る試みであるという事実に背を向けて、啓示を無視するならば、真理への探究は、ガイドなしに迷路の中を行く旅となる。神は存在され、神は私たちに語られたという事実の上に成り立つ啓示は、すべての思考の背景であり前提とならなければならない。この点について、カルヴァンは次のように述べる。

「老人や視力の弱い人が本の字を判読することは困難であるが、眼鏡があれば、はっきりと読むことができる。そのように、聖書は、これまで混乱してきた、神についての知識を具体化し、無知を追い散らし、神の真実をはっきりと私たちに示す。……神がご自身の恵みをもって示してくださった神の証言を謙遜な思いで理解しようとするとき、真理に向かって最初の一歩を私たちは踏み出す。真実で完全な信仰が従順の内に始まるばかりでなく、すべての健全な知識もまた同じく始まる。」[1]

クリスチャンの心理学者もカウンセラーも、このようなすべての基本的な始まりに全身全霊で同意するであろう。しかし、啓示中心と自ら言いながら、カウンセリングの理論の発展に実際に力を入れようとしていくなら、彼らがどれほど啓示を信頼しているか、注意深く、吟味されなくてはならない。私の見解では、多くのクリスチャンカウンセラーは、聖書を助けや情報を与えてくれるものであり、また洞察に満ちたものとして理解はしても、聖書の権威性も十全性も認めない研究方法をこれまで採用してきたのである。結果的に、聖書は弱体化した。もはや、聖書は決定的な判断を下すことを許されていない。ある種の個人的問題の答えを見つけるために聖書のページをくくることはほとんどしない。心理学は、啓示を知識への必要な道筋として強く主張してきた多くの人々の心の中にある聖書の場所を奪ってきた。啓示される神と、聖書と自然を通して示される啓示を信頼するだけでは充分ではなくなってしまった。聖書の権威の確実性を主張しようとするなら、カウンセリングの研究へのアプローチの仕方を掘り下げなくてはならない。

聖書の権威の意味を重大に損なっている一つの研究方法を「啓示についての二冊の本観」と呼べるかもしれない。この視点を説明してみよう。神は二冊の「本」、つまり自然と聖書を書かれた。啓示を知りたい学生は、彼らに関係するものでどのような知識の領域のものでも、医学、天文学、政治学または心理学であれ、それらをより

よく理解するためには二冊の本を読まなければならない。もし神が、ある領域より他の領域で、特定の主題についてより明確に示されるなら、より関連する本をさらに時間をかけて研究しなければならない。

　例えば、クリスチャンの歯学部生はガムによる病気を理解したいなら、パウロの書簡を読むよりむしろ科学の教科書に没頭するのが良い。しかし、彼らの質問が罪の定義と罪を克服する方法に関連するならば、聖書を読むのが適切である。聖書はガムが引き起こす病気については何も語っていない。歯学の教科書は罪を定義することはない。結局、何を質問したいかがどんな本を読むべきか決定する。

　多くのクリスチャンカウンセラーが人間とその問題を理解しようとするときに、このようなアプローチをする。人間を直接観察して引き出された考察の集積を「心理学」と呼んでいる。聖書研究を組織的にまとめた成果が神学と言われる。これらは相補し合う学問分野だとされ、それぞれが重要なデータを提供して、カウンセリング理論に寄与している。

　「二冊の本」観、そして心理学と神学を統合する考え方は、**図1**（次頁）に示すとよりわかりやすいであろう。

　たいていのキリスト教カウンセリングモデルはこのアプローチ[(2)]による。この考え方に従えば、聖書の研究より、心理学的論証や調査の方に時間をかけることになる。当然のことながら、聖書はカウンセラーが知りたい多くの問いには間接的にしか言及していないからだ。二冊の本の内より直接的に関連する領域のほうに探求の時間をかける原則に従えば、聖書は軽視されることになる。クリスチャンカウンセラーが、聖書の方に関心を向けるよう要求されたら、一般的な反応としては、神は聖書を決してカウンセラーの教科書として意図されて書いたのではないという主張である。神が書かれた「別の本」の方がその目的に適うと言うのだ。

　この論法から何が見えてくるか注意してほしい。カウンセリング

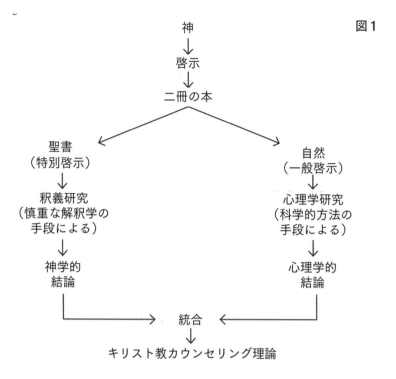

図 1

を理解するために、必ずしも聖書に**導かれる**必要はない。結論が何であれ、聖書と**一致しているか**確認されれば良い。「導かれている」と「一致している」との間には大層な相違がある。聖書に導かれて理論を進めようとする人は聖書の権威をより理解している。別の情報を信頼し、その情報が聖書との一貫性を保っていればよいとする人にとって、聖書は単に便利なものにすぎない。こうして考えられた産物は正しい意味で「聖書的」だとはいえない。この立場は、クリスチャンが実践するカウンセリングでも、人々をキリストから遠ざける原因となるものである。もし、このことが本当ならば、この立場は誤っているといえる。しかも、一番の誤りは聖書の権威を弱めていることだ。聖書の権威を重視し中心に置こうとする取り組みを破壊しようとする、この立場の二つの特徴に気付いてほしい。

合理主義への回帰

　第一に、聖書研究から得られた結論が、心理学の研究から得られた結論と矛盾した場合、どうすべきなのか。例えば、心理学のある一致した見解が次のように示されるとする。子どもを叩くことは、子どもに人に対しての敵意ある攻撃関係をもつようにさせてしまうと。さらに、釈義学者のほとんどが、箴言22章15節から次のような結論を導き出したとしよう。叩くことは敵意を弱くするのに効果的な訓練的方法だと神がお認めになっていると。さて、どのように考えたらよいのか。心理学に従うのか、それとも神学に従うのか。それとも、どちらかを一方に合わせるように、理解の仕方を変えるのか。もしもそうするとして、どちらを修正するのか。子どもが親に従わないとき、親にどのように言うべきなのであろうか。

　「二冊の本」論者が、どちらの結論にもまったく確信がもてないと指摘をしているのは正しい。心理学も神学も、有限で堕落した人間の理性を必要としている。自然からでも聖書からでも、そこから見つけ出した考えは神が示してこられた真理を正しく伝えていないかもしれない。聖書は間違いがないとどんなに強く主張したとしても、聖書自体に対してもつ同じ確信で、**自分の聖書理解**に権威を与えることはできない。同様に、科学的調査によって発見したことも、時に、自然の本当の事実ではなく誤った認識を反映させているかもしれない。

　神学と心理学の間に矛盾が起きたとき、「二冊の本」論者は両方の結論を再検討するよう勧める。これに関して、私は、はっきりと**同意**する。これが、正に私たちがしなければならないことだ。聖書の理解あるいは自然の理解についても、私たちは間違っているかもしれない。しかし、二冊の本を再検証していく方法を、注意深くみていかなければならないと、私は考える。

　「二冊の本」論者は二つの結論の両方ともに再検証していかなければならないと主張する。──実験室以上に、「心理学の真理」を一生

懸命聖書の中に見つけられる希望はほとんどないのに。啓示に依拠するにしても、結局のところ、聖書理解や科学に伴う不確実さから私たちは逃れることはできないということになる。

　それでは、何が次に起こるのか。親たちはクリスチャンの専門家からの一言を待っている。しかし、専門家は確かな言葉をみつけられない。二冊の本の両方を用いるならば、聖書と心理学の双方の結論の不一致は**個人的な判断**だけで解決することになる。聖書は事実上押しつぶされていて、人間の理性が最終的に裁決の全権を握る。「二冊の本」論者が啓示に依拠すると主張しても、彼らは、合理主義、経験主義のいずれ、または両方に戻らざる得なくなり、彼らの主張は無効になる。

すべての真理は神の真理である

　「二冊の本」論の二つ目の特徴は、この点、私は当惑するのであるが、すべての真理は神の真理だという自明の理を専ら用いていることである。自明の理は正しいものだ。科学上の真理であれ、神学上の真理であれ、また、心理学者の実験室で発見したものであれ、神学校の図書室で見つけたものであれ、真理は真理である。そこで、聖書の真理を科学の真理よりも権威あるものとして語ることは、道理に合わなくなる。真理というものは誤りに対して権威をもつのであって、もう一つの真理に対して権威をもつのではない。ある真理は、他の真理よりも特定の問いに関して適切かもしれない。しかし、どの真理も、他の真理より権威があるとはいえない。真理の権威は、どこで発見されたかにあるのでなく、その真実さの中にある。

　もし、どちらの「本」がカウンセリングに強い**関連**をもつのか議論し続けるならば、心理学の科学性よりも、聖書の方がカウンセラーに発

> ある真理は、他の真理よりも特定の問いに関して適切かもしれない。しかし、どの真理も、他の真理より権威があるとはいえない。

言権があると正当な論拠にもとづいて確証できる。カウンセラーが、症状のもつれや訴えを通して、自分たちの対応のあり方を検証するならば、いずれ、カウンセラーは愛、目的、罪という基本的な事柄に直面するだろう。聖書が、生きることとは何かという根本的な事柄について神が人に啓示されたものだとするなら、聖書のページの中に、問題の核心に対する答えを期待すべきだ。

しかし、私は、今の時点で、**関連**より聖書の**権威**に関心がある。すべての真理が神に属する真理ならば、実験室で発見された真理よりも、聖書から示された真理に権威があると主張するのは妥当なことではないか。

前に指摘したとおり、聖書か科学か、どちらに重きを置くかにかかわらず、何が真理であるのか理解しようとするとき、ある程度の不確実性はつきものである。真理の定義のためにどのような試みをするにしても、私たちは限られた、かつ堕落した理性でそれをしているからだ。堕落の影響は、人間の推理力にも及んでいるため、すべての真理は神に属する真理であるが、真理について私たちの理解していることは、真理ではないかもしれない。

この論理で考えていけば、方向選択を生涯模索するような、希望のない懐疑主義に必然的に行きつく。こうして、「二冊の本」観について、私は二つのことを懸念する。第一は、これまで述べてきたように、もし神学が心理学と矛盾するならば、私たちはいつでも合理主義に逃げ込むということである。聖書には、もはや最終判断の重要な役割は与えられない。

第二の懸念は、第一の懸念からくることだが、物事の命題化に内在する不確実性への対応のあり方についてである（ついでながら、神学と心理学が互いに補完し合うように思われる場合でも、不確実性は存在する）。避けることのできない不確実性に直面して、一番人が納得する選択の基準は、実用主義（pragmatism）である。すなわち、私にとって価値あるものを生み出すために、今、ここで何が役に立つのかという見方である。もし、原初療法によって感情的緊張から回復

されるというのなら、そのセラピーをなぜ利用しないのか、ということである。だれも本当のことは分からないのだとするならば、原初療法の理論は本当ではないかもしれないという批判は説得力を失う。もし、親を再体験するカウンセリング（re-parenting counseling）が不幸な女性に安心感を与えて、その女性を助けるならば、だれがそれに反対できるだろうか。

　真理に耳をかたむけない世界では、結果ありきなのである。「二冊の本」観は——すべての解釈は誤りに陥りやすいので、私たちはできるだけデータを広く集めて証拠とすべきだという形をとる——私たちを（真理は聖書にあるという　訳者注）聖書への信頼から引き離し、合理主義ひいては経験主義に向かわせる。神学と心理学のそれぞれの結論に矛盾が生じたときは、聖書の事実に従わないで自分流で答えを考えなさいというのが、合理主義なのである。

　神学と心理学の両方から結論が支持されるときでさえも、結論は仮説の段階であるから、行為を決定するときは、私たちが考える真理よりも（単純に言えば、本当には分かっていないので）、すぐに確実に結果（少なくともその結果を判断できる）が出せると思えることに従うべきだというのが、経験主義的実用主義（empirical pragmatism）である。

聖書的権威の論拠

　カウンセリングのあるべき姿を模索しつつ、合理主義や実用主義から抜け出す道があるならば、誤りの可能性があるかもしれないが聖書研究から得た結論の方が、同じく誤りの可能性をもった科学研究の結論より、理論化の過程ではより重要であることを示す以外にない。もし、聖書が科学に対して本当の権威を再び得ようとするなら、心理学研究から生まれた仮説よりも聖書から導き出される考えに確信を持てる根拠を示さなければならない。両方（聖書研究と科学　訳者注）ともに誤りがあるかもしれない。どちらか一方の考え

を信頼すれば、それで確実なのであろうか。

　以上のことに答えるために、何が必要なのか注意深くあらねばならない。聖書の土台に築かれたカウンセリングモデルの方が、科学的調査によって発展してきたカウンセリングモデルより、過ちが少ないことを論証しなければならない。これが正に私が論証したいことだ。[3] 4つの点を述べよう。

1. 聖書における神ご自身の啓示の**目的**と自然における自己啓示の目的は異なる。自然において、人々が創造主を崇めるために、神はその「永遠の力と神性」（ローマ人への手紙1：20）を明らかにされた。例えば、冬に家の中を温かくしたり、耳の感染症が良くなるようにするために、身体の研究をすることは正しいことだ。しかし、自然における神の道徳的目的は、私たちが覚えておくべきお方として神ご自身を私たちに知らせることにある。

　しかし、聖書において、神はそれ以上のことをなさる。聖書をお与えになった神の目的は、私たちの悪い状態に気付かせ、その問題に対する神の解決を伝え、そしてその解決が分かるように教えることにある。一言で言えば、聖書は神のいのちを見出す方法を教えている。正に、そのことが、カウンセリングが関係してくるところなのである。つまり、人々からいのちを奪うような諸問題を経験している人々がその問題を克服して神に意図された生き方ができるように、その人々を助けるということなのである。

　自然は、人生について教える教科書として造られたのではない。聖書が、教科書として意図されたのである。人々がカウンセラーのもとに持ってくる問題はいつも、人生の機能不全の問題である。広場恐怖症の人を家に引きこもらせる不安、喜びと生きる意味を生活から

> 自然は、人生について教える教科書として造られたのではない。聖書が、教科書として意図されたのである。

取りあげる抑うつ状態、日常の機能を阻害する行動にかりたてていく強迫など、有意義な人生へのあらゆる妨げである。もし、カウンセラーというものが、人生があるべきあり方となり、人が人生を生きられるように助ける者であるならば、そして、聖書が、生きるために問題を解決する仕方を教える教科書であるならば、聖書が自然の科学的研究よりもカウンセラーに助けを与えてくれると、私たちは期待すべきである。

2．聖書の**明瞭性**（plainness）が、確信をもって読み進める根拠となる。聖書には理解が難しいところがたくさんあるが、それもなお、陳述された形式の啓示なのである。すなわち、現実の人が理性的に表現できる出来事を別の現実の人に語る通常の言葉で成り立っているということである。自然は記述的な啓示ではない。それは語りというより図解である。自然は、理解されるために言語的象徴に訳される必要のある、言語化されていない観測報告なのである。一枚の絵は千の言葉に匹敵する。しかし、意味の正確さを求めるならば、文章の方がふさわしい。他のいかなる形式よりも卓越した言語による啓示の明瞭さは、カウンセリングモデルを展開させる際に、科学よりも聖書を信頼する論拠となる。

3．完全な啓示としての聖書の**純正さ**は、苦悩し呪われた自然の不完全性と対比される。聖書が述べることは全て信頼できることである。何故なら、罪が聖書の教えを汚さないように超自然的に妨げられてきたからだ。しかし、自然はそれほどまでに守られてこなかった。自然から学んだことがらは罪の結果を反映させている。もし、婚前交渉をもったカップルの方が、結婚まで純潔をたもったカップルよりも、結婚生活で情緒的な満足を得ているという、科学的調査結果があるとしたら、その結果は、本来のあるべき生き方を曲げた罪深さの故である。

　もちろん、蟻から勤勉さを学ぶかもしれないが、それも蟻が勤勉であるように指示した命令に聖書が権威を与えていると

きだけである。聖書の権威を念頭に置かずして自然の他の例に従うならば、人は、弱いものを捕食し、冬の間ずっと眠り、気の向くまま交尾するものになるかもしれない。聖書が私たちに行うよう命じることは何でも、私たちは正しい道にあるとの確信をもって、行うのであろう。それは聖書が完全な道徳を教えているからである。しかし、自然はそうではない。自然の研究から得た知識よりも、聖書研究から得た結論に、私たちはより確信をもつ。

4. 謙遜と正直さのある姿勢をもって聖書に向き合うとき、聖霊は、助けるとはっきりと**約束**してくださる。科学者は研究において、そのような約束はしない。

以上の四つの理由（他の論拠もあるが）すなわち、聖書の目的、明瞭性、純正さ、そして聖書研究の際の聖霊の助けの約束、これらが一つになるとき、科学的調査による誤りの可能性ある結論よりも、聖書研究で誤りある結論の可能性があるにしても、聖書研究による結論を確信することのほうが正当なのである。

*　　　*　　　*

私がカウンセリングモデルを展開するとき、他のどんな情報よりも神のみことばの研究によって、自分の考え方を決定していくべきだという認識が最初にある。聖書が語るとき、聖書は権威をもって語る。聖書が言及していないことに関しては、私たちは助けを求めて他の情報を頼ろうとするかもしれない。

クリスチャンであろうとなかろうと、他の人々の考え方を研究することは刺激的であることは間違い

> 聖書が語るとき、聖書は権威をもって語る。聖書が言及していないことに関しては、私たちは助けを求めて他の情報を頼ろうとするかもしれない。

ない。心理学のデータや理論は、思考の新しい方向性を考える上で、刺激となり触媒として役に立つ。論証力と直観は、カウンセリングモデルを確立する上で、役割をもつにちがいない。しかし、私たちがするすべてのことに亘って、聖書が、私たちの研究の**枠組み**であり、結論を得る前提でなければならない。

聖書はカウンセラーが扱う事柄の多くを正に言及している。さらに、（示唆したいことは）聖書は、カウンセラーが苦闘する**根本的な論点のすべて**を理解する土台となる。したがって、カウンセリングの領域において、聖書の権威を論証するということは、以下のことを意味する。

(1)聖書に向かうとき、期待と従順の心をもって向かわなければならない。(2)心理学の知見は刺激的で触媒的であるとしても、決して権威とみなさなくてよい。当然、心理学の実際のデータを軽視することはできない。目の前に見えることなら何でも目を向けなくてはならない。しかし、何故、そのデータがあるのか、観察できたことにどのように対応すべきか考えるために、聖書に学ぶべきである。どのような場合でも、聖書の教えが究極である。

この章では、カウンセリングの理論は聖書の啓示に依らなければならないだけでなく、聖書の啓示は、カウンセリングについてのすべての考察を統括する指針として機能すべきだと確認してきた。

さて、論点をもう一歩進めたい。一つ言えることは、聖書は聖書が言及するすべてのことの権威であるということである。さらに、聖書が事実、カウンセラーのかかえる問題のすべてを扱うということを考える。カウンセリングモデルの構築における聖書の**権威**を論じてきたが、次の章では、そこから、カウンセリングモデルの構築のために聖書の包括的**十全性**を論じていきたい。さらに、聖書的解釈のむずかしい問題にも目を留める必要がある。すなわち、もし聖書に十全性があるなら、カウンセラーの問いへの答えをどのようにして聖書のテキストの中に見いだすのか、という問題である。

3章
聖書は人のすべての問題に適切に答えているのか

　聖書はカウンセリングのための教科書なのか、あるいは、そうではないのか。カウンセラーが日々の生活の入り組んだ事柄に直面して答えなければならない難しい問題に取り組むとき、聖書は権威ある助けを与えてくれるのか。あるいはそうではないのか。カウンセラーは、聖書を学べば、抑うつ状態を克服する方法が分かるのか。あるいは、他の方法に当たるべきなのか。「カウンセリーの抵抗にどう対処したらいいのか」、「過食症の本当の原因は何か」といった問いへの答えが、創世記と黙示録の間のどこかにあるのか。あるいは、心理的な問題に答えるために、神は聖書を意図されたのではないということなのか。

　問題が何であろうと、聖書は正確に答えてくれる。私たちが望むように完全にではないかもしれないが、いつも正しく答えてくれるのである。聖書がカウンセラーの問いに答えているならば、その答えは権威あるものとして受け止めなければならない。答えがみつからない時はいつでも、答えが得られない質問については、別のところに委ねることは必要であり適切なことだ。

　ここで、問題を2つのカテゴリーに分け、それらの間に、極めて重要な違いをはっきりさせなくてはならない。2つのカテゴリーには、それぞれ独自の問題が列挙される。すなわち、(1) 身体的・自然的な原因で生じた問題、そして、(2) 根本的に道徳的原因で生じた問題、である。

　第1の問題には、以下の問題を含む。

- 抑うつと他の愛着障害のいくつかの（すべてということではない）事例

- 生化学上の不調和、身体的外傷または、衰退（例えば、更年期障害に関連した不安症状）から生じる行動的、または感情的問題
- 知覚障害、初期学習の欠損、または類似の障害が原因の学習障害
- 薬物による精神病

　第2の問題は、主に心から信頼できずに葛藤し、次第に主への従順を弱らせる人生の苦闘を解決するために、自ら選択していく戦略（本人は、選択を事実として受けとめないかもしれないが）の故に生じてくる問題である。

第2部で明らかにしたいが、カウンセラーのもとに来る問題の多くは、第2のカテゴリーに属し、本質的に道徳的な問題である。この章と次の4章では、聖書の十全性が第2のカテゴリーに属する問題を理解し扱うための明確で正確な枠組みを提供することを論証したい。

　ここで、簡単な質問をさせてほしい。**聖書は、カウンセラーに直面してくるすべての問題に答えるための枠組みを提供するのに十分であるのか**、という問いである。ひとたび聖書の権威が確かなものとされるなら、聖書の十全性が論じられなければならない。聖書の権威を認める一方で、聖書の**意図された**十全性が否定されるということはあり得ないからだ。したがって、どのような問題に聖書は十分に答えなければならないのかはっきりさせることは、極めて重大なのである。

十全性について、少なくとも、次の三つの異なる見解があるといってよいだろう。

1．否。聖書は十分とは言えない。何故なら、この地上で人生はどう生きられるべきか、人生はどのように有効な仕方で生きられるのかという質問に、直接的に聖書は答えていないからだ。
2．肯定。聖書は十分である。何故なら、この世で人生はどう生

きられるべきか、人生はどのように有効な仕方で生きられるの
かという質問に、直接的に聖書は答えているからだ。

3. 肯定。聖書は十分である。何故なら、この世で人生はどうあ
るべきか、人生はどうしたら有効なものになるのかというすべ
ての質問に、直接的な情報や権威あるカテゴリーのいずれかを
聖書は提供しているからだ。聖書がある問題に明白でない、い
ずれの場合も、聖書的なカテゴリーが、その問題⁽¹⁾に対して、適
切な答えを徹頭徹尾生み出すための枠組みを提供する。

以上のそれぞれの見解を詳細に検討していくが、読者に心に留め
てほしいことは、私は聖書の霊感、無誤性、そして権威を当然のこ
ととして考えていることだ。聖書がどのようなことを述べようと、そ
れは正しい。その教えには拘束力がある。ポイントは聖書の十全性
を検証することにある。すなわち、聖書はクリスチャンカウンセラー
の行うすべてにわたって、的確にクリスチャンカウンセラーを導く
ために十分に語っているかどうかである。

見解1

**聖書はカウンセリングの通常のどの問題にも直接的に
は答えていない。したがって、心理学のデータや理論
に助けを求めることは必要であり、正しいことである。**

聖書は、カウンセリングの教科書なのか。「もちろん、そうではな
い。」とクリスチャンの多くは答える。「神は、カウンセリングのた
めに包括的な案内を書こうとされたのではない。それは、ちょうど
配管工にシンクの詰まりを取り除く方法を教えようとされたのでは
ないのと同じだ。聖書は霊的な事柄を扱う。配管工にとっては下水
貯めが問題だ。歯科医は歯に関心がある。そして、カウンセラーは

心理的問題に関心がある。どんな本を読んだらよいか決めるのは、あなたが関心をもっていることがらだ。」

　この考え方に従えば、心理学的調査や臨床の経験に頼って、すぐには理解できないほどの観察の結果に驚くばかりでなく、聖書が簡単に与えることのできない人生の重要な問題への解決を、そこから得ようとする。聖書は、私たちが従うべき教理や道徳上の見解を詳細に説明するが、カウンセリングの理解の仕方や方法の詳細については、他の手段によって学ばなければならないと多くの人々は考える。聖書のデータでない他の内容が、カウンセリングの課題を考える出発点となり最終目的地となってしまう。

　見解1でいう「聖書的」という言葉がどのように意味で使われているのか注意しなければならない。カウンセリングモデルが聖書の教理や倫理に関する教えを決して**侵犯**するのでない限り、それは「聖書的」と呼ばれている。カウンセリングに関する考えが聖書を**根拠**としているかどうかが重要なのでなく、その考えが聖書に**矛盾**していないことが重要だとされている。

　当然、多くのクリスチャンカウンセラーが聖書の見地より低いところに留まっていて、それが完全に居心地がよいと思っているのだ。聖書は宗教的な関心に答えていれば良いのである。人生に関わる重要な問題については、近代の心理学者を中心的位置にすえれば良いのである。

　しかも、聖書の無誤性と権威を強く主張する保守的な福音派の中にも、第1の見解に立つ人もいることも事実である。多くの説教壇（すべてではない）で何が起きているのか注意深く考えていただきたい。

　説教者は、会衆が困難を抱えている現実から遠ざかっていれば、安全地帯にいることができる。釈義だけに打ち込んでいれば、現実から守られる。「夫よ、妻を愛しなさい。」と牧師が切り出す。その後の30分間、会衆は、聖書個所を注意深く誠実に研究した成果に耳を傾ける。

注解が説明されている間、32歳の保険外交員は、彼の妻を落ち着かない気持ちで見ている。彼の妻は何か言うたびに、ほとんどの場合理由もわからないまま、想像を絶する怒りを彼に向けるのだ。説教を聞いているうちに、彼の罪の意識が増していく。彼は助けを求めて牧師のところに赴く。

　「私は、パウロがエペソ人への手紙で述べているような愛で妻を愛そうと努めてきました。しかし、どうしたらそれができるのか分からないのです。」そうして、彼はカウンセリングの予約をとるときに、こう自分から話し出す。「私はこれまで妻に許してほしいと頼んできました。きちんと時間をとって聖書を読んできました。しかし、そうやってもよくなりませんでした。これまで何年間も愛の感情がわいてくるのを願って、愛をもって行動してきました。しかし、愛情がわいてこないのです。どうしたら良いのでしょうか。これまでしてきたようにこれからも続ければよいのでしょうか。」

　「ライアン、」牧師は話し始める。「神の力は、君が本当に彼女を愛することができるように、君に働く。もし、君がこの女性に対して神を信じる信仰の男になりたいのなら、主と彼女に対して一生懸命な自分を誇りに思うことだよ。このことを覚えていてほしい。聖書的な愛は決して感情ではない。行動だ。君が正しいと思うことを続けなさい。」

　2、3週間して、ライアンはカウンセリングの次の回にやって来た。「先生、あなたが言われたようにやってみました。本当です。しかし、ますます悪くなるばかりなのです。昨晩、初めて私は妻を叩いてしまいました。そんなことをした自分を憎みます。彼女を本当に傷つけたかもしれないと思うと恐ろしいのです。」

　このような時点で、多くの信仰深い牧師は、心底困惑してしまうだろう。確かにそうなのだ。何故なら、彼らはこれまで、暴力的なまでに怒る人々を扱った経験がないからだ。プロとして訓練を受けたカウンセラーを紹介することが適切であると思える。

　しかし、それは何故なのであろうか。ライアンが正に最善の助け

を得られることに関心をもつよりも、他の機関を紹介するほうに意味があるのか。**牧会者がカウンセリングの専門家に委ねる**背景には、未経験ということ以外にあるのではないかと推測する。困惑することには、紹介がときに、聖書は必要な援助をすることができないという、牧師たちの信念の反映だということだ。問題の感情的な根本原因が理解された後であったなら、人々は聖書の真の答えに心が開かれるだろうと牧師が述べるならば、何かが牧師の本当の視点を曖昧にさせているのだ。

気が付くことは次の点である。聖書がライアンの激しい怒りを扱うカウンセラーを導けるとは、だれも本当に考えていないことである。

たいていのクリスチャンは、聖書が人生のすべての問題に意味をもって答えることができると確信できないでいる。神学校でも、人々が持つ現実の生活の困難な問題について、教師が学生にしっかりと明確に答えられないときに、その疑いが知らず知らずに強まっていくのである。

例えば、

- どうしたら自慰の衝動を抑えられるのか。
- お金のことが心配でたまらない。どうしたら心配を止めることができるのか。
- 性的暴行を受けて以来、一人で生きていることが恐怖だ。恐怖の感情にどう対処したら良いのか。
- 私は人に親しくすることができない。人へのぎこちなさをどう克服できるだろうか。
- なぜ、こんなにも空虚感を感じるのか。満たされた生活はどこにあるのだろうか。
- 夫にどう対処したら良いのか。子どもたちが反抗するようになるのではないかと夫はものすごく心配するので、いつも子どもたちに説教している。

専門的な学びと問題との実践的な関連性に関心があるという学生たちは、神のことばは力をもち、説教者の働きは忠実に聖書のメッセージを伝えることだと思うかもしれない。この考えは、聖書の絶大な真理に人々が捉えられていくなら、以上のような問題は分からないうちに消えてゆくだろうという考え方である。結局、牧師というものは、混乱した問題、ときに醜悪な細かい問題に関心を寄せる必要はないということになる。開かれた、支持的な、顔と顔をあわすコミュニティーの中で深くかかわるべき牧師がいなくても、聖書の教えにある聖化によって、人々の生活を幾分でもきよめることができると考えるのだろう。

　このような考えをしていくと、頑なにならずにかかわり合うこと（ヘブル人への手紙3：13）や愛に励むこと（ヘブル人への手紙10：24）の、真の価値を否定することになる。私たちの教会は共同体であるよりも、むしろ聴衆の群れになってしまう。講壇で語ることだけが重要なのだ。

　しかし、人々の生活に何が起きているか分かっている誠実な牧師に、人々が個人的に重要な質問を牧師に問いかけてくる。しかし、牧師は、訓練を受けたカウンセラーに委ねる。しかし、牧師は、人生のある領域を負うために聖書を用いることが出来ないことに釈然としないが、そうした問題は霊的なものであるよりは、むしろ心理的な問題なのだと考えて、仕方がないことだと自らを慰める。

　良い説教と深い聖書研究をしていけば、直接的に個人の問題に関わらなくても、その問題は解決するという見解に、私はさらに懸念をおぼえる。私は時々疑問に思う。この見解を厳密に教えている教授たちは、自己防衛からそうした問題にかたくなに目を背けていることに、罪意識がないのかと私は考えてしまう。たぶん、ある教授は、人々の重い質問に対して、どうしたら良いのか分からないのであろう。彼ら自身の人生が未解決な困難に苦しめられているのかもしれない。現実の生活で起こる緊急の問題の答えを求めて聖書に駆け込むというより、学識という防禦柵の後ろにいて、人々やその問

題から退いているのではないか。釈義の方法や解釈学の原則が、未解決の問題という現実を否定する道具になりえてしまう。説教者が、命あるみことばを命のないもののように説教するとき、現実の生活は吟味もされず、現実の問題は答えられないままでいる。

　この点については、誤解されてはいけないので、慎重に述べなければならない。聖書を注意深く学問的に研究することは極めて重要である。ヘブル語、アラム語、ギリシャ語や聖書文献の文化的背景の知識は疑いもなく価値あるものである。聖書を解釈し適用するときに、自由に想像力を働かせてしまわないように、解釈の原則を発展させることは価値ある働きである。──神学生はこれらのことを勤勉に学ぼうとよく取り組むのである。

　しかし、普通に実践されている釈義や解釈は、時に、私たちを人々の現実の生活から遠ざけてしまうことがある。愛の神がご自身で創造した人々に与えるメッセージが、理解され生気を吹き込まれるべき真理というよりより、むしろ、研究対象の学問になってしまうならば、何かが間違っている。

> 愛の神がご自身で創造した人々に与えるメッセージが、理解され生気を吹き込まれるべき真理というよりより、むしろ、研究対象の学問になってしまうならば、何かが間違っている。

　聖書のテキストの意味と今日の人々が理解する意味との間のギャップを埋める橋渡しという課題は、何も目新しいことではない。しかし、このことは未だ重要な課題であり、ほとんど解決されてはいない。

　問題の要は、聖書研究の方法というより、**目的**にあるといって良い。多くの神学校では学識に重きが置くが、それはある部分、テキストがもつ真の意味を見分けていくというより、むしろ、人生の混乱した問題にかかわることを避けるためなのであろうか。人生の手に負えない現実の問題に取り組むより、稀にしか使われないヘブル語の語源を探る方が、やりがいがあるだろうか。神学書の書庫は、多くの学生にとって、神の生きた真理で装備し、人生の問題の深いと

ころにわけ入る備えのために学ぶ場所というより、人生から引きこもるところとなっている。

その結果は悲劇的だ。人生のあらゆる面と聖書を結びつける緊急性を見落としている牧師が率いる教会は、ミニ神学校となり、正統という公認の後ろ盾に隠れ、緊急性を否定する伝統を守っている。そのようなところでのメッセージははっきりしている。すなわち、**信仰者が集うコミュニティーは、人生を腐蝕する現実の問題を扱う場所ではなくなっている。正統的信仰を保持し、行動を適合せるために、教会は存在している。個人的な問題をかかえる人を援助するのは教会の働きではなくなっている。**

しかし、何故、教会の働きではないのか。何故、個人の問題の深い根っこのところまで理解するように人々を導くことは教会の働きではないのか。——個人の問題というより、私たち皆がもつ問題であるのだが。

教会はたとえ歯科診療所や学習障害の子どもたちの教室の支援に失敗しても、罪を感じる必要はない。そうした支援は適切なことではあるが、教会独自の召命ではない。

教会が聖書のみ言葉を教え、そのメッセージが生活パターンに反映されるのを奨励することは教会の責任だ。もし、聖書自体が感情的な問題と何の関係もないというのなら、教会が、聖書的信仰を尊重する資格のある専門家に問題を委託するのは正しい。

この点を明らかにしたい。聖書を信じる教会の使命には、私たちすべての内に隠されている深い個人的な葛藤へのミニストリーを含めないというならば、聖書は人々の問題には言及しないと、事実上宣言していることになる(2)。

しかし、もし、神が、聖書を人が生きる上で必ず直面する人生の妨げとなる問題が何であるか理解しどう対処したら良いのか教えるように、意図しておられたとするなら、つまり、正に聖書がカウンセリングの教科書であるとしたら、器質的な疾患でない限り、クリスチャンの共同体の中では、どのような問題についても、聖書に答

えを求めていくべきなのである。

さらに、ここでは基本的な解釈学上の問題に直面する。聖書的解釈の、極めて重要な第一の原則は、少なくとも福音派の内では「テキストに忠実であれ」ということだ。原著者が聞き手に言わんとしていること以上も以下にも言ってはならないとされている。もし、誰かが聖書の内に「より深い」意味を見出そうとして、この原則を放棄するなら、霊感された神のみ言葉によるのでなく、その人自身の想像によって、みことばを理解していることになる。

テキストの内に（理由は何であれ）見つけたいと思う意味を読みこもうとするならば、その研究は、聖書の内に既にある意味を聖書から引き出すことに失敗している。つまり、聖書の内になければならないと自分で考えることを、聖書の内に滑り込ませているのだ。人間的知恵を権威にして説教するのを避けるために、説教者はテキストによって十分導かれ、聖書の言っている意味やその内容の意味だけを伝えなければならない。このように理解してみると、この原則は現代の保守的立場の学問の要石である。当然、福音派はこう主張する。聖書のみ言葉は単なる人間の言葉以上のことを表わしているので、解釈者にとって独自の問題が出てくる。つまり、神のみ言葉は神の息が吹き込まれているのであり、著者の意識的な目的ばかりでなく、永遠の神の意図をも反映している。従って、人である著者が予想できた内容を超えた**今日性**を聖書の中に発見することは許されると。

しかし、今日性に関して吟味するならば、もし、聖書を現代の生活に関連させる場合に、研究の精巧さ以上ものが必要だというなら、それは制限されなければならない。聖書の権威の重要性を前面に出しつつ、現代の生活にみことばを応用するならば、聖書のテキストの分かりやすい意味と現代の生活が結びついていなければならない。

神のメッセージを人の豊かな想像力からではなく、テキストから探り出す務めは、困難だが栄誉あることだ。必要なものだが、なおも困難なことだ。聞こえてくるものなら何でも何ら歪曲もなく忠実

に記録する高品質の空テープのように、聖書に臨んだ人は未だかつ
ていない。私たちは皆、個人の背景をかかえ、偏見と行動傾向と期
待に満ちた今の自分で、聖書に向き合う。様々に影響されて聖書の
一節をある方法でまたは別の方法で解釈するのだが、それらの影響
力を厳密に分類し特定する（もちろん影響力に抗することも）のは不
可能である。

　これらの影響は、役割の状態によって変わると推測する。仕事が、
教室で教えることや、神学上の論文を執筆することならば、あくま
でもテキストに忠実であることもある。自分が属している神学上の
陣営からの期待によって、他の要因とともに、ある解釈に至る傾向
はある。

　しかし、聖書からぴったりの答えを得られずに人生の急迫した問
題を抱えて毎日助けを求めてくる傷ついた人々のところに、神が私
たちを連れて来られたときに、テキストに忠実でありつづけるとい
うことは、上記のことと全く別のことなのである。そのような時、私
たちはどうするのか。

　聖書に忠実でありたいと心から願い、**同時に**人々に意味ある応答
をしようとする心細やかな牧師は、正に困難に直面する。人々の重
くのしかかる問題に対応しようとするのだが、聖書が示す以上のこ
とは述べないと決意しているので、これらの問題に直接的に答える
ことが困難になる。

　最初に見たように、この緊張を解くのに、二つの方法がある。質
問してきた問いを無視するか、それらの質問に答えるために聖書を
拡大解釈するかのいずれかだ。比喩的な意味をテキストに加えてき
た寓意解釈というものは、テキストの分かりやすい意味をほとんど、
あるいは全くと言っていいほど顧みないまま、聖書の章句に強引な
説明を加えてきたのだ。イゼベルとの戦いの後のエリヤの抑うつ状
態を神がお取扱いになった時（神は、何よりも充分な睡眠という処方箋
をエリヤに渡された。列王記第一 19 章）そのお取扱いから、ミニスト
リーがつらいものになってきたら、従事者は休息をとるべきだとい

うことを意味していると解釈されたかもしれない。それは良い勧告だ。しかし、テキストから、その解釈はでてこない。関連性を探そうと驚くほどの関心を注いで、想像力を働かせ聖書を解釈していっても、その内容から生きるための従うべき原則は生まれてこない。

　聖書への忠実さと人生の問題との間で生じる緊張を解決するために、選択枝がもう一つある。それが見解2である。

見解2

**聖書は、人生の通常の問題のすべてに直接的に答える。
したがって、聖書は、カウンセリングのガイドとして
十分に足るのである。**

　多くのクリスチャンが主張することだが、聖書のテキストがそのままの文字通りの意味に理解されるならば、聖書は人生の**通常**のどのような問題にも関連すると言われている。この見解に立てば、異常な問題は重要な問題ではないと見なされることになる。このようなことがどのようにして起こるのか説明しよう。

　テモテへのパウロの言葉によれば、聖書はいのちを得るための智恵を与え、すべての聖書のみことばは、霊感され、神が意図された人生を歩むために必要なすべてのことを与える（テモテへの手紙第二3：15—17）。このことから、もし、聖書が人生のある質問に答えていないとすれば、逆にその質問は質問する必要のないものだと考える人もいる。

　しかし、何が広場恐怖症の原因なのか、乏しいセルフイメージを克服するのにどのような援助が良いのかという心理的な質問に対してはどうなのだろうか。多くの人はこう考える。心理的な問題を詳しく吟味するなら、正に非聖書的生活を送った結果、そうなったのだ。結局、人々に生き方を**教え**、彼らの誤った生き方を**非難し**、道に迷ったときは彼らを**正し**、信仰的な生き方ができるように**訓練す**

る、それが治療方法なのだと。さらに（テモテへの手紙第二にあるように）聖書はこれらのために有益なのだと考える。

　私の見解では、こうした考え方によれば、問題はその人の生き方が正しいかどうかなのである。私は聖書の十全性を信じている。心理的な病理があらわになるとき、その病理は霊的な問題の反映だと私は考える。しかし、聖書の十全性のみを声高に主張して事足れりとするならば、人の心を深く理解できない危険性が伴う。

　特に次の二つのことが重要で、これらによって、私は、見解２を退けたいと思う。

　第一に、私の率直な考えは、**関連性がシンプルな形で示されなくても、テキストの字義通りの意味に包括的な関連性**（今日の生活や問題との訳者注）**を見出すことは可能である**ということである。説明をしてみよう。

> 聖書の十全性のみを声高に主張して事足れりとするならば、人の心を深く理解できない危険性が伴う。

　女性の衣装を身に着けたい強い衝動をもつ男性が、気恥ずかしさや恥と苦闘した後、この強迫的な願望を理解してもらい阻止する方法を教えてもらおうと助けを求めに、牧師に打ち明けようと決心した。

　牧師は、すぐさま申命記22章5節の聖書の箇所を開いた。「女は男の衣装を身に着けてはならない。また男は女の衣装を着てはならない。このようなことをする者はみな、あなたの神、主が忌み嫌われる。」牧師は、この教えが旧約聖書の律法であるけれども、男女間の不変の違いについて本質的な真理を表わしていて、今日でも拘束力があると説明した。

　このように事柄は処理されていく。すなわち、このような倒錯した衝動に身を委ねるのは罪であると、神は言われた。その男性がそのことに従うか、反抗するかのどちらかである。

　その男性は確かに罪だと思った。彼は女装することが間違いだと分かっている。しかし、その衝動が時に彼を圧倒した。そこで、彼

は神の禁止に従うために助けを求める。再び、牧師は聖書の箇所を示して答える。「あなたがたが経験した試練はみな、人の知らないものではありません。神は真実です。あなたがたを耐えられない試練にあわせることはなさいません。」（コリント人への手紙第一 10：13）

　再び、そのカウンセリーは同意する。しかし、彼は更なる質問をする。もちろん、場合によっては、続けさまの質問をして、明白な聖書の命令に従う責任を回避しようと試みることがあるかもしれない。しかし、そうでない場合、質問は心からのものだ。恐らく、カウンセリーは、他の男性が感じないのに、何故、自分はそういう衝動を感じるのか、その理由を本当に知りたかったのだ。たぶん、ある罪のパターンは対処されていれば、自分でコントロールできるレベルまでにその衝動の強さが弱められるので、彼の願望はそうした罪のパターンと関連しているのではないかと、彼は気づいていたのかもしれない。

　しかし、見解２に従えば、彼の質問（何故、そういう衝動を感じるのかという質問。訳者注）は見当違いであり、字義通り釈義された聖書の章節が、直接その問いに答えていない以上、質問されるべきではないことになる。神の秩序への従順が道徳的義務になる前なら、服装倒錯願望の理由をたずねる質問に答える必要はないと、私も認める。しかし、服装倒錯について明白に理解されるならば、そうした願望を生み出す罪の懺悔へと扉を開くことになる。自分の問題のなかに何があるのか、さらに理解していくならば、服装倒錯者は、神の恵みと力をさらに喜ぶことになるであろう。色欲の奴隷が繋がれている鎖は強い。その鎖を打ち破るには、信仰の決心以上のことが求められる。

　たとえ聖書の内に直接的な答えがなくても、服装倒錯行動の道徳性だけでなく、何故そうしてしまうのかという問題は、正常な問いであると、私は提起したい。

　もう一つの例をあげよう。忍耐強く思いやりのある愛すべき夫との性的な行為を考えただけでもパニックになる一人の女性がいる。

何故そうなるのですかと彼女は問う。見解2のきまりによれば、この問いは、異常なものとして無視される。聖書のどこにも、その問いを扱う箇所はないので、そのような問いは質問されてはいけないからだ。

その女性のカウンセラーは、特定の聖書の箇所が言及するような、別の問いをするように彼女を励ます。すなわち、「夫から性的な繋がりを奪うことは道徳的に正しいことなのか。」と。何故なら、その質問には直接に関係する聖句があるので（コリント人への手紙第一7:5）、カウンセラーは自信をもって次のように答える。性的な節制は、時間についてお互いの同意があり、祈りに専心する目的だけであったら許されるのだと。親しみへの恐れは、性的行為拒否の正当な理由にならない。

察するに、困難を抱えたその女性は、全く助けを受けられなかったと感じてカウンセリングのセッションから離れるだろう。しかも、さらに悪いことに、かなり傷ついて。聖書という刀は、手術の治療用メスどころか暗殺者の短剣のように使われてしまう。聖書の十全性という旗の下、簡単に答えられる質問に対してだけ答え、極めて重要な問題を無視しているかもしれない。その結果、聖書と人々の人生の間により大きな溝が生じることになる。

私が見解2に賛同し得ない二番目の理由は、最初の考えに極めて近い。**質問の許容範囲が狭まれば、込み入った問題を単純化する傾向があるからである**。聖書の十全性だけを主張すれば、その結果、複雑な障害の説明は浅薄なものになる。さらに、浅薄な説明によって、表面的な解決が問題視されずに受け入れられていく。

拒食症の問題を考えてみよう。私が最初に拒食症の患者に対応したとき、私は全くもって混乱していたことを思い出す。患者は、体重が基準以下で13.5kgの16歳の女性だった。彼女は、自分が太っていると私に言うのだ。このような明らかに誤った自己理解をどのように説明できるのか。さらに事態を悪くしたことには、一日おきに少量の食事をとるだけで、さらに体重を減らそうと決意し、狂っ

たようにエクササイズをしていたことだ。

　私はかつて、見解2をとる人に、どのようにこの異常な行動を説明するのか聞いてみた。聖書が考えてもこなかったような問題に聖書的な答えを出すことは難しい。結局、私の友人は、その少女の両親同様に私が質問した内容から、彼が考える、質問すべき質問へと変えてしまった。彼がしたことは、質問すべき質問に、神が答えておられる聖書の箇所を探すことだった。

　聖書の二つの箇所（コリント人への手紙第一3：16—17、コリント人への手紙第二6：16）は、私たちは神の神殿であることを述べている。別の箇所は私たちの体は聖霊の宮であることを示している。（コリント人への手紙第一6：19）私の友人はこれらの箇所を開き、拒食症は、聖霊の宮を正しくケアしなければならない責任への反逆だと説明した。この、いわゆる聖書的カウンセリングでは、拒食症の治療にあたっては、自分の体への尊重を深め、彼女の体をそのように扱うよう勧めることに焦点化していくだろう。そのようなカウンセリングの結果は、表面的な服従である。カウンセリーは、真理によって神とあるいは他者とより深い愛の関係に入っていく自由を妨げられることになる。

　聖書が特定的に答えていることがらに質問を限定するなら、結果的に、何故人生とその問題が、主に信頼していくことに失敗したのかをめぐって、表面的で単純な理解で終わってしまうのだ。

結　論

　見解1と見解2の問題は同じである。どちらも、カウンセラーが必要とする質問に正確に答えを与えるだけの聖書観からでは、真理を導き出せない。

　見解1は、カウンセラーが知る必要のあるすべての答えを聖書は提示できることを否定しているので、聖書から真理を導こうとさえしない。結局、他のところで助けを探さなければならない。

見解2は、カウンセラーが知る必要のある情報はなんであれ、そ
れらは聖書にはっきりと直接的に教えられていると言明する。従っ
て、聖書の箇所の中に直接的に答えが見つかる質問だけが、カウン
セラーが質問するのに正常で必要なものなのである。聖書的に聞こ
えるけれど、問題や解決の理解も浅薄であり、ほとんど助けになら
ないという結果になる。

　聖書の十全性の考えが正しいとするなら、聖書を取り上げるもう
一つのあり方がなければならない。聖書はいのちのことばである。有
効なカウンセリングのために必要なすべてのことを、聖書のすべて
のページのうちに見出すことが出来る。さらに、聖書の拡大解釈を
しないで、その必要なことを見つけなければならない。

　しかし、どのようにしてそれができるのか。どのようにして、聖
書と向き合い、カウンセラーの問いに対する答えを見いだすことが
できるのか。次の章では、聖書のテキストは意図的に限定された言
及をしているけれど、テキストの内にカウンセラーが知る必要のあ
るすべてのことを見出せる方法があることを述べる。

4章
聖書は、人が関係的に生きるための
完全な指針である

　聖書はカウンセリングの教科書なのか。その答えはカウンセリングをどのように定義するかによって決まる。
多くの人々の考えでは、**カウンセリングと心理療法**の間には違いがある。カウンセリングはもっぱら今、ここでの事柄を扱い、温かいサポートと賢明なアドバイスによって人々がより良く暮らしていかれるように援助するものだという人もいる。カウンセリングには、共感や誠実さのような人間関係的スキルと、問題をはっきりさせる能力、加えて繊細さと常識が不可欠である。

　心理療法は全く違うものだと多くの人はいう。現在の問題（たとえば、職業選択のときの優柔不断さ）の下に隠れている、防衛や不安の無意識の回路や、問題行動の原因となる受け入れがたい感情や痛みをあらわにしていくために、心を深く探っていくことだという。心理療法はカウンセリングよりさらに深い問題を扱う。現在の不平に隠された部分に目を留め、治癒を必要とする心的疾患の真の原因である内的力動に目を向けていく。

　以上は通常行われる区別である。すなわち、心理療法は内的力動を扱い、カウンセリングはそうではないと。

　フロイトは確かに、近代の知性に**精神力学**の全体的な考えを紹介した功績がある。精神力動とは、行動上および感情的な動揺を引き起こす人格の内側にある、心理的（通常は無意識）力をいう。フロイトは、問題を心の内の**力動的**なプロセスを根元とする**症状**と見なした。もし、フロイトの考え方が正しいとするならば、カウンセリングは、単に症状を改善（例えば、どの職業に就くべきか決定するのを援

助する）する場合なら役立つが、常に表面的なものである。最悪な場合は、頭痛の原因が手術可能な脳の腫瘍であるのにアスピリンを処方する医師と同じようなものである。

西欧文化でのフロイトの理論の影響は広く深い。そのもっとも重要な影響があらわれているのは、個人の問題を理解し論じる「専門的」モデルの論争が今も変わらずに続いていることである。フロイトはある程度評価されていた医師であったが、問題の原因である、人格の中の無意識の力の存在を示した。人々は、問題を**病的**過程や心理的な**病理**として考え始めた。

その考えは人気を博した。すなわち、人々の行動や感情で起きた問題は、彼らの人格の力動的構造にある、見えない障害を映し出しているという考え方である。表面的問題であるなら、カウンセラーは有益な変化を起こすのに影響力があるかもしれないが、心の深いところで変化が起きるためには、精神力動の科学の分野で訓練を受けた治療家が必要だと考えられた。

人格力動理論にはこれまで多くの難題があったが、多くの類似の理論は典型的な基本的考えをなおも保持している。本当の治療を行うためには、専門的な訓練によってのみ得られるある種の専門的知識が必要とされる。

この考え方に従えば、**カウンセラー**——精神力動の学習がその訓練に含まれない援助者——は、カウンセリーが意識的に自発的に起こした問題だけを扱う上では適任だとされる。しかし、さらなる助けが必要とされるとき、つまり賢明な忠告、道徳的な説得、そして支持的な共感が問題を解決するには不十分だと分かると、心のより深いところにある複雑な問題を突き止め解決する方法を知っているプロの**治療家**に助けを求めなければならない。

ポイントは次の通りである。深い心理的レベルで人々に適切に対応するには、プロの治療家が必要だと一般的に信じられていることだ。その前提を認めている文化では、カウンセラーの役割は非常に限定的で、それは病院における牧師の役割と対比されるだろう。カ

ウンセラーも牧師も、治療家や外科医が手術室という劇場に入り患者の問題の根っこのところに巧妙に深くメスを入れる間、ドアの外で待たなければならないのだ。カウンセラーはサポートし、牧師は祈る。治療家と外科医だけが直すことが出来る。これがプロ対応の方法だとされる。

カウンセラーはサポートし、牧師は祈る。治療家と外科医だけが直すことが出来る。これがプロ対応の方法だとされる。

　フロイトの主張は少なくても三つの点で正しいと考える。フロイトは問題の表層の下に隠された内的な原因に目を留めるべきだと言っているが、それは正しい。聖書は、人の心があまりにずるく、自分自身の動機も全く分からないという（エレミヤ書17：9）。本当の問題がどこにあるのかと探し心の内側を厳しく見ることを拒否する一方で、目につく外側の事柄には細心の注意を払う人々に対して、私たちの主は最も辛辣に非難し続けた（マタイの福音書23：23—28）。

　正確に言えば、フロイトはまたこのように主張した。つまり、人に効果的で徹底的に対処するためには、人の心の内側、つまりそれは直接的には観察（箴言20：5）できないものなのであるが、内側にある人の性質がどのように作用しているか、明確に理解していなければならないと。第三に、他者の心の力動を理解するのに必要な手段は、最初に自分自身を理解すること（マタイの福音書7：3—5）だとフロイトが考えたのは正しい。このために、たいていの訓練プログラムでは、精神分析をしたい学生は、最初に、自分が分析を受けなければならない。

　もし、フロイトと他の力動理論家の誤りが、人格の内部に働く無意識の作用へ細心の注意をしなければならないとする彼らの主張にあるのでは**ない**というのなら、それはどういうことなのか。彼らの根本的な誤りは、彼らが聖書的人間観を研究しそれらを受け入れる[1]ことを拒否したことにあると断言できる。一例として、彼らは聖書の事実によるガイドラインを受け入れてこなかったので、理論化の

過程で、人間理解や人の機能についての内容は、不完全で調和のないものであり、ある部分、全く不道徳的なものになったからだ。万が一、彼らが新たに刷新された研究者として、人格について学び聖書の権威に従っていたのであれば、私たちは彼らの精神力動に関心を持ち、それによって今日以上に、私たちの理解は、深まっていただろう。

　その過ちの影響は今も根深いものである。精神力動は、人に関して神が啓示された重要な真理を否定する科学につながったばかりでなく、人格のより深い部分を理解するための理にかなった手引きとして聖書を信用させなくしてしまったことである。力動的な心の働きの理解は重要であり、同時に聖書がそのために十分な導きとなることを信じている研究者の数は、ほぼ片手でかぞえる程度だ。

　何故、あの人は強迫的に手を洗うのか、その理由を知ろうとするとき、聖書は最後に開く書物になってしまった。強迫的症状を理解するには、正にどの聖書の箇所を学んだら良いのだろうか。同性愛者の人にかかわるとき、聖書は、同性愛行動を罪とみなすように教え、道徳的な清廉を勧めるよう教える。しかし、何故、この若い男性が同性愛者なのか、性的嗜好性を変えるために何をなすべきか理解するために、人々は、モーセやパウロの書いたものではなく、専門家が書いた本を読もうとする。

　私は確信する。専門家モデルが強調してきた、聖書は不十分であるとの見せかけに、私たちは挑戦し勝利しなければならない。私は、カウンセリングと治療の区別は受け入れる(2)。しかし、一般的な意味のカウンセリングばかりでなく、通常、「治療」と呼ばれるようなカウンセリングの特殊な分野にとっても、聖書は本質的で十全性があるのである。

　私の理解では、聖書は、温かさと洞察が伴うカウンセリングを包括的に進める原則を教える**とともに**、聖書には、治療家が「力動」と呼ぶ事柄を徹底的に理解させるに十分な、人格についての真理があるのである。

私が聖書の十全性について述べてきたことだが、カウンセラー**あるいは治療家**の問いのいずれに対しても、聖書の内容とその意味から答えが与えられるのだ。「カウンセリングを受けようか」あるいは「治療を受けようか」葛藤している人々は、関係的存在として生きる上で起きてくる問題をもっている。問題は何年も前から育児拒否を伴って始まっていたのか、反抗的な子どもを巡って現在の危機があり問題はその危機の回りで起きているのか、いずれにせよ、問題の困難さは、結局、関係性に関することなのである。

　聖書の知恵に従って介入しようとする援助者は、常に人々が徹底的に内側から変化できるように援助し、関係を良い方向に変えていかれるよう働きかけるのである。これが最終的目標、最終的治療、最終結論、そして**必須条件**（sine qua non）なのである。関係とは、最初に神との関係があり、次に他者との関係がある。聖書は十分な導き手である。聖書は関係的に生きるための教科書なのである。

　ここで、「聖書はカウンセラーの問いに十分に答えることが出来るのか」という論点に、第三の答えを明白に述べてみよう。

　見解1は「否、聖書は十分ではない。心理学に助けをさせよう。」ということだ。見解2はこう答えた。「聖書は十分答えられる。しかし、質問は聖書の特定の章や節で扱われる問いに限定しなければならない。」

　見解3は、私が立つ視点であり、この章で深めたい見解である。次のように言えるだろう。

　「聖書は答えることが出来る。聖書は人生のあらゆる問題に答えるのに十分である。しかし、そういえるのは、聖書が本当の問題のすべてに直接的に答えているという理由からではない。カウンセリングに対する聖書の十全性の考えには、次の前提があるからだ。それは、聖書は、人生におけるすべての関係的問題を包括的に取り扱うための理解のカテゴリーを提供しているという前提である。」

　この言明は概括的なものであるかもしれない。しかし、この言明

は、単純でもなく、また的外れになるのでもなく、聖書の十全性を優位に置く。カウンセラーの問いに対する聖書的答えを見つけるためのモデルとして、この見解を図に表わそう。（図4.1）

カウンセラーの問いに対する聖書的答えを見つけるためのモデル

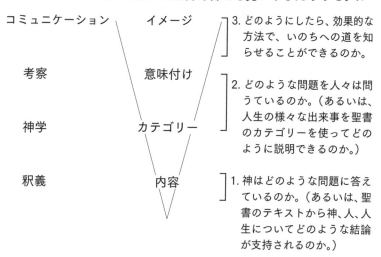

図 4 － 1

内容 : 本文の釈義

　カウンセリングの聖書的理解を深めようとする責任ある試みは、いずれも、ひたすら聖書の資料に基づいてなされる。聖書に啓示された神のメッセージは、聖書的カウンセリングのモデル構築のために必要な土台である。この言明は保守的な福音派には適切なものであるが、いくつかの問題がある。

　次の日に８つの予約があるカウンセラーが夕方の聖書の学びのために聖書を開く。釈義書、聖書辞典、用語索引、そして原語辞典を調べている。そのとき、このように、かなりのフラストレーションを経験するかもしれない。「明日は、境界例のケースが一つ、抑うつ症状のケースが二つ、拒食症ケースが一つ、薬物依存の十代の子ど

もの両親、フェティシズム（相手の身体の一部や身につけている物品、その象徴となるすべてのもの自体に性愛を感じる性目標の倒錯の一つ 訳者注）のケース、そして離縁寸前の二組の夫婦のケースのカウンセリングがあるが、出エジプト記にあるイスラエルの大祭司の祭服のところの学びや、ヘブル人への手紙の6章のところの「堕落」の箇所の理解が、患者たちの質問に答える上で、どう助けになるというのか。」

　ケースに関連しない聖書の学びは飛ばして、もっと実際的なことを始めていく強い誘惑が起きる。そのカウンセラーが境界例の患者の治療を考えている間、聖書は閉じられているであろう。結局、このような種類の問題についてカウンセラーは何をするべきか、そのことに答えている聖書の箇所を探しても、明らかに、どこにもないということになるのだ。

　それでは、カウンセラーが聖書研究にかなりの時間を費やすことをどのように正当化するのか。その聖書研究がカウンセラーの仕事とどう関係するのか。確かに、カウンセラー自身の霊的成長のために、定期的な黙想や教会出席は適切だ。さらに、成熟したクリスチャンになるために、より詳しい聖書の学びは必須だ。しかし、その学びとカウンセラーとしての責任とは、どのように関連するのか。

　両者の関連性はとても現実的なものである。この関連性は二つの種類の質問を十分考えれば、最も理解されるだろう。（1）聖書の本文において神が特別に答えるために選ばれた問い、そして（2）自分の人生と他者の人生と格闘する中で答えを求める問い。これらの二つの種類の問いは全く関連しないわけではないと推測することは理にかなっているだろう。もし、神が私たちの葛藤に全面的に関わってくださるならば、神が答えるのを控えておられるような問いでも、私たちが正しい質問だと思えるのなら、それらの問いは聖書と関連性をもっている。

　罪に堕落したという事実が人生観を歪めてきたので、緊急に答えが必要な問題も、結局のところ、重要でないものになってしまった。

あるいは、もし、その問いが良い質問だとしても、私たちに知恵がないために、ある程度は見落とされることになる。

いくつかの質問を見てみよう。

- 人生の充実感をどのように見つけることができるのか。
- 子どもたちが正しくなるには、どのように育てたらいいのか。
- 何故、私は周りの人々と打ち解けられないのか。

これらの質問や似たような数知れない質問は明らかに重要であり、その意味では、少なくとも真っ当な質問である。

しかし、その質問をよく吟味すると、自分の心の内側に深く隠された醜い問題や心の痛みを深く正直に見つめることはしたくないと密かな思いがあり、自分たちが望むような人生になればよいとの願いがこもる質問なのである。

問題に対処する知恵を求める前に、人生の問題の解決のための基本原則をうちたてなければならない。そして、この原則は、神が聖書の中に明確に示しておられる答えの中にある。つまり、神とはどのようなお方なのか、神は何を期待しておられるのか、そして人とは何者なのか、罪は人にどのように影響を及ぼしたのか、自分と神との関係、他者との関係はどのように築かれるのか、これらの問いの中に原則はある。こうして、出エジプト記28章のアロンの祭服の研究とヘブル人への手紙6章にある「堕落」に関する難しい聖句は関連し合うことになる。聖書の他の箇所と合わせて、これらの箇所は、神はどのように働かれるのかをめぐって、真理を示しているのである。その真理は、私たちの問題を考え抜くための枠組みとして、私たちを助けてくれる。

カウンセリングの聖書的モデルを展開するのに、最優先にすることは、聖書の真意を研究することである。もし、この最優先事項が脇に置かれるならば、人々の問題に応じたカウンセリングの理念や方法を展開できるだろうが、聖書から正当に支持されていると主張することはできない。多くの場合、人生についての考え方は訂正さ

れることなく誤ったままであり、そのため、カウンセリングのこれ
までの方法は、神の真理を歪めてきたのである。

　このように、聖書の釈義が出発点なのである。聖書的カウンセラー
はすべて、聖書理解のために時間を費やすことに責任がある。聖書
言語を学びや聖書の時代の文化の知識に通じ、信徒より専門的に正
確に釈義できる学者は当然いる。従って、正規の神学的な訓練を受
けてこなかった私のような者が、神学者の洞察から知識を得ること
は賢明なことである。

　しかし、釈義とみなされるものには一つの問題が伴うので、聖書
的カウンセラーはその点を考慮しなければならない。釈義それ自体
が自己目的化されるならば、――すなわち、専門的な釈義研究の結論は、
神に代わって人々に与える影響があり、それを私たちがほとんど理解せず
に、釈義の結論が神のみことばとして立ち現れるとき、――その釈義は、
人々への援助的なかかわりを阻む障壁になってしまう。神のみこと
ばを研究することができても、神のメッセージを見失ってしまうこ
とがある。

　学識は――それが優れた釈義から
導き出されたとしても――大変な労
力を費やして完結する。しかし、愛
は――すなわち神の真理を携えて、

> 神のみことばを研究するこ
> とができても、神のメッセー
> ジを見失ってしまうことが
> ある。

人々の人生にかかわりたいという関心――人々を啓発する。釈義は出発
点であって目的ではない。

　釈義は必要な出発点である。原則はこうである。**私たちの人生か
ら生じる問題を考え抜くための枠組みを構築するには、聖書の中で
神が答えてこられた問題を問うてみよ**、ということだ。聖書の内容
研究が始まりの場所である。

理解のためのカテゴリー

与えられた一つの聖句が何を意味するのか簡潔に述べても、聖書

研究に含まれることすべてを余すことなく極めることなどない。次の段階は、別々のテキストからの教えを広義の真理の教説あるいは教理にまとめていくことである。神学は、聖書的事実が提示している主題を首尾一貫して理解したところの労作である。[(3)]

　組織神学の教科書にある各章の表題は、私の考えでは、教理的カテゴリーである。人間論（人とは何か）、罪論（罪とは何か）、聖霊論（聖霊とはどのような方で、そのお働きはどのようなものなのか）、そして終末論（未来への神のご計画はどのようなものか）のような主題に関して、神学者は、聖書本文が支持する論拠を明確にしていく。

　神学者が聖書の関連する箇所を研究して、ある立場をとるならば、――例えば、人はどのように救われるのかについて――教理的なことばを用いて理解したところを表明することになる。教理的言明は様々な聖書の節を結合した成果でもあるので、「真理のカテゴリー」と言えるかも知れない。あるいは、カウンセラーには、「理解のためのカテゴリー」として、有益であろう。

　教理的立場や教理への傾倒だけを基準にして、その人が牧師の職にふさわしいか評価する、残念な傾向が福音派の中にある。もし、その人が信仰の面で正統的な立場であれば、聖職按手によって認証の刻印が授与される。しかし、それは信仰している真理をもって人々の人生に賢明かつ深くかかわる、将来の牧師としての能力を考慮したわけではない。

　一年か二年の牧会を経た神学校の卒業生が「誰も私が答えられる質問をしてくれない。洗礼や千年王国について自分の見解を述べる準備があるのに、アルコール依存の夫の対処とか、子どもたちを傷つけているのではないかという強迫観念にどうしたら良いかとかの質問がくる。どうしていいかわからない。彼らは牧師ではなくて心理学者を雇うべきだったのだ。」と不平を言ってきたのを覚えている。

　ポイントはこうである。もし、牧師が、教理を関係性の観点から考え抜いてみたのだったら、直面する問題に取り組むための良い備えになり、落ち着いて対応しようとしたであろう。カウンセラーの

問いに答えられるほどに、聖書が十全性を真にもつならば、心理学者の必要はない。よく備えた牧師が必要なのだ。

　伝統的に重要なすべての神学的論点について教義的な立場を確定したならば、自分たちの働きは終了したと簡単に決め込んではならない。そのような知識は必要な土台であるが、上に立つ建造物ではない。聖書の中で神が答えておられる問題（釈義と神学から導き出された）をある程度理解できたなら、第二の問題、つまり、人生の葛藤の中で生じた人々の問題を考え抜くために、聖書の中で理解したところを用いられるようにしておくのだ。

　もちろん、聖書を人生に適用する重要性を否定する、神学校の教師など一人もいない。神学生は説教学の授業で、人々の生活の場に聖書を適用するように指導されている。それならば、何故、神学校の卒業生のほとんどが、現実の世界で、すなわち彼ら自身の人生と他者の人生の両方で直面することがらに対応できるように、神学校教育を通して準備がなされないのか。何故、講壇が人々の人生に飛び込んでいく跳躍台であるよりも、むしろ、人々に向き合うことから逃げる防護の場になってしまうのか。何故、神学校の教師は人々を助けるために聖書の知識を用いるのでなく、むしろ、人々を避けるために聖書の知識を誇示することがあるのか。

　（問題を　訳者注）否定することで自分たちの人生を保とうとする姿勢が以上の問いに対する答えに反映される。クリスチャンのコミュニティーでは、人々は、物事は全くうまくいっているのだというイメージを維持しなければならないと感じている。外部に向かって、自分たちの人生を美しいように保ち、人と何のつながりもなく、人と本当の親密さにも欠けていることも、心の内にあるむなしさや苦さそして不満も否定して、見せかけを装って、協力し合うのだ。

　結果として、非常に現実的な人生の闘いが潜んでいるのに、それが分からなくなってしまう。私たちは明らかに現実の痛みに直面している。失職、子どもの死。しかし、その中にある「力強い」葛藤にほとんど注意を払わない。例えば、子どもにまったくかかわりを

もとうとしなかった父親への憤り、批判的な母親への何年も続いている承認への渇望、社会的な拒否を受けた過去に発する不全感、近親相姦の経験に端を発すると考えられる男性への恐怖、引きこもりがちな妻に対決すべきかあるいは忍耐強く妻を愛すべきか混乱した夫の思い、誰をも傷つけるのでもなく励ますのでもない、表面的な関係に満足しないことなど。

　これらの現実に進んで正直に向き合おうとする教会のリーダーは、あまりに少ない。もし誰かが機会を与えていてくれたら、教会として、人々が質問してきたであろう問題にかかわれたのに、その機会を見失ってきた。

　防衛を捨て、緊張状態、渇望感、恨み、そして内側を次第に侵食する恐怖に率直に向き合って初めて、どれほど聖書が人生にあてはまるものなのか分かるのである。そのときまで、最後にピンで留めたように適用が出てくる弱々しい説明的な説教は、会衆の心の奥には届かない。さらに悪いことには、教会は答えてくれないと傷ついている人々に、「この種の問題」ならば専門家のところに行って助けを求めなければならないと勧めて、人々を傷つけているのである。

　教会も神学校も、人とは本当に何であるのか、直面する問題とは何なのかということから目を背けている厳格で儀礼的な規則を身につけた上流社会になってしまった。その結果が、聖書から生き生きとしたいのちそのものを絞り取る、硬直した冷たい正統論なのである。

　神の「みことば」だけが、神学校の図書館や学者の研究で解されている。神が与えようとされている「メッセージ」をつかみ取るため、そのテキストを理解し、私たちのそして他者の人生に深く入っていかなければならない。混乱にあえて向き合い、知恵が与えられるのを祈り、ただ信仰の一番根本のところにだけしっかりとしがみつき、他のどのようなことも率直に考えなければならない。
もし、「真理のカテゴリー」が「人生のカテゴリー」として理解されるならば、神の真理が神を知る道として理解されるならば、私たち

は人生の表面の下にある真実の姿に向き合わなければならない。何故、ひどい混乱の中に入りこんでしまったのか、そこから出るのに何ができるのか、ひどく途方にくれるべきだ。容赦ない現実主義が問うている問題に、答えがあると確信して、聖書のもとに問題を持ち込むのだ。

- 初めての人に会う時、何故、私は落ち着かないのだろう？
- 何故、私は他人の成功をうらやむのだろう？特に自分と同じ分野の人の成功を。
- 母の自殺を思い出すたびに湧いてくるたまらないほどの痛みをどうしたらいいのだろう？
- 父はあまりに希薄な存在であったために、私を愛してくれることもなかった。私のためにいてくれることもなかった。心凍るような事実をどう受け止めたらいいのか？
- 男性であることがとても苦痛なのだ。女性になりたいと心から願う。その願望をどうしていったらいいのか？
- もし自分がどう感じているか言ったとしたら、誰も私を必要とはしてくれないだろうと恐れる。そのひどい恐怖にどう対処したらいいのか？
- 私の長い間の間違いを誰かが確実に証明するというならば、何故、こんなにも恐れを感じるのか？
- 何故、自分の心の内にある葛藤を、私は認めたくないのだろうか？

これらの問いは、精神科医にかかっている患者だけのものではない。これらの問いは、聖歌隊の指導者の心にも、日曜学校の校長の心にも、そして教会に来はじめた若いカップルの心の内にも騒がしく鳴り響いている。すべてのクリスチャンが心のうち深く困難な問題を抱えている。しかし、多くの人はその問題を言い表すことはしない。何故ならば、一つ一つ答えていたらコミュニティーの規則を

破ることになるからだ。クリスチャンは何事においてもそつがないと思われている。多くの人々は葛藤を否定する。そうすることで、ずっと長く人生に対処してきたので、その葛藤があることすら本当に分からない。

　私たちの存在のすべてを真理のもとに明らかにして初めて、聖書は十分に生きたものになる。神学校は、カリキュラムを、二つの部分に分けるとよいのではないだろうか。つまり、一つは、神が聖書の内に答えておられる問題を扱う分野、そして、二つ目は、人々が人生の葛藤に率直に向き合うとき生まれてくる問いに聖書の知識を対峙させる分野である。

> 私たちの存在のすべてを真理のもとに明らかにして初めて、聖書は十分に生きたものになる。

　もし、神学校がそのようなことを行おうとすれば、人生を変える真理として、人々を徹底的に変える力をもって、教理が立ち現れてくるだろう。そのようなことが起こるまで、単に、福音を説教し、改心者に新生の見せかけを要求する正説を教えて改心者を指導しているだけなのである。

意味を見出す：ものごとを考え抜くこと

　人間存在の混乱した現実に直面するとき、私たちは、その現実に聖書的概念の光を当てると何が見えてくるのかという挑戦を受ける。人生の道としての聖書の真理が分かるだけでなく、それら真理のカテゴリーの意味に照らして、人生で起こるできごとの本質を説明することができるようになっていく。

　私が最初に露出狂の人のケースを調べたとき、彼らが性的快楽を覚えるのは露出している時ではなく、むしろ被害者がショックをあらわすときであると、分かった時のことを覚えている。人々から聞き、事例を読んで分かったことだが、それはいわゆる情報である。つまり、聖書からそのことを知ったわけではない。

そこで、聖書のカテゴリーがカウンセラーの質問に十分に答えられるならば、そうした情報を聖書に持ち込み、そして考えなければならない。最初にすることは、どの聖書的カテゴリーがその情報に光をあて意味を見出すのか、判断することだ。罪の力があることは確かである。結局、罪論の神学的カテゴリーに立って考えることになる。自己欺瞞とは何か？　罪のねらいは何か？　何故、罪は人をひきつけるのか？

　また、渇いた鹿が水を求めるように神を慕う詩人の言葉（詩篇42:1）を思いめぐらしながら、人々に喜びをもたらすのは何か思案する。神への真の熱望が性的快楽という異様な渇望へと変形しうるのだろうか。ここでは、聖書的な男性論、女性論が考える助けになることだろう。

　男性の露出狂者は相手にインパクトを与えたいと思っている。男性がこの世界を治めるときに、神が男性に経験させようと意図された影響力のことである。たぶん、その男性は、意味ある影響力は自分にはないという誤った罪の結論に達し、心の奥深く生じた挫折感によって虚しさを抱え込んだと思われる。身体的な男性性のしるしを露出することで女性にショックを与えるのは、満足を得るための、彼が唯一見つけた罪の戦略なのかもしれない。露出狂者は、エレミヤ書にある、男性性の一時的でいつわりの充足感を与える、壊れた水を貯められない水溜めをつくる渇いた人々の例といえるだろう（エレミヤ書2：13）。

　神学生の課題は、聖書のカテゴリーに従って人生について考えることだ。その結論が聖書のカテゴリーからくる意味を人生に適切に反映させているならば、その考察は聖書的だと主張できる。考察の正しい根拠は、**明確に示されている聖書のカテゴリーからいかに必然的に導かれているかである。**

　私の個人的な願いは、どのような問題をも聖書のカテゴリーの光に照らして考え抜くこと、その問題の原因と解決の理解すること、そして、問題を通して、霊的な成熟のために、また神の救いの目的に

向かって成長するために、何をすべきなのか理解することである。私はこう信じている。これまで見てきた事実に関する聖書的カテゴリーの意味を見出すまで考察するならば、聖書が直接に言及していなくても、問題を聖書的に理解することは可能であると。

第2部では、二つの中心的な聖書的カテゴリーについて私の見解を論じる。すなわち、人間観（人とは何か）そして罪観（人の問題とは何か）の聖書的カテゴリーを人の生きる問題を考えるための最初の枠組みとして論じる。

カウンセラーが、「聖書的」というにふさわしい方法で直面する問題を理解するために、聖書のテキストから導かれる聖書的カテゴリーからまず始めて、人生を率直に観察した結果を集め、意味が見出せるまで祈りをもって熟考し、何度も何度もプロセスの全体を吟味していかなければならない。簡単な式で表すならば、次のようになる。

聖書的カテゴリー×人生の諸問題×熟考＝聖書的理解

イメージは人の心に強く働きかける

聖書的カウンセラーの願いは、聖書の内に教えられている概念（あるいは、カテゴリー）に従って、人々を理解することである。しかし、それ以上のことをしたいと考える。カウンセラーの究極の目的は、人生が変わるような方法で、カウンセラーが知っていることを伝えることにある。賢明で才能豊かでも、手術をしたことがない外科医が世界に優れたものをもたらすことはほとんどない。

この節では、有効なコミュニケーションの核心部分を扱う。ラポート形成、解釈のタイミング、アドバイスの提示のようなカウンセリングのテクニックは大切であるが、この場合、それらは私の関心の対象ではない。私が強調したいことは、聖書的原則に従わないならば、もっともスキルの秀でたカウンセラーも影響力をほとんど与え

ることはできない。

原則はこうである。**私たちが伝えるメッセージは、自分たちの心に浸透するのと同じように、相手の人々の心に深くしみこむ。**この原則は、パウロが、自分の模範にしたがうように人々に勧めている、聖書の箇所、テサロニケ人への手紙第二3：7,9 からきている。

私たちが伝えるメッセージは、自分たちの心に浸透するのと同じように、相手の人々の心に深くしみこむ。

「どのように私たちに見習うべきか、あなたがた自身が知っているのです。あなた方の間で、私たちは怠惰に暮らすことなく、……私たちに権利がなかったからではなく、あなたがたが私たちに見習うように、身をもって模範を示すためでした。」（原著の引用はNASB による）

ピリピ人への手紙3：13—17 およびコリント人への手紙第一9：4—27 もまた、参照してほしい。

とりわけ、キリスト教のメッセージは、力強く他者に伝道される以前に、伝え手の人間の存在の核心となるところに根を張っていなければならない。キリストにある成熟が伴わなければ、技術や知識があったとしても、その人にキリスト教の真理を伝達する資格はない。

もし、カウンセラーが、その人自身の人格に知らぬ間に働く罪の現実に直面もせず、心からの悔い改めの意味も分からないままであったら、そのカウンセラーはカウンセリーに必要なことを伝えることは、ほぼできない。

優れた釈義と細心の神学によって、**神の真理を人々に正確に伝える**ことができる。聖書の真理のもつ意味を現実の人生の問題に照らして洞察するならば、真理を今日性のあるものとして提示できる。しかし、恵みの自由の中で生きることの意味が分かるように熱心に真理を求め、真理と一致しながら生きることこそ、**力強く真理を伝え**

る備えとなる。

　比喩や類比、物語や寓話は、ある考えを人々の心の中に深く植え付けるのに効果的な方法であるということが、長年、文学を専攻する学生が認識してきたことだ。真理をイメージ豊かに描くならば、単なる言説は立体的になり、核心がより明確にされる。

　カウンセラー（あるいは親や説教者）の役割は、その人自身の人生の中で、人々に聞いてほしい真理を体現することだ。そうして、真理を述べる聖書の一節一節が、力強く真理を描写していく。

　父なる神がどのような方なのか知りたいなら、直ちに、子なる神に人々の注意を向けさせる。それは何故なのか。子なる神は、父なる神の「正確なイメージ」（原著ではKJVによる）であり、あるいは「神の本質の完全な現れ」（ヘブル人への手紙1:3）であるからだ。カウンセリーが、聖書の真理が神や他者との関係を深めることを、そして変化した関係が人生の問題を解決するのを理解したいと願うとき、カウンセラーが「生きられた真理」として生きている姿を、また、生きられた真理がどのように助けとなるかを、カウンセリーが見ることができるように、彼らを招かなければならない。聖書のメッセージが人生にいかに働くか知ることなくしては、カウンセリング理論や技術をどんなに身につけても、聖書的カウンセラーは生まれない。

　聖書を学び、教義的立場を明確にし、人生の問題を正面から受け止めた上で、その教義がもつ意味をしっかり考え、人生を生きながら、キリストにある力と喜びの現実を明らかにしていかなければならない。

　聖書の内容、カテゴリー、意味、そして、比喩のこれら四つの要素が合わさることで、カウンセリングの働きに必要不可欠である聖書の十全性を明らかにすることができる。

　カウンセリングに備えるために必要な次のステップは、これまで展開してきた、聖書の視点から人のジレンマが何であるか定義することである。第2部では、これらのことに焦点を絞っていく。

第2部
人を理解する
──傷つけられたかたちと壊された人間関係──

5章
どのように、人は本当に変われるのか？

　どのような人にも問題があるものである。キリスト教の基準が他者との深い人間関係よりも、自分が人にどう映るかに関心があるような無気力な基準にしたがうならば、物事はそう悪くはないということになる。どんな教会にも、憂鬱な女性はいる。不忠実な夫や頑なな若者もいる。しかし、たいていの聖職者は極めてそつなく対処している。

　しかし、どれほど熱心な愛で神を熱望し、どれほど憐れみで満ちた心で他者のために仕えているのかという試験に臨んだら、私たちのほとんどは落第する。その基準からいえば、関係性というものは、本当にたやすいものではない。助けを求めているのは、不安発作に苦しむ人々や同性愛への強い衝動と葛藤している人々だけではない。私たちすべてが助けを必要としている。

　人や問題、解決を理解するための枠組みを構築する必要がある。一般的な状況にも十分対応しうる広義の枠組み、かつ、特化した状況にも十分対応できる実際的枠組みを築く必要がある。第2部では、人とは何か、何故、問題は生じるのかを論じ、第3部では解決のあり方について述べる。

　まず、人について考えよう。違いを取り去った後の、人の同じ部分は何であろう。人間として共通なこととして定義されるものは何であるのか。習俗や文化、社会的環境が異なったとしても、どのようなところで共通しているのか。

　人が決定するとき、どのような原則によるのか。何が人をそうさせるのか。感情はどこから来るのか。無意識の動機や考えのようなものはあるのか。またそれらは心理学者の想像による、巧妙で有益

な作り事そのものなのか。人とは何か、そして人はどう行動するのか、私たちは知る必要がある。

　次に、問題について述べよう。人には何か誤ったところがあると結論するのに、ほとんど洞察する必要もない。人間という機械は電気の線をどこかで混線させている。一人の友人が不親切だと落ち込む人もいれば、明らかに多くの人から拒否にあっているのに、幸いにも気づいていない人もいる。

　たいていの人は、あるべき分量以上に食べたい欲求に勝ち目のない戦いをする。立派に自己訓練できたことを披露する人も少しはいる。適切な自己抑制からはずれ、常にダイエットのことが頭を離れず、時に不健康な状態になり、死にすら至る、痩身の決意をする若い女性たちが増えている。

　結婚のほとんどは、親密さを期待して満ち足りた温かさで始まっていくのに、およそ結婚の二分の一は離婚で終わる。ほとんどが期待通りにいかない。性的フラストレーションは未解決のままであり、感情面身体面での治療に委ねられる。常軌を逸した性的欲求は極めて強い満足を求めるため、一瞬の逸脱した喜びによって、家族もキャリアも犠牲にされる。

　熱心な一致の誓いで始まった教会は、時に二つの陣営に分かれてしまう。つまり、冷戦・熱戦、あるいは分裂に行き着く。真の一致を喜ぶ教会もある。しかし、重大な問題なしに歩んできた教会は一つもない。

　友人の子どもがトラブルに巻き込まれたのを聞くとき、真剣に心配するものの、冷たい満足感があるのに気が付く。一方で、場合によっては、また、他の友人といる場合なら、傷ついた人とともに泣く能力が自分には十分あると感じる。

　どこが間違っているのか。私たちは本当に、関係性を築くのが得意でない。それは何故なのか。私たちの問題の根っこはどこにあるのか。これが次の問いである。

　3番目は、解決についてである。ミステリー小説の結末に飛びつ

きたい誘惑には抗わなくてはならない。探偵が解こうとするもつれの複雑さを最初に理解していないと、その探偵が導く巧妙な結末を理解することはできない。同じ原則がここでも言える。すなわち、**人々とその問題を適切に理解しなければ、適切な解決のあり方を理解することはできないということだ**。罪という問題がいかに理解されているかで、カルバリーの解決の意味が分かるのである。

　困難で、時に単調であるが、人とは何か、何故それほどまでに人は葛藤するのか、それらを考えることを省いてしまうなら、援助の働きは浅はかなものであり、長い目でみれば、助けにはならないであろう。

　一つの障害は、変わるということについて明確な理論がないことだ。短気な親が、イライラさせる子どもにどうしたら忍耐強くなれるのだろうか。どのようにしたら、新婚の夫が自信に満ちた、愛する夫になれるのだろうか。どのように、同性に性的な興奮を感じる女性が変えられ、異性愛をもてるのか。ほとんどの人は、カウンセラーも牧師も含めて、よく理解できないのだ。

　私たちは、人は変わらなければ**ならないこと**、クリスチャンはキリストにあって成長しなくてはならないことは分かっている。また、変えられると信じている。しかし、従順、祈り、みことばの黙想のさらに先にあること、つまり、変化はどのようにして起きるのか、何が変化を促すのか、ほとんど分からないのである。キリスト教教育や教会組織についての神学や方法論をめぐる活発な議論の陰に隠れて、変化についての無知は隠されてしまう。こうした議論でいつも見逃されてきたことは、一貫していて、よく考察された、変化のモデルである。

　次の教会の役員会で、役員に、人の変化についてどのように考えているのか彼らの見解と、そして、かつて彼ら自身の人生で起きた個人的変化について説明してもらえないか頼んでみてほしい。一体何が変化を引き起こすのか、彼らに明確な答えを求めてみよう。神とみ言葉の力について、聞きなれた言葉を聞くけれど、よく聞い

てみると、ほとんど何も言っていないのと同じなのである。私たちには、人々の問題の解決、つまり援助のための特別な戦略についてはっきりとした考えがないのである。

　私の見解では、変化のためのモデルをはっきりと提示できなかったのは、正に、人とその問題の理解が混乱し、また浅薄であったからだ。何故抑うつ状態が起きるのかを最初に理解することなくして、うつ状態を克服する非常に有益な援助をしたことにはならないだろう。回復の方向性を示す前に、人の心の内部で何が起きているのかきちんと理解しなければならない。

　率直に尋ねることで起きる混乱を避け、少なくともいくつかの疑問には答えているように見える、人気の理論に、カウンセラーが安穏にしがみついていることがあまりに多かった。懸命に勝ちえた結論をひっくり返すわずかの事実を無視

> 変化のためのモデルをはっきりと提示できなかったのは、正に、人とその問題の理解が混乱し、また浅薄であったからだ。

し、ワトソン博士のように、後に論駁されるような理論であっても、自分自身を喜ぶ誘惑にかられるのだ。より良い道は、シャーロックホームズがとった、骨のおれる道だ。シャーロックホームズは、どんな事実も、それも最も取るに足らない事実さえも説明できるまで、混乱した状況の中に立ち続けた。

　人間、問題、解決について考察するのに、ひな型が必要なのだ。すべての事実を扱う上で、柔軟に適用でき、人生の問題を扱う上で具体的に、考え抜かれた道筋が必要である。関連し合う領域を概観したときに、少なくても五つの事柄が重要と思われる。

1．人間を理解する方法には、多くの異なるアプローチの仕方がある。
2．正確さや理解の程度において様々でありながら、主題について、人それぞれがある見解に立つ。
3．どんな見解をとろうとも、それは、人をどう考えるか人生す

べてをどう扱うかに深く影響する。

4．すべてのアプローチが正しいわけではない。見解の多くは互いに相反するものだ。結局、ある見解は間違っているということになる。

5．唯一の人格をもった創造者がすべての人生の背後におられるなら、人間、人生の問題、解決の真の理解が可能である。

　ある著者によれば、今日、心理学の本が出回る市場には、人間理解のモデルが 200 以上もあるということだ。数多くある選択肢の中で、役に立つものを簡略化しカテゴリー化しようとすると、必ず、包括性を犠牲にすることになる(1)。

　しかし、論点の錯綜を整理することはそれだけ有益である。いくつかの共通するテーマにしたがって、多くのアプローチを整理すれば、選択の評価と結論に至るみちすじのための、より良い土台を得られるかもしれない。さらに、第 1 部で展開した概念をもう一度確認するとしたら、人間や問題、または解決に関する理論の有効性を判断する基準は、聖書でなければならないといえる。

3 つの基本的なモデル

　カウンセリーが自分はうつ状態にあると訴える時、カウンセラーが最初にすることは、その問題の原因が身体的なものかどうか判断することである。ここでは、そのような判断を下すための基準を論じることが問題なのではない。抑うつについて医学的な根拠がないと結論してきたことが正しいと仮定してみると、どうなるのか、さしあたって考えてみよう。

　抑うつと人生の出来事との間の関係について、カウンセリーは抑うつのはっきりとしたきっかけはないと言う。最近、愛する人の死亡はなかった。健康状態は良好だ。家族との関係も損なわれていない。人生の危機もなかった。仕事も収入にもほぼ満足している。

人々に関わるときによく起こることなのだが、次にとる方向性が
まったく見えてこないということがある。方向性がはっきりと示さ
れるときでさえ、ますます混乱した状況になってしまう。カウンセ
リーが混乱しているので、必然的に、カウンセリーからの情報より
もカウンセラーがすでに支持している理論によって、方向性をきめ
てしまう。

　抑うつのクライエントにかかわるとき、カウンセラーは、人はど
のように機能するのか、何故問題が大きくなったのか、どんな解決
が有効かをめぐって、分かっていることはどんなことでも動員して
職務を果たそうとする。広義の分類によれば、カウンセラーは3つ
のモデルの一つによって機能しているといえる。つまり、人間理解
について数百はある理論のほとんどは3つのカテゴリーに分けられ
る。それは、力動的モデル、道徳的モデル、関係的モデルである。

　力動的モデルによれば、人は、ほとんど意識しない内的な過程（人
格力動 [personality dynamics] といわれる）に支配されている。これら力
動的存在の根源や現在の影響力の源泉は過去の時代やその人の子ど
も時代に見出される。精神分析家は、「発生的再構成」（genetic
reconstruction）ということを述べていて、子どものときの出来事が現
在の感情や態度の原因となっていると考え、それを表わす用語とし
て用いている。

　子どもを愛せない、支配的な母親は、成長する子どもが必要とす
る愛情を与えない。弱い挫折感をもつ父親は、不幸せな家族に向き
合えず、家族をしっかり守ることができない状況があったとする。力
動論は次のように考える。そのような家庭の子どもは、成長したと
き、（1）強く見える女性を憎み恐れる傾向がある。そして（2）譲
歩や引きこもることで、自分の世界を保とうとする弱い人のイメー
ジを（父を模倣して）、自分に対してもつ。

　以上の力動的な内的形成（ある種の女性への憎悪や恐れ、脆弱な自己
イメージ）は、現在の問題の背後にあって、回復が必要な、子ども時
代に受けた傷を表わしている。その人の人生に失望が生じたとき、無

意識の命令にしたがって反応する。たぶんその人は、女性との関係から逃避するけれど、なおも、いっしょにいてくれて、すべてをよくしてくれるような、強い人物に頼ることになる。

　力動的モデルに立つ多くのカウンセラーの考えでは、この一連の内的な心理学的プロセスは治療が必要な病気として考えられている。クライエントは、まず第一に、不適切な養育の犠牲者であり、人格の内部を露わにしてそれを再構成することを目的にした広範囲の治療が必要な人である。患者が人との関係の持ち方を変えられないときは、内的な強迫行動から未だ解放されていないと想定される。そこで、さらに洞察が必要となり、治療は続く。

　力動的モデルは問題を根底に潜む病気の症状とみるので、人間理解の医学的モデルとも言われている。ちょうど、医者が身体の病気から患者を治療するように、カウンセラーは心理的病気にかかった患者に治療を施すのである。治療は、基本的に、問題の中にある隠された根本原因を探る。力動的モデルのカウンセラーは根本原因を明らかにすることで、現在の問題に対応していくことができると考えている。

　道徳的モデルは、人々について、力動的モデルと極めて相反する見解をとる。この立場にあるカウンセラーは、問題行動から少しでも関心をそらすことは責任転嫁の言い訳を与えることになると懸念する。たとえば、「うつ状態がひどくて芝刈りができなかったとしたら、それは仕方がないことだ。私は、ずっと、心の中に癒えることのない深い問題を抱えている。」

　道徳的モデルのカウンセラーにとって、人は収拾がつかないというより頑ななのである。行動のすべての中心にあるのは、力動的プロセスのネットワークと呼ばれるものではなく、むしろ、強情さなのである。ともかくも、人は自分のしたことに責任がある。この立場にとって有効なカウンセリングは結局、選択された行動パターンに焦点を合わせることになる。変化した行動の見地から、改善されたかどうか測られ、無責任な行動を特定し適切な変化をするように

訓戒すれば、改善は進んでいくと考えられている。道徳的モデルカウンセリングのほとんどは、繰り返される責任転嫁の言い訳を取り除いていくことになる。

　道徳的モデルカウンセリングでは、課題を課すことが重要な役割を果たす。決まった時間に聖書研究や祈りをすること、配偶者をほめること、小切手帳の支出を確認するなどの指示は問題解決の中心的な手段である。正しい行動のうちに正しい動機が反映されると主張するわけではない。意図されたのか、それともそうではないのか（意図は変化する）にかかわりなく、行動の動機にはほとんど関心は払われない。

　関係的モデルは、力動論モデルと道徳的モデルの両方に異論を唱える。関係的モデルの考え方によれば、感情的な苦悩は、露呈されることが必要な、心の奥にある力動的なプロセスによって生じるのでない。また、無責任な選択をする行動パターンを、その人のすべての問題の原因として非難することはできないとする。問題の中心は、満たされない人間関係であると考えるのである。

　関係的モデルのカウンセラーにとって、人についての最も重要な事実は、人々が心理的に解きほぐせない困難な状態にあるのではないこと、あるいは、人々は道徳的に無責任であるということではない。重要なことは、人は愛するように、かつ愛されるように創られたということである。人は関係性をもつように意図され造られた。そのため、人は人とのかかわりを切望する。心の深いところから、親密さと有意義な他者との関わり合いを求める。

　この観点からすると、人間の問題を重要な人間関係の中で起きる恐れや不安からくる痛みをどうにかしようとする防衛的な試みとして理解すると、一番よく理解できる。互いに防衛的に対応することで、当然求めるべき親密さの機会は最小限になる。その結果、深い孤独に陥り、傷を恐れ、それから自分自身を守る決意を強めることになる。人は、傷を受ける、自分を守る、引きこもる、すると、さらに傷は深まり、さらに引きこもるという悪循環にはまっていく。

関係的モデルのカウンセラーは、クライエントの間で、肯定的な人間関係を築こうとする。その目的は、(1) 少なくとも一人の人との意味ある相互のかかわりを通して、クライエントが孤独感が弱まっていく希望をもつこと、(2) クライエントに新しい、防衛する必要のない関係を試してみるために安全な環境を提供することである。

　関係的モデルのカウンセラーは、開放性、勇気、無防備、そして肯定を重要視して強調する。人は周囲の人をどう感じているのか正直に自分で認め、本来の自分になる勇気をもつ必要がある。人は愛情を得るために、あるいは拒否を避けるために操作的に試みるのをあきらめ、代わりに見せかけや逃避をしないで、他者の前に自分自身であることが求められる。

　図5.1 は各モデルの基本要素を要約したものである。

	問　題	解　決
力動的モデル	病気	治療
道徳的モデル	無責任 / 罪	行動変容の勧め
関係的モデル	孤独	肯定 / 自己表現

図5.1

　カウンセリングの考え方には、この3つのモデルの一つか、2つ以上のモデルの中心となる前提が反映されている。いくつかのアプローチは一つのモデルにはっきりと分類される。教示的（ヌーセティック：nouthetic）立場はほとんど道徳的モデルに従っている。ロジャーズ派のカウンセリングでは焦点を関係性に当てている。古典的精神分析は明らかに力動的である。しかし、他のカウンセリングは、それほどは容易にカテゴリーに分類されない。

　例えば、行動療法は、人は悪い環境の犠牲者であり、変えなくてならないのは内的なものではなく行動だと主張する点で、力動モデルと道徳モデルの奇妙な合成と言える。ゲシュタルト療法やそこから派生した原初療法は、力動モデルと関係モデルの組み合わせといえる。

それぞれのアプローチを3つのモデルで注意深く定義しても、得られるところはほとんどないだろう。しかし、各モデルの中心的な前提となる考え方は、それぞれの人間観の基礎であり、考慮する価値がある。

仮定となる考え方は、カウンセリングで何を行うのか決定する。たとえば、力動的モデルのカウンセラーは、行動を変えるようにとはほとんど助言しない。道徳的モデルのカウンセラーは積極的に指導的な相談を行う。

道徳的モデルのカウンセラーは、時間を費やして、カウンセリーの過去や現在の心に潜む動機を深く探っていくことはしない。しかし、力動的モデルのカウンセラーは、そのようなことは実際に援助するために重要だと考える。

> 仮定となる考え方は、カウンセリングで何を行うのか決定する。

関係的モデルのカウンセラーは、力動的モデルのカウンセラーほど、カウンセリーの依存の問題に関心をもたない。力動的モデルのカウンセラーは、かなりの労力を費やして転移（transference）を扱い、カウンセリーとの距離を保とうとする。関係的モデルがカウンセラーとクライエントの間の関係性を行動変容の主要な手段として焦点化するが、それは、道徳的モデルがカウンセリングの道具として指示を強調するのとは異なる。

この二つのモデルの違いは実際的である。そして、それぞれのモデルによってカウンセリングの方向性は違ってくるので、何を確信するのか注意深く決定することが大切である。これらのモデルがすべて正しいとは限らない。

もし、人間、問題、解決のすべてを考える上で一つの基準があるならば、すべての所説にその基準の光にあてて研究されなければならない。すでに、聖書に権威があり、聖書が十分な基準であると結論した。そこで、このような質問ができるだろう。聖書を前提にしていくならば、どのようなカウンセリングのモデルが生まれるのか

と。

　聖書的カウンセラーは、力動的理論が示唆するように、人格に深く分け入って探るべきなのか、あるいは、心の深部の分析といったことは、カウンセラーにとって立ち入り禁止区域なのか、それとも、聖霊が着手する領域なのか。

　聖書的カウンセラーも行動変容を扱うべきなのか。たぶん、その場合、祈り、聖書静読、そして教会出席が、人が変わる決心を強め導くために必要な手段として強調され変容が促されるだろう。あるいは、聖書は、行動変容に焦点を当てても対応できないほどの人間の複雑性を証明するのか。

　聖書的カウンセラーは、互いに愛し合うべき責任を関係的モデル選択の理由にすべきなのか、あるいは、より深い内省とより強い対峙が必要なのだろうか。

　どのモデルが聖書的なのか。三つの内のいずれのどれであろうか。その中の二つか。それとも、3つの組み合わせか。あるいは、全く別のもう一つのモデルであるのか。このことが、次の章が扱うテーマである。そこで、まず、「ひととは何であるか。」という問いから始めよう。

6章
人は神のかたちに造られた

　私は最近、ある主要なアメリカの大学の心理学科の長い廊下を、時間をかけて歩いた。一つの非常に長い廊下の書棚には、人間研究に関する本で占められていた。文字通り、何千という本に、「私とは何か」という問いと格闘し知力を傾けてきた人々の、多彩で相反する考えが隙間なく記されていた。

　本をめくりながら、私の中を深い無力感が過ぎていったのを覚えている。一体だれがその答えを知っているというのだろう。どこに頼れる、権威ある答えがあるというのか。また、私たちは、自分たちで想像力豊かな思索の成果を生み出さなければならないのか。私は本当に何ものなのか、私の妻や子どもたちは、そしてクライエントの人たちは本当にどのような人なのか、私は答えられるのだろうか。

　このような問いをあまりに哲学的だからといって関心の外に置くべきでない。より実用的なことに戻るべきだと主張すべきでもない。私たちは何ものかということは極めて重大で、長い目で見れば、全く実質的な課題である。人が責任を果たし、ゆたかな、喜びに満ちた人生を生きるように援助するどのような努力も、その問いに対する立場を前提にしている。

　カウンセラーが抑圧した感情の解放を勧めるならば、人間の性質として感情の表現は健全なことだという考えが前提になる。別のカウンセラーが抑うつ状態を和らげるために、ネガティブな認識を健全な認識に代えようと働きかけるなら、直接的なコントロール下に置かれた意識的精神的作用は人が機能するための核心だと考える理論を受け入れていることになる。

カウンセリング理論は、明白にまたは暗に、人間の本性についての理論を前提にしている。さらに、人についての理論には二つの機能がある。一つは、理論によってカウンセリングモデルの互いの違いが明らかになっていくこと、そして、二つ目は、ある方向に考察を導く触媒のような機能である。結局のところ、カウンセリングモデルを構築していくには、最初に、人間の本性に関する見解を明らかにする必要がある。

　人の本性に関する問いについて、直観、合理的思考、実験的観察では論ずることができない領域から始める。すべての答えを知っている人が、その知識のいくばかりかを伝えることをしないとしたら、私たちは魯も錨もないまま、流されるままに漂うことになる。啓示がないとしたら、そのことが、人間の本性に関して、広義のコンセンサスにも達していない数千もの書籍が書かれた原因ともいえる。私たちは不確かさの中に監禁されてしまうことになる。人は啓示が必要である。良い知らせとは、神がその主題についてすでに答えてくださっているということだ。

　聖書の啓示を私の理論の枠組みとし、人について考察するために二つの説に立つ。これらの説は境界と触媒の機能をもつ。

　第一に、**人は神に類似している**ということである。人は神のかたちに造られたと聖書ははっきりと述べる。類似性に何か他に意味があるとしても、類似性の中心的考えは、人はいくつかの重要な点で、神に類似しているということである。

　第二に、**その類似性をひどく歪めた、何か恐ろしいことが起きた**ということである。私たちの内に、そして世界の内に起いていることは、本来あるべきことではないのである。アダムとエバが罪を犯したとき、彼らは彼ら自身も、そしてすべての子孫をもひどく傷つけたのである。その結果、現在、私たちは最初に意図された姿よりはるかに劣った状態にある。私たちは、空中を自由に飛んでいるのではなく、羽が壊れて高速道路に恐ろしくも下降していく飛行機のようなものだ。かたちは醜悪なものに変わってしまい、失われたの

であり、ひどく台無しにされてしまったのだ。

　私の出発点として、以下のように、人を理解する。人は、堕落した、神のかたちを帯びるものである。私はこれを前提とする。何故なら、聖書がそのように認めているからである。

> 人は、堕落した、神のかたちを帯びるものである。

　創世記1章では、序文なしに、神のことが述べられている。神は「最初に、神は……」（1節）と明快に言及されている。

　同じ章では、人は、特別な被造物として登場する。その特別性は、神のかたちを帯びている事実による。

> 「神は仰せられた。『さあ、人をわれわれのかたちとして、われわれの似姿に造ろう。』……神は人をご自身のかたちとして創造された。神のかたちとして人を創造し、男と女とに彼らを創造された。」（創世記1：26—27）

さらに、人はかたちを帯びる故に、神との関係に入っていかれる。つまり、「神は彼らを祝福された。神は彼らに仰せられた。……」（創世記1：28）からである。

　創世記3章では、罪への悲惨な堕落が記録されている。神との関係は断たれ、神のかたちは傷つけられた。創世記4章から聖書の最後の章に至るまで、人は堕落した、神のかたちを帯びる者、すなわち、尊厳（かたち）と腐敗（堕落）によって特徴づけられる者とされる。

　もし、人の理解が適切であるべきならば、人のもつ、本質的な尊厳の美と恥ずべき堕落の恐ろしさの両方を充分に考慮しなければならない。聖書的モデルのカウンセリングでは、神のかたちと人の堕落を出発点にしなければならない。そのことを**図6.1**（次頁）に説明する。

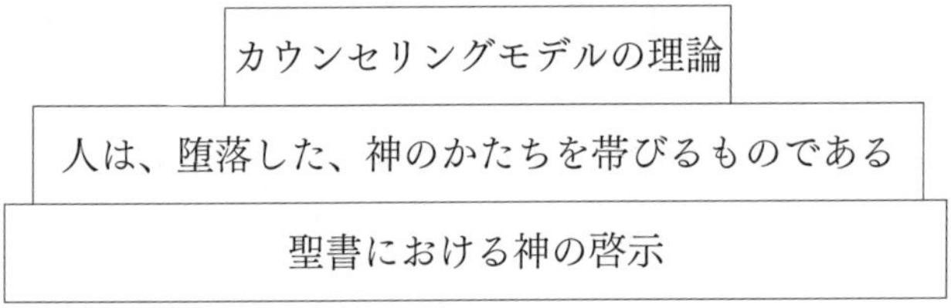

```
┌─────────────────────────────────────┐
│   カウンセリングモデルの理論        │
└─────────────────────────────────────┘
┌───────────────────────────────────────────┐
│ 人は、堕落した、神のかたちを帯びるものである │
└───────────────────────────────────────────┘
┌─────────────────────────────────────────────────┐
│         聖書における神の啓示                     │
└─────────────────────────────────────────────────┘
```

図 6.1

神のかたち

　最初に、何世紀にも亘って熱い論争が繰り広げられ、主の再臨までその論争は続くような問題を論じなければならない。つまり、神のかたちに造られたというのは、どのような意味なのかだ。

　このテーマを取り上げても、論争が終わるわけではない。その代わりに、私が論じていくほどに、神学的な訓練を受けてこられなかった読者は理論の複雑さに、また、神学の訓練を受けた読者は簡潔さと不十分さに不満を感じるのではないかと懸念する。私の目的は、学術的な議論のためではなくカウンセリングモデルの構築に向けて、いくつかの核心となる考えの概略を述べることである。

　神のかたちについて、かなりの数の観点があるが、混乱を経て様々な教派でかなり受け入れられてきた異なった四つの考えがある：すなわち、支配／代理、道徳的美徳、道徳的規準をもたないこと、類似性である。

私の考えの柱を支える土台をしっかり据えるために、ここで、それぞれの見解を簡単ではあるが述べてみたい。

1．支配／代理としてのかたち

　論争はあるが、神のかたちを帯びるとは、神の代理者としてこの世界で神のために行為することを意味し、被造物に対し権威を行使することである。

　与えられた責任と召しは、すべてにおいて、神のご性質と目的を

忠実に反映させることである。

　創世記1：27—28 では、聖書はこのように記す。三位一体の神が次のように決意された。「われわれの似姿に造ろう。……すべての生き物を支配せよ。……」神のかたちと支配への召しを結合させる考えは、神のかたちを帯びるとは神の代理としての支配を意味するという見解を重視した主張である。

２．道徳的美徳としてのかたち

　マルティン・ルターは次のように考えた。神のかたちは、創造の時に人間が享受した道徳的卓越性にあるが、堕落で失われてしまった。しかし、キリストにあって再び回復することができたのであると。

　新約聖書は、クリスチャンがキリストのかたちにおいて回復されるというのは、知識、聖化、そして義において成長することであると教える。（エペソ人への手紙4：22—25；コロサイ人への手紙3：9—10）。多くの見解では、キリストのかたちである道徳的美徳は、創世記1章の神のかたちの定義の中心である。

　アダムとエバは美徳の内に創造された。彼らは罪がなかった。堕落していなかった。良いものであった。しかし、堕落以来、人間は道徳的な卓越性を主張できない。私たちは今や、知識が豊かであるというより理解という面で暗くされ、聖であるより本性において罪があり、義であるより不正を行なうものである。

　この定義（かたち、すなわち美徳である）によれば、神のかたちはまったく失われてきたのである。しかし、あとかたもなく神のかたちが失われたというのでなく、傷つけられたのだとされるならば、人は、なおも、神に認めてもらえる良いものを、その人自身のうちにもっているということになる。しかし、聖書はこの点はっきりしている。つまり、人の義は「汚れた着物」のようになり（イザヤ書64：6　KJV）、神を探し求める人は一人もいない、すべての人は「道を誤った」のだ（イザヤ書53：6）。

神のかたちが、もし道徳的卓越性を意味するならば、神のかたちはまったく失われており、神の義の賜物と、聖霊の罪のきよめのみ業を通して、回復されるのである。

3．道徳的規準をもたない性質としてのかたち

かたちについての三番目の解釈はローマカトリックの神学者たちによって考えられてきたものである。彼らの見解によれば、アダムが造られたとき、良くも悪くもなかった。アダムは道徳的に規準をもたず、「比較的弱い」欲望しかなく、それが後に災いをもたらすことになったのである。アダムの思考能力により彼は欲望が彼を支配したらどのような結果になるか理解できたが、欲望をチェックする明確な道徳的強さをもっていなかった。

神は、恵み深くもアダムのために、恵みという特別の方法（donum superaddituum と言及される。すなわち善の追加）を施され介入してくださった。アダムの弱い欲望がより高度の思考と矛盾するときは、アダムが正しく行動できるようにされた。しかし、堕落してアダムは追加の恵みの作用を拒否し、欲望に支配される存在へと陥落してしまった。堕落した状態から救われるために、赦しだけでなく、あるべき姿で生きるためにもう一つの恵みの供与が必要であった。

重要な点は、堕落したときに失われたものは何かということである。アダムは神の前に道徳的な潔白さを失ったのではなく、神の前に受け入れられて生きるために必要な特別の恵みを失ったのである。結局のところ、人が再び得なければならないのは神からの賜物として与えられる義の新しい身分ではなく、人が必要とするのは欲望をコントロールする恵みなのである。教会は聖礼典を通してその恵みを与え、罪人はそれによって、自分の内に聖なる神が求める義を積んでいくことができる。

この考えは、結果として、人は本質的に道徳的規準をもたず、信仰的になるには助けが必要であるということになり、堕落の概念を弱める。罪とは、正しい生活をすれば克服ができる道徳的過失なの

である。キリストの死は、なおも赦しの基盤であるが、罪人が神と正しい位置に立つためには、人間の側の努力と結合していなくてはならない。これは、正に、業による救いの教理である。

　神のかたちを論じるとき、人は道徳的規準をもたないという、つまり人は良くも悪くもなれるという考えを注意深く避けなければならない。少々論じるとすれば、神のかたちが人の能力や質に関係するのではあるが、これらの能力は決して道徳的真空状態で存在していないのであり、そして、今後も決して存在しないと考える。堕落以前に、神は、人間は良いと言われた。アダムが堕落したとき、自分で創り出すことのできない、赦しと義の賜物の両方を必要とする堕落した存在になった。神の恵みのみによって義とされるや、キリストの内にある自分たちの身分（神の子どもとしての身分　訳者注）で一貫して生きる権限を与えられたのである。人の業は、神が受け入れてくださる身分に何も加えない。人に義の身分をくださった神への応答の感謝として、良い業があるのである。

4．類似性としてのかたち

　神のかたちについての４番目の見解は、人を神との類似性をもつものと定義する。神と人はともに、非人格的存在から区別された本質をもっているのである。

　以前に、私はアンティークの巻き蓋机を購入した。その値段から、机は最近、模造したものではなく、現物であることが分かった。以来、ほとんど本物と同じように見える模造品を見てきたが、模造品の価値は、いかに正統な原物に似ているかということにある。模造品は原物ではないが原物に似せて作られたものだ。原物のかたちで作られたのだ。

　同じように、あなたも私も、注意深く造られた複製品である。私たちは、神のかたちを身に帯びている。ある面で、人は神に似ている。当然、他の面では、神との間に、無限に広く深い隔たりがある。神は、全能者あるいは独立的存在としての神の、被造物と共有でき

ない、伝達できないご性質をもっておられると神学者は述べる。神と人との間には区別があるのである。

　しかし、類似性もある。神は被造物の中に、伝えることができるご自分の性質を築かれた。ジェームズ・パッカー（J. I. Packer）は、その著名な本「神について」（Knowing God）の中で、こう述べる。神が人を造られたとき、神は、人に「神ご自身の性質を授けたのだ。」[1]と。J. オリバー・バズウェル（J. Oliver Buswell）は彼の「組織神学」（Systematic Theology）の中で、創世記１：25—28 は、人は「いくつかの重要な面で、神に似せて造られた。[2]」という意味であると述べる。

　明らかに次のような問いが投げかけられる。それでは、どのようなところで神に似ているのかと。

ほとんどの神学者はルイス・S・シェーファー（Lewis Sperry Chafer）に同意するだろう。彼は「非物質的な面に類似性が特徴付けられるのであって、[人間] の肉体的部分にあるのではない。[3]」類似性は見た目にあるのでなく、人格の核心に深く刻まれている。神も人も、人格をともにもつ。それぞれの人格は人格を作り上げる特徴や性質をもっている。動物や樹木、岩石は人格をもたない。しかし、人間は神と同じく人格をもつ。

　人が人格をもつ者として神と分かち合える特徴がどのようなものであれ、それらの特徴は、堕落を耐え抜いて存在しているということは明らかだと思われる。（参照　創世記５：１—３；９：６；コリント人への手紙第一 11：７；ヤコブの手紙３：９）ルター派の見解に反して、シェーファーは次のように示唆する。「[人間] の罪性や [受け継いだ] 罪深さについて、聖書には多くのことが語られているが、人が神のかたちを [失ってしまった] とは述べてはいない」と。堕落した人間は「神のかたちを保持しており、堕落の程度を決めるのは、この保持の実態である。[4]」と事実、聖書は教えているとシェーファーは主張する。改革派の神学者ルイス・ベルコフ（Louis Berkhof）は神のかたちは失われていないことに同意する。神のかたちは、人間の「自然の性質」に属する要素を含むと教えている。その要素には、知力、

感情、道徳的自由を含む。ベルコフは次のように記している。「神のかたちに造られたように」、人は「罪によって[人が]失わなかった、また、人をやめない限り、失うことはできなかった理性、道義性をもっている。」そして、ベルコフはこう結論する。「神のかたちは罪によって損なわれてきた。しかし、堕落し罪に陥った後でさえ、なお、人の中に残っている。(5)」

このように要約できるだろう。すなわち、神のかたちは、神と人とがともに共有してもつ人格の永続的な本質、非人格ではなく人格の意味を定義する本質なのである。

この本質を考察する前に、簡略に、この神のかたちの考えとすでに述べた他の3つの見解とを対比してみよう。

神の代理として被造物を支配する役割責任は、神のかたち自体を定義していない。むしろ、神のかたちを帯びているものとして召されていることが何であるか明らかにしている。人は考え、選択し、そして感情をもつ人格であるので、神の大使として神の被造物を支配できる。支配は神のかたち故に可能になるのだ。支配がかたちそのものではない。

道徳的善もまた神のかたちに相当するのではない。神のかたちを帯びる人間として、神に対して反逆することを選んできた。（それはかたちを帯びていないものにはできないことであり、かたちを帯びたものだけが反逆を選択する）。結局、人は道徳的美徳を自分のものだと要求する権利を失った。しかし、人間であり続ける。つまり、確かに、堕落し、よこしまであるが、なおも、人間である。神は恵みのお方として、神のかたちを帯びる私たちをねんごろに扱われることを選択してくださった。それは、贖いによってであり、**人格の類似性**（人は決して失ってはいない）ではなく**道徳的類似性**（新約聖書においてキリストのかたちとして示されている）への回復によってであった。

神のかたちを定義する人格の要素は、同時に良くもなければ悪くもない状態である、道徳的規準をもたない性質とされてはならない。人の創造のときから今に至るまで、道徳的方向にも、非道徳的方向

にもいかない行為というものはかつてなかった。どのような行為も方向性があって、神に向き善になることもあれば、神から離れ結局、悪になるかである。私たちに関して、道徳的に中立というのは全くない。選択する能力をもつ者として、人はいつも道徳的評価のもとにある。

人格的存在であることの性質（Capacities）

　私たちは人格的存在である。神も一人の人格的存在である。人格を構成している諸要素を有しているという意味で、神に似ている。しかし、その諸要素とは何か。神のかたちの構成要素となる人格の性質とは正に何であるのか。

　この問いに答えるために、聖書の特定の章節によるのではなく、聖書全体から意味を引き出さなければならない。「このように神は言われた。すなわち、人格の要素は……」などと始まる聖書の箇所はない。従って、どのように神はご自身を聖書の中に啓示しておられるのか、また王として無限の神として特徴づけられておられる要素ばかりでなく、ご人格をもったお方としての本質が何であるのかを見出すことが、私たちには求められている。

　同時に、人を特徴づける本質は分かち合われるものなのかどうか、そして、事実、本質は人に分かち合われてきたのかどうか、問わなければならない。神と人が共有している人格的特徴を列挙するならば、神のかたちを基本的に定義することになる。

　ここで、神と人との類似性の要約をしてみよう。各概念は次の章で、さらに深く考察される。

1．心の奥底からの熱望

　ホセア書11：8で、神は、神の子どもたちの頑なさを心打つ言葉で嘆いておられる。豊かな、熱情あふれる言葉（「どうしてあなたを

見捨てることができるだろうか。……わたしの心はわたしのうちで沸き返り。」）は、単に感情と簡単に定義できるものでない主体的実体である、神のご人格のうちにある実在を示唆している。それは感情より深いものだ。神は全存在をかけて、神の子どもとの関係を回復させたいと願っておられる。

　詩篇の作者もまた、彼自身を心の奥底から熱望する個人的存在として描いている。神への願望は渇いた鹿が水をあえぎながら求める様子と同じである。（詩篇42：1）他の箇所では、詩人はこのように言う。「私のたましいは　あなたに渇き　私の身も　あなたをあえぎ求めます。」（詩篇63：1）

　詩篇42：1の「あえぐ」という言葉は、文字通り、はっきり聞こえてくる強い願望を意味している。その熱望はあまりに強いので、ある特定の状況への感情的反応にすぎないとして無視することはできない。人間の何かが人格の一番深いところの何かが、充足を求めて熱望する。神と人はともに深く熱望する性質をもっている。

２．判断的思考

　ノアの時代、神は人々の生き様を判断された。創世記6：5では「主は、地上に人の悪が増大し、その心に図ることがみな、いつも悪に傾くのをご覧になった。」とある。神は人間のことを考え、結論を出された。

　人間もまた、考えることをしていた。人間は自分たちの世界を見ていた。そして、自分の人生を導く思想をあみ出した。その考えは「いつも悪に傾いて」いたが、それは考えた結果であって、方向性をともなっていた。

　神も人も、ともに思考する。神も人も、目的を果たす結論に到達するのである。

３．自発的な選択

　神は、特定のことをなす目的をもたれる。神のなさることはすべ

て、神の目的に従っているのであり、「みこころによる計画のままに」（エペソ人への手紙1：9―11　NASB）導かれる。

　人間は、応答するものであり、方向性を定め、それを追い求めるものとしてみなされている。ピリピ人への手紙2：12―13では、人は、「志をもち」（方向性を定める）「事を行う」こと（その生きる方向を追い求めていく）によって、救いの真理と一致するように生きるよう教えられている。そして人は良い選択をするならば、どのような選択も神によって力が与えられることを理解している。

　神も人も追うべき特別の目標を選択できる。それら目標に達するために特化された行動を選択するのである。人は自発的に選択することができる。

4．感情的体験

　主は、ラザロが死んだとき悲しみを覚えられた（ヨハネの福音書11：33―36）。また、主は、神殿が商売の出し物になってしまったことに怒りを覚えられた（ヨハネの福音書2：14―17）。主は、主のみこころを私たちが行うとき喜ばれる（ヘブル人への手紙13：21）。神が世界にかかわられるとき、神は感情を経験される。

　ネヘミヤはエルサレムの城壁が破壊されたとき、座り込んで泣いた（ネヘミヤ記1:4）。ヨブは苦闘のさなか、「……はらわたは休みなくかき回され……」ていた（ヨブ記30：27）。パウロは、自分自身を途方に暮れていたと述懐する（コリント人への手紙第二4：8）。人は世界にかかわるとき、感情を伴って自分が激しく迫っていくことを経験する。

　神も人も世界にかかわろうとするとき、感情をもつ。最終的に、神のかたちは次の4つの性質に定義できることを提案したい。

- 個人的なことがらに対して心から熱望する
- 起ころうとしていることを理性的に判断する
- 選択した方向を自発的に追い求めていく

● 自分の世界を感情的に経験する

神は深い喜びをもたらすものを心から熱望する性質をもたれる。私たちもそうである。神はご自身の世界をよく考え判断する性質をもたれるが、私たちもそうである。神はある方向を定め、そこに従って動かれる性質をもたれるが、私たちもそうである。神は感情を自覚的に経験されるが、私たちもそうである。

4つの要素の議論のすべてにわたって意識に留めなくてはならないことは、神は完全に独立した存在であるということだ。神はご自身のお力を完全に果たされるとき、だれも何事も必要とされない。他方、人は全く依存的な存在である。自分の性質を用いるとき、それが最低限の影響しかないときでさえ、人は外部の助けを必要とする。私たちは、自分たちの能力において不完全である。それは身体的であっても個人的存在においてでもある。後に考察するが、罪の本質は自分たちの依存性を認めることの拒否であり、本当はもちえないものなのに、人は独立性を高慢で愚かにも要求する。

要約すれば、神は、熱望し、考え、選択し、感情の性質をもつ、独立した人格のお方なのである。人間は同じ性質をもつが依存的な存在である。人を理解する前提となる枠組みは今、このように簡略して表わすことができる。私たち一人のひとりは、

　　——心の奥から熱望する**個人的**存在である；
　　——思考する**理性**をもつ存在である；
　　——選択する、**意志的**な存在である；
　　——心に感じる**感情的**な存在である。

「私は何であるか。」という問いに答えうる包括的な人間学を発展させる目的のために、この4つのそれぞれの性質は検証されることになるだろう。

7章
依り頼む存在：人としての本質性

　私たちの内側で何が起きているのか深く探っていくことは、興味をそそる冒険であるが、それはまた、不安を覚える冒険でもある。直接の問題を解決して回復し、快活さを取り戻せるというのなら、私たちの内側を探ることは、測り知れないほど、安心を覚える。

　物事が悪い方向に行って何らかの対応が必要になったとき、たいていの人は少しばかり緊張する。時に問題が大きく、恐れを感じるほど奇異で恐怖ですらあることがある。説明できないほどの抑うつ感情、何が原因なのか分からず不安感が伴う周期的な発作、あるいは、常ならぬ不品行な行動を押さえられない衝動、それらは不安を抱かせるものだ。「私の何が間違っているのか。私は正気をなくしたのか。」と、恐れにおののく人たちは質問する。たいていの人は、そうした質問を一度ならずしたことがあるだろう。

　どのような問題が起きたとしても、責任感で私たちは大抵何かしら対応しようとする。家族間の緊張が高まってついに議論が沸騰した場合、あるいは、同僚に怒りを覚えミーティングを故意に欠席する場合など、問題に取り組もうと何かをするものだ。それについて祈ったり、かかわりある人にすべてを話したり、正しいと思えることをしたりする。しかし、人は、自分がどれほどその問題の原因をつくっているか分かろうと**自分自身の内側を深く探ることを、頑なに避けようとする**。

　なぜ、そうなるのだろうか。なぜ、物事の根っこのところに到達しようと決心して問題に取り組もうとはしないのか。問題に我慢し続けるのでなく問題の核心に直面していくほうが痛みをともなうことを、直観的に分かっているからなのか。何故、私たちは、正確か

どうか別にして、問題を解決しようと少なくとも何かに取り組む意志はあるのに、その程度でよいと満足するレベルに落ち着き、私たちの心の深い部分からは関心を背けるのか。

具体的にどういうことなのか説明してみよう。結婚カウンセリングの二回目のセッションで、中年の夫が私に言った。「私たちは今はもう、うまくやり取りできていると思います。前回、私たち両方とも防衛的だとあなたは指摘されましたが、そのご指摘は正しいと思います。私たちはそこで考えて、お互いに心を開くようになったのです。正しい位置につくことができて感謝しています。私は、今はとてもうまくいっていると思います。」

私は妻の方に向いて、夫の楽観的な見方に同意しているかどうか質問した。彼女の目に涙があふれてきて、その悲しそうな声には怒りの色がにじんでいた。彼女は答えた。「そうであればいいと思いますが。そう感じられればいいのにと思っても、本当に自分がそう感じているのかわからないのです。夫に言えないことがあります。私はとてもおびえています。」夫は、信じられないという表情で怒りに満ちた面持ちで彼女をにらみつけた。

もう一人の男性の例であるが、彼は牧師であった。彼は、最近うつ状態に陥った彼の娘のことを相談しようとした。成績は落ち、「望ましくない」友人と付き合っていた。さらに、霊的なことがらに対しても、彼女の態度は冷淡であった。

彼は打ち明けてくれた。「本当の問題は仲間からの圧力だと思います。娘の自己イメージは弱々しいものです。それは、たぶん、彼女が他の女の子より背が高くて、いつもそのことに敏感でしたから。彼女は、そのことで仲間から受け容れられているか、普通以上に気にかけていたと思います。これからは、彼女が誰と過ごすのか、もっと注意して手綱を引き締めなければと考えています。そして、教会のユースグループに彼女をもっと巻き込もうと考えています。彼女は新しいユース担当の牧師のことは嫌いだと言っています。まさに、そういうところで主に対する彼女の悪い態度が表れているのです。

私は、あなたから何か他に助けになる方法を聞かせてもらえればと願ったのです。」

　私は、家族内の人間関係（夫婦関係も含めて）をもっとよく見てみようと提案した。というのも、一人の家族の緊張状態は、他の家族間のむずかしい関係パターンを反映させていることがあるからだ。その牧師は堅苦しい感じだった。彼の妻は、（やりとりの最初の15分間何も話さなかったのだが）牧師と私の両方から目を離していた。牧師が出席すべき会合のことを思い出し、私たちのやりとりは中断した。そのとき、私は、家族の関係を話す時、気持ちが落ち着かなくなるかどうか聞いたのだが、彼らは微笑みながら、「いいえ」と言って、急いで部屋を出て行った。

　ほとんどの人は、自分自身を見つめ気づいたことを率直に思いめぐらすことが不得手である。自分は傲慢なのか、防衛的なのか、怒りっぽいのか、恐れているのか、あるいは支配的なのか、そうした問いに抵抗して考えないようにするものだ。気持ちの良い楽しい会話をしているときに、誰かが会話を遮って、人とのかかわり方について直接、意見を言ってきたら、すぐに、

> ほとんどの人は、自分自身を見つめ気づいたことを率直に思いめぐらすことが不得手である。

私たちはいやな思いになる。心の深い部分から生れた温かい感情さえも、口に出すことをためらう。他者からのそうした感情に応えることはもっとむずかしい。

　何故なのだろうか。人間の人格は豊かなもので興味はつきないものだということを皆知っている。神のかたちに造られた被造物として、人格は外部の刺激に対する反応以上のものであることを知っている。人間の堕落を知る者として、刺激と反応で起こる結果は醜悪でねじれていると考えるのはもっともである。

　人は、予定調和の自然法に従って機能する、道徳的に中立の機械以上のものである。壊れた機械はマニュアルに精通している技術者によって修理できる。冷えない冷蔵庫の根本的本質を深く考えたと

ころで何の益もない。ただどうしたら動くのか理解し、どこが壊れているのか見つけ、そこを直すだけである。

しかし、人は、そのような機械ではない。固定した状態の非人格的なパーツの集合以上のものである。人々を理解し、彼らが壊れたとき「直す」ために、人々の思考法や感じ方を深く探らなくてはならない。動機、態度、そして幼児期の影響などの複雑なテーマを研究しなくてはならない。

人を理解するために正にしなければならないことがあるのに、一番強い抵抗に会う。とりわけ、クリスチャンの間ではそうなのだ。私はかつて、「あなた方カウンセラー全員がしたいことは、すべての人の精神分析でしょう。時間をかけて神のことばに聞いて、自分の心を自分自身だけに向けないようにするなら、もっと良くなるでしょうに。」というような発言を聞いたことがある。

キリスト教大学のある教授が、最近、カウンセリングを学んでいる学生にある種の感情を込めて、次のように意見を述べた。「教会で、カウンセリングが重要だと強調する必要はない。もし、人々が聖書の言っていることを行えば、彼らの人生はまともになるだろう。」

もちろん、そうなるだろう。しかし、心と精神と魂を注いで、人々がそのように行動するのを助けることは、易しいことではない。その教授は、カウンセリングは弟子になること（従順を自己認識におきかえる意図はない）の単に一部分であることを理解できないでいる。しかし、それ以上に、その教授の見方には、クリスチャンコミュニティーに広がっている、自己吟味への共通の抵抗があらわれている。

何故、自分の心を深く見つめることは、すべてのクリスチャンが成長していくために仙る当然なことではないというのか。何故、深く見つめることは、自己中心だと考えられて避けられるのか、また、非難されるのか。その理由は、単に恐れているからであると私は思う。人は、未知のものを恐れる。統制できないことを恐れる。心地よい生活を台無しにされることを恐れる。自分自身の快くない真実に直面することを恐れる。物事を決定するときに確信を失わせる混

乱を恐れる。

カウンセリングが始まろうとするときがどんなに恐ろしいか、多くの人が認めている。一人のカウンセリーは、「自分自身を見つめるのは本当にこわかった。自分ではどうすることもできない何かを見つけてしまうのではないかと、びくびくしていました。」と、多くの人が経験する感情を述べていた。

たいていの人は、自分の内側に何かが起きていて、それに直面したら、これまで自分たちが心地よく楽しんできた安楽さをだいなしにしてしまうのでないかという漠然とした恐れを抱えて生きている。それ態度は次のようなものといえる。事柄がどんなに良くても悪くても、結局は、状況はさらに悪くなるだろう。だから、一人にしておいてほしい。人生の内側を詮索しないでほしいという態度である。

私たちが注意深く関心を向けないできた、あまりに多くのことがあるのを考えてほしい。それは、本当は心から満足できるようにと願っていたのに、浅薄となった人との関係ともいえる。またときに、人生から彩りをなくし、輝きを失った陰鬱さの中に私たちを置いていく、うずくような虚しさである。

たぶん、次のことは、自分たちの子どもに対してもつ本当の感情であろう。例えば、娘が特別魅力的でないときの失望——たとえば、チアリーダータイプというより平凡なジェーン。親の期待に全く応えようとしない息子への怒り。そして、あえて入っていきたくない心の奥底には、自分たちは子どもの養育に失敗しているのかもしれないという罪悪感と恐れがある。

またときには、自分たちにそれほど好感をもっていない友人からの印象を否定することもある。自分の子どもを傷つけたり、逃避するような、何か恐ろしいことをする衝動がわいてきて、胃がきりきり痛むこともある。しかし、人は、そんなことはないというふりをするのだ。

人格は、もっとも信じがたい感情や考えの貯蔵所なのである。しかし、社会の中では、特にクリスチャンの社会で言われることはこ

うである。「無視するように。あなたの頭から追い出すように。どんなに深い自己認識であっても、消し去ってキリストだけを見つめなさい。」

その忠告に従う結果は、みせかけの仲間としかかかわらない事なかれ主義の平和である。砂の中に頭を埋めて逃避する人はだれでも、巧妙にしかけられた満足しか与えない付き合いの中に身を置こうとする。しかし、その類の平安は、神にある平安とまったく異なる。私たちが自分自身や自分の生きる世界のどのような真実に直面しても、神の平安は、私たちの心と精神が損なわれないように守るのである。

霊的に成熟していると賞賛してしまうようなことの多くは、否定の上にしっかり築かれた、人生への脆弱な適応であるのは確かである。多くの人々は、混乱している現実のどのようなことも、とりわけ、自分自身の心の内側を理解し向き合うことを拒否するからこそ、極めてうまくやっていかれるのである（すぐに拒否されるのは外面的現実より心の現実の方である）。

それが人生を生きるための賢明な方法なのだろうか。安泰な生活を送るための聖書的手段なのであろうか。否認は望ましいことなのか。パウロは、私たちに良きことだけに留まるように勧めるとき、否認という方法をとるように奨励していただろうか（ピリピ4:8）。それとも、否認は邪悪なものなのか。人格を深く考察していく前に、このような問いを考えることは価値あることである。

否認をめぐる問題

用語の定義は注意深くされなければならない。なぜなら、否認にも長所はあるからである。選択された否認というものがあり、回復を促し、その人の見方を変えるために、ストレスからの一時的退避は必要であり望ましい。私は次のようなことにすべて反対しているわけではない。休暇をとったり、病気の親族のケアから少し離れたり、三人の元気な子どもたちの子育てや孤独な友人のお世話から離

れて一時的な休息を得ることに全く反対しているわけではない。私たちは皆ストレスの多い責任から離れて休息することが必要である。

　否認に関連して、自分自身についてそれほど深く考えないので人は成熟していかれるという考えに対して、私は気がかりを覚える。自分自身を捨てなさいとのキリストの召しは、時に、自分の中で何が起きているのか理解するのに時間をとってはならないという意味だと考えられることがある。もし、自分がうつ的だと感じたら、心の中にどのような動機や感情があるのか考えてはならないということだ。考えずに、ただ神のみことばを読むこと、適切に約束を果たすこと、するように命じられたことをするべきだと考える。自分自身について思いめぐらすことは、キリストよりむしろ、不健全にも内省的に自分に焦点を当てることだとみなされ、結局は、それは聖書的とはいえないとされる。この考え方に沿うならば、成熟することは、心の内側にある多くの様々なことを打ち消すということを意味する。

　この種の否認には、少なくとも以下の二つの視点からみて、誤りがある。（1）問題への解決は、問題の周辺にあるものを見ることであり、問題を深く吟味することではないという考え方が、否認によって正当化されと、神の力は、問題を回避するために有効であり、問題を解決するには有効ではないという考えになる。そして（2）聖書は、神は私たちの一番深いところにあるものを探る能力を人に与えて人を造られたと、明白に言明しているということである。

　　「人間の息は主のともしび。腹の底まで探り出す。」（箴言 20：27）

　真理が私たちのうちに深く宿るため、神は私たちが心の奥底を探るように意図されておられる。

　　「確かに、あなたは心のうちの真実を喜ばれます。
　　どうか、私の心の奥に、知恵を教えてください。」⁽¹⁾（詩篇 51：6）

人は心が知られないようにと欺くが、神はすべてをはっきりとご覧になる。神は次のことを通して得た知識ならば、どのような知識も認められた。何によってであるか、それは、（1）神のことば、（2）聖霊、そして（3）神の民（エレミヤ書 17：9—10；ヘブル人への手紙 4：12—13；ヘブル人への手紙 3：13）である。したがって、「私を探ってください」（詩篇 139：23—24）との姿勢で、神の前に無防備で謙遜に自分自身を置くならば、成長を妨げている隠された問題を知ることが**期待**できる。

心の内側を一心に探ることに危険とリスクが伴うことは本当である。心のバランス感覚を失うこともありうる。自分自身の心を探る作業に病的に夢中になって、神に従う、神のかたちを帯びたものとしてではなく、研究されるべき標本として自分を見てしまう可能性がある。人について罪を悟らせる真理は、単に人に興味を沸かせ人を惹きつけるだけになるかもしれない。

心の内側深く見ることによって、その人個人の罪の感覚を弱らせ（本来は罪を自覚するべきところであるが）、自分を欺く傾向にさせる。自己吟味が絶えず行われていくと、潜んでいる罪が分かってくるというより、むしろ、神とともにさらに深く心の内に進んでいく霊的な戦いに見せかけた自己中心性へとつながっていく。

そのような、自己観察の濫用に対する警告として、次のことを思い起こさなければならない。聖化の本質は、他者中心性や神にささげた愛、そして他者への犠牲的ケアを動機づける他者への愛である。信仰的な自己吟味は周囲の世界と将来に向かう見方をもっている。かつてその存在を認めなかった実体が（自己吟味によって　訳者注）明らかにされてくると、心の痛みや自己嫌悪のときを過ごすかもしれないが、主に似るものになるために自分について発見できたことはどのようなことでも用い、間違ってい

> 聖化の本質は、他者中心性や神にささげた愛、そして他者への犠牲的ケアを動機づける他者への愛である。

ることには果敢に対処しようとする明確な取り組みができるにちがいない。

内省は、責任を引受けるよりも回避するための手段になりうる。内省によって、救い主の麗しさよりも自分たちの惨めさが思い起こされて、希望のない皮相的な否定主義にはまっていく可能性がある。それは問題である。自分自身を正直に見つめ、戦略としての否認を放棄するよう人々を励ますことは容易なことでない。危険性を考慮し、また見守る慎重さが必要である。

しかし（この「しかし」は重要である）、否認はそれ自体の危険性をもっている。自分自身から目を離してイエスに目を注げとの主張があるが、その主張は、否認をすれば慰め程度のものが得られるだろうという願望の反映である。

もちろん、キリストにある慰めがある。しかも、それは見せかけの慰めではない。パウロは、自覚された試練、体験された試練、すなわち、内的な葛藤も外的な迫害のただ中にも、キリストの慰めがあることを知っていた。否認を土台にして、パウロの喜びがあったのではない。イエスに目を向けるということは、私たちの心の周辺で、また心の中で起きている現実を否定せよということではない。現実の醜悪なところを最小化する必要もない。

ユダヤ人が荒野で蛇にかまれたとき、助けを求めて真鍮の蛇を見上げたのは彼らが自分自身を最初に見てしまったからである（民数記21：4—9）。絶望的な状態だとわかると、翻ってイエスに頼ろうと熱心に願うのだ。私たちが何者なの分かることは良いことなのである。

一つの考えにまとめることができる。つまり、**自己探求の核心は、自分の人生が神との結合が必要であり、自分は依存している存在であるとことを知ることにある**。自分たちの問題は自分たちでどうにかできると考える限り、神から離れて自立に強く傾倒したままである。堕落した人間の性質とはそのようなものなのである。しかし、ひとえに自分の手に負えない状況に直面したとき、圧倒するような無

力感に捉えられて、誤った自信が揺らぐ。すると、心から信頼することは、心惹かれる選択肢になる。**聖書的カウンセリングは、単純だが根本的なことすなわち、人は神が必要であること、つまり神の赦しが必要であること、神の力と神のいのちが必要であることを知っていくために、心の内に深く隠されたことを明らかにしていくことなのである。**真の霊的成長のために、人がもっとも認めたくないことに直面することは良いことであり、必要なことである。

　神のかたちを帯びる人は、神が必要である。罪に堕落した、神のかたちを帯びる人は、自分たちで十分である。人は、神を中心にして自分の人生を考えることなく、自分の人生を意味あるものにできると考えている。しかし、それはできない。なのに、それでも、できると**考える**。そのようなわけで、神は人を「愚かな」（Ⅰコリント1：20）者と呼ばれる。人は、間違っていること、愚かなこと、思いも寄らないこと、そして理不尽なことがあるのを分かっている。堕落の結果をひっくり返すには、私たちの側で、自分たちが全く頼らなければならない存在であることを受け入れる必要がある。自分自身のことを学ぶ内に、沸きおこるすさまじい欠乏感で物事をみているのかどうか分かってくる。正確に自分自身を見つめようとすればするほど、自分が頼らなくてはならない存在であることがますます分かるのである。

　しかし、まさにそのことを、私たちは懸命に避けているのだ。頼らなくてはならない存在だと分かると、自分たちが脆弱であることを、そして自分でコントロールできるように求めるところで、全く制御不能になることを恐れるようになる。

　個人の心の核心部分を探求していく内に、人はまちがいなく抵抗と混乱の両方を経験する。何故なら、私たちは困難なことがらに直面し、私たちを傷つけ罪を悟らせることがらに出会っていくことになるからである。たぶん、私たちは自分の心の一番深いところを内省しつつも、冷静な態度を保とうとするであろう。自分自身の現実に直面するよりも、仮説を考察するほうが、安全であるからだ。しかし、できる限り深く（ひとつ分かればさらに知りたいと願うものだ）

神を知ることに取り組み、道しるべとして聖書を暗黙の内に信頼していくならば、自分自身に向き合い、今まで以上に、自由にされて主をさらに深く愛し、主への愛を他者と分かち合うようになる。

心の内側を見ていくときの見方について、私は、二つの聖書的概念を土台にしている。（1）人の心の奥底にあるものという概念、そして（2）魂の最も深いところにある熱望という概念である。

人の心の奥底にあるもの

ヨハネの福音書 7：37—38 の箇所で、イエスは、渇いている人すべてに、イエスのもとに来るように招かれた。イエスは、イエスの元に来た人々には、いのち、すなわち、独自の、深い満足を与え、永続的で、イエスだけにあるいのちで、心の核心部分を満たすと約束された。

「だれでも渇いているなら、わたしのもとに来て飲みなさい。わたしを信じる者は、聖書が言っているとおり、その人の心の奥底から、生ける水の川が流れ出るようになります。」

キリストは言われる。そのいのちは、人の存在の核心のところに入ってくる。人格の中心のところに、心の奥底があり、それは、私たちの内にある深い部分で、神はそこからいのちの水の川が流れ出るようにされる。イエスが使われた言葉（ギリシャ語の *koilia*。他の箇所では「腹」と訳されている）は文字通り、開かれた場所、あるいは、空洞を意味する。この言葉は、マタイの福音書 12：40 で、三日三晩、ヨナが魚の腹の中にいたとあるように、胃の意味がある。しかし、同じ言葉は比喩的に、満たされることを熱望する空の場所を意味しうる。私たち一人ひとりは、人格の中

> 私たち一人ひとりは、人格の中に空洞の芯部分と呼べるようなもの、すなわち、空であるが満たされることを熱望する中心部分をもっている。

に空洞の芯部分と呼べるようなもの、すなわち、空であるが満たされることを熱望する中心部分をもっている。空洞が満たされるに従い、深い十全感や言葉で表せないほどの喜びを経験する。そして、人生が意味あるものになること、自分の居場所があり、自分がすることは重要であると力強く確信するのである。しかし、空洞が満たされないとき（あるいは、より正確にいえば、むなしさを感じるとき、そのむなしさを鈍くさせる方法をあみ出す）、耐えがたい痛み、慰めが必要なうづくような孤独感、そして、怒りや冷笑、失敗によって引き起こされ人を無力にする病的な意味喪失感、これらによって魂は引き裂かれていく。

　主は、どのような心理学者もなしえなかったことを私たちのために実現すると約束をしてくださり、心の核心にある深い痛みに直接働きかけてくださる。イエスは、私たちの主体性が認められていて同時に自己中心から私たちを解放する深く完全で途切れることのない喜びを与えてくださる。キリストはいのちを、すなわち、充足された芯の部分を与えてくれてくださる。クリスチャンだと公言する人々が、自分は上手くやっているのだと自分自身にも他者にも納得させるような、見せかけの充実感を振りまいて賛美する姿は、悲劇的であり悲しいことである。クリスチャンのコミュニティーに、いのちの実体が全くと言ってよいほど見られず、信仰者の心の中にもいのちの実体が感じられることがほとんどないのは悲劇である。

　他にも二つの箇所は、空洞の芯部分、そしてそれがどのように機能しているのか、重要な光を当てている。ローマ人への手紙16：18では、隷属している人々に言及している。それは、キリストに仕えているのでなく、彼ら自身の**心の奥底にあるもの**（*koilia*）に仕えている人々のことである。ピリピ人への手紙3：19では、パウロは、読み手に十字架の敵対者について警告しているが、敵対者は彼ら自身の欲求であり、あるいはその**心の奥底にあるもの**である——同じ言葉が再度使われている。

　明らかに、人格のこの部分は、念頭に置くべき重要部分である。心

の奥底にあるものは、神のご聖霊が、活き活きとした豊かないのち
を私たちの内に満たしてくださるところであり、あるいは、私たち
の人生の中心的方向性を容赦なく支配する途方もない力になる。キ
リストの招きを無視するとき、最終的に、人は、希望もなく無駄に
充実感を求めて追い立てられていく。

　人の本来の姿は、身体的であろうが人格的であろうが、空虚なも
のを嫌う。内的な虚しさは、人を突き動かし、自分自身を見出す労
苦の中で、しまいには自分らしさすら犠牲にさせてしまう力になる。

　自分らしさを追い求めることは現実的である。神のかたちを帯び
る人は、神に属する幸いな者として、純粋な自分らしさを楽しむよ
うに意図された。しかし、堕落した、神のかたちを帯びる人は信じ
がたいほど愚かである。すなわち、本当は見いだせるところなのに、
その場所には行かず、それ以外のあらゆる場所に行って、充足を求
めようとする。誰も、神を捜し求めようとしない。私たちは一滴の
水もためられない壊れた水ためから、水を飲もうとする（エレミヤ書
2：13）。結果的に、完全に自分のために生きる人生となり、充足の
期待をもたせるものは何でも狂ったように求めることになる。

　人の行いはどれも、自分で選択した方向へと動いていく。行動は
決して静止していない。常にダイナミックに動く。行動はいつも動
きのある行為なのである。私たちは皆、欲しいものを与えてくれる
ものなら何でも追い求める。人を深く理解するためには、次のこと
を理解する必要である。

　　——すべての行動は、選択された目標に向かって動いていく。
　　——人は、心の奥底にあるものをキリストが満たしてくださる充
　　足を求めず、空洞の芯の部分にある虚しさを癒してくれると考え
　　られるところならどこにでも進んでいくように動機づけられて
　　いる。

　空洞の芯の部分の虚しさを正確に理解しキリスト教の（キリスト教

だけができる）充足への道すじを明解に指し示すならば、空洞の芯の部分に取り組むことにできたにかかわらず、そのことに失敗したカウンセリングのモデルは非聖書的であるといえる。症状は緩和されるかもしれない。よりたのしい感情になるのかもしれない。みせかけの幸福感を楽しめるかもしれない。しかし、空洞の芯の部分が現実的にそのままであるなら、カウンセリーは、その人自身の満足を求めてやまない願望という名の神に隷属したままである。人格にある核心の問題に、私たちは猛然と取り組まなければならない。器質的に生じたものでない、人間のすべての苦悩の背後にある本当の犯罪者、すなわち、**神に頼らずに、なお人生をうまくやっていこうとする頑なな決意**に取り組まなければならないのだ。

　聖書的であるカウンセリングは、神への依存を否定する高慢さを指摘する。みせかけの自立をすべて取り除いて、徹底的してより頼む存在の真実に触れるようにする。それは、本当の成熟がどのようなものなのか理解するために、絶対に必要な痛みの伴う過程である。自分自身の満足を満たすため自分で取り決めるという支配を手放すことは怖れである。誰か他の人が現れてくれるのでなければ、私たちは絶対的な空虚さに直面することになる。そして、堕落した人間は、誠実で善である神の「不確定さ」に頼るより、むしろ、自分は無力であるが、自分の運命を支配し続けることを選ぶのである。

　私たち人間が経験する感情的問題には霊的な原因がある。多くの問題の場合、罪の直接的で意識的、意図的な結果ではないが、感情的問題の基盤となるのは、心の空洞の痛みから自分で自分を守る策略を練り上げ、その戦略に頼り続ける（しばしば無自覚である）人生のあり方にあるのだ。問題の霊的原因を隠す覆いを取り払わないのなら、人間の苦しみの原因である本当の問題を扱うことはできない。

●　　●　　●

　ここまでは、心の内の探求をして、満たされない空洞の芯の部分

に注目した。その空洞は、満足への熱望であるが、キリストに向き直り謙遜な思いでキリストに頼らせるか、あるいは、満足を見出そうと自分自身の力に高慢にも頼るか、いずれかの方向に私たちを向かわせる。次の問いは、はっきりしている。すなわち、正に、人は何を求めるのかということだ。心の空洞の芯の部分の虚しさとは何なのか。その虚しさは、何によって満たされるのか。答えは、第二の概念、魂にある渇きにある。

渇く魂

　聖書の一ページ一ページは撚られた一本一本の糸のようで、聖書は、様々な混ざった色のかたまりから織りあげられていく一枚の美しい織物のようなものである。「祭司」、「犠牲」、そして「ダビデの王座」のような糸は、興味深い有益な研究を織り上げている。通常関心をもたれる以上に、さらに注意して考えるに値する一筋の糸がある。その糸とは「渇き」という概念である。聖書記者たちは何度も繰り返し、人々は渇いていると記述している。魂の渇きが主なテーマであるいくつかの節を考察してみよう。

「鹿が谷川の流れを慕いあえぐように
　神よ　私のたましいはあなたを慕いあえぎます。」

（詩篇 42：1）

「慕いあえぐ」という言葉は、人のたましいが慕う何かへの深い心からの熱望を示唆していて、狭い谷間の水を求める動物の渇きと対比させて強調されている。容易に分かることは、人はいのちを、すなわち、ゆたかに満たされることを、単なる生き残り以上の内的な実体を心から熱望しているということである。

「ああ、渇いている者はみな、
　水を求めて出て来るがよい。金のない者も。

さあ、……買って食べよ。……

良いものを食べよ。

そうすれば、あなたがたは脂肪で元気づく。……

聞け。そうすれば、あなたがたは生きる。」（イザヤ書55：1—3）

　水を求めて来るがよいと心に訴えるためには、まず、人の心の奥底の渇きを知ることが第一である。そうして、痛みが伴うが人に欠けているものを知るからこそ、神を知り、神を喜びたい願いが生まれるということになる。渇きはけっして楽しいものではないことは覚えておかなければならない。人が楽しむのは水を飲むことである（飲むことを期待することも楽しい）。私たちが何を熱望しているのか理解を深めることは正しいのだが、神に対して自分の願いを実現してほしいと主張するばかりで、心の奥にある熱望を知ろうとしない。お腹をすかせた少年が、出来立てのアップルパイの匂いを嗅いだとき、野球への興味をなくし、家に帰っていくのと似ている。

　さらに、気付いてほしいことは、イザヤ書では、真の喜びをもたらすものが潤沢に与えられている満足と喜びを妨げるものは何であれ避けるようにと、人々を奨励していることだ。これは一見すると、自分以上に他者の利益を優先せよとの聖書に多く見られる訓戒に矛盾するように見えるかもしれない。聖書は、そうした願望に対する私たちの感じ方を、暗に非難するようなことは全くせずに、人は皆、満たされることを心から熱望するのだと認めている。はっきりと言えることは、魂の内に深い喜びを願うことは間違いではない。幸福への熱望は、人を利己主義にさせるのではない。自分を否定するというのは、自分が幸福であるのか、そうでないのか関心をもたないよう要求することではない。自分自身の幸福への関心を気高くも超越しなければならないと要求するのでもない。

　自己本位、自己中心、そして放縦は、魂の熱望に原因があるのではない。満足を追い求めて、神に頼らずに行動しようと傲慢にも決意することにその原因がある。エレミヤ書2：13で、預言者は、渇

きを非難しているのではなく、自分たちの水溜めを掘った行為に表れている尊大な自己充足の態度を非難している。

> 「イエスは言われた。『わたしがいのちのパンです。わたしのもとに来る者は決して飢えることがなく、わたしを信じる者はどんなときにも、決して渇くことがありません。』」

（ヨハネの福音書6：35）

　私たちの主は、自己志向としての飢えや渇きを非難するどころか、その飢えや渇きを主のもとに来るための理由として捉えておられる。ヨハネの福音書7：37—38でも同様に、主は、喜びを約束する他のすべての方法を放棄して、心が熱望するすべてのものを満たすために、主のもとに来るように、私たちを招いておられる。ちなみに覚えてほしいことは、喜びへと至るすべての偽りのルートには一つの共通点があるのである。その偽りのルートとは、幾分かでも自分たちで統制しようとする生きるための戦略である。偽りのルートは、心傾けて神を頼らないで生きるために必要な核心的な行動を回避するようにとは要求しない。神のメッセージは一貫している。つまり、完全に信頼することが、満足への道なのだと。
　要約してみよう。堕落した、神のかたちを帯びる人の心の中には、満たされない空洞の芯部分がある。この空洞は、渇きの中心であり、それはちょうど、水への渇望を感じている渇ききった鹿の喉と同じである。空洞の芯部分は、深い個人的な渇き、つまり自分の力では、また自ら、満たすことのできないものを切望する渇きとして経験される。ここで、人は何を渇望しているのか、問わなければならない。

何への渇きなのか
　充足されていない人々が、駆り立てられるように渇きの痛みのいやしを求めるとき、キリストが、その渇きをいやし、私たちを自由にしてキリストのために生きるようにされるなら、誰もが、自分は

何をそして何故ひどく求めていたのか、自然と思いめぐらす。しかし、聖書はこのことに関して、沈黙しているように思える。主が、ご自分のみもとに来るように渇く人々を招かれたとき、主は何を意味されたのか、このことを巡って混乱があるが、それを解決するために、パウロは地域の教会に手紙を書いているわけではない。渇きの定義はまったくなされていない。それでは、私たちは何をすべきか。

　その答えは、私たちがどのように聖書にアプローチするかにかかってくる。もし、聖書が明白に答えている問題だけを問うことをするならば、渇きについての問いを脇に置いて、他の事柄に進んでいかなければならない。もし、通常の問題を考えるのに聖書は不十分だとみなすならば、人は聖書を閉じて、渇きとは何か頭をひねり続けるだろう。そうした場合、私たちが頼るのは次のようなことだ。（1）広範囲の観察から得られたデータ、そして、（2）その観察した事柄から意味を見つける、創造的で直観的な能力を伴う明晰な思考、である。そのようなデータがあるとしても、結果は、私たちが渇きと呼んでいる、良く分からないが現実的なものについて、合理的ではあるが、全く不確かな結論を得ることになる。

　もう一つの選択がある。聖書を、人間をめぐる重要などのような問いも考察するのに十分な枠組みとして捉えるならば、聖書が与える記事から意味を引き出し、常に聖書の領域内に留まりながら、渇きの本質を、時間をかけ懸命に考えることである。

　この理解の仕方に立って（4章と5章において説明をした）、「人は何に渇くのか」という問いに対する聖書的答えを簡略に説明してみよう。最初に、私の考え方を要約し出発点となる前提を示す。次いで、より詳細に論点を考察していきたい。

　神は、まさにその本質において**関係的存在**である（神性において三位一体の神であり、互いに相互関係性を喜ぶことができる）ので、神に似せて造られた人もまた関係的存在である。私たちは、神との関係、他者との関係を築くために造られた。したがって、人の存在のもっ

とも中心部において、人が経験するように神によって意図されたことがらを喜びたいという熱望がある。人は**関係**を熱望する。

当然、神は、関係的存在以上のお方である。神はまた、**目的的**存在のお方であり、選択された最終地に的確に向かっておられるお方である。歴史には方向性がある。神によって決定された結論に向かって歴史は動いていく。罪は、物事の本来のあり方を堕落させてきたが、神は、常に意図された秩序の回復にたずさわっておられる。人は神の意図の一部となるように創られ、今ではキリストにあって、罪のきよめの戦いに参画するように再創造されたのである。人は、一つの方向に目的をもって進んでいく能力、神の目的に参画する能力を与えられて、創造された。人は、宿命論的に人を動かすあらかじめ仕組まれた秩序の、機械的なもの以上である。人の心の最も深いところで、人は永遠のご計画の一部分にな

> 人は、一つの方向に目的をもって進んでいく能力、神の目的に参画する能力を与えられて、創造された。

ることを渇望し、私たちの世界に永続する**影響**を与えたいと願っている。人は、強い影響を与えたいと心から熱望する。

関係と**影響**、それは人間の魂の真の渇きである。クリスチャンは、神に従うことを熱望する。何故なら、従順は、関係が親しくなる条件であるからだ。人は他者に貢献することを熱望する。それを行うとき、自分が健全で良い人間だと感じる。奉仕は他者に影響を与えたい願望を満足させる。

関係と影響は私たちの心の内に深く埋め込まれた熱望であり、それによって、私たちは依存する存在であることが分かる。神、すなわち完全に自立されているお方は、関係と影響において、自己完結されたお方である。しかし、私たち人間は、愛の関係の中で受容される喜びを見出し、意味ある目的を共有する価値を享受するために、自分では生み出すことも統制することもできない、なんらかの手立てを必要とするのだ。

人が頼るべき存在であるという事実は、アダムが堕落したときの

恐るべき最終結果を伴って、アダムは痛感した。アダムが罪を犯す以前は、彼が頼っていた神との完全な交わりの中で生きていた。もし、天使がある夕方、園に立ち寄ってアダムにこう質問したとしよう。「アダム、あなたは関係と影響を熱望しますか。」私が推測するには、アダムは困惑した表情でこう答えただろう。「あなたが言っていることがわかりません。私には神がおられます。これ以上、何が欲しいというのでしょうか。」

しかし、神がアダムの罪の故にアダムから身を引かれたとき、アダムの内にあった、神を喜ぶ能力が、突然、空虚なものになってしまったのだ。アダムの心の芯の部分が空になってしまったのである。アダムは、心の奥底から、彼が失った充足を熱望した。しかし、アダムの精神が暗黒であるが故、彼は、神のおられないいたる場所でそれを探し求めた。

堕落以前、アダムは神に頼るべき存在であったが、全く欠けたところはなく、満たされていた。堕落後、神なしでは自分は不完全であると感じて、自分が依存すべき存在だという事実が、分かったのだ。アダムはむなしかった。もし、罪が神との交わりを断つのでなかったら、関係と影響を熱望することはなかったであろう。アダムの祖先たちは皆、自分たちが依存の存在であること、そして、人が神から離されてしまった故に今は空洞になってしまった核心の部分を冷酷にも思い出させるものと格闘している。堕落した人間は渇いているのだ。

私たちは、真の愛の温かさと、本当の意味が与える心の喜びを渇望している。現実の渇望が感じられれば感じるほど、益々、自分が依存する存在であること、そして神から隔てられていることの恐ろしさ、神と親しくあることの喜びが、分かるのである。

この考え方の道筋を辿りながら、私たちの心の奥底からの熱望がどのようなものなのか、さらに詳しく見てみよう。

関係への熱望

神は三位一体のお方、つまり、一人の神に三つのご人格が存在するという真理から始めよう。確かに理解がむずかしいのであるが、この真理は明確なメッセージをもっている。神ご自身の本質において、関係性を有しておられるということである。神は、三位の位格の間の関係の中に、永遠に存在される人格的存在なのである。つまり、神は、神ご自身の交わりの共同体をもっておられる。

神が、み使いと異なる存在を創造しようと決意されたとき、神そして他者との関係を選び取り、神の愛に応答する独自の能力をもった新しい存在を創造しようと意図された。神は私たちを、ご自身と他者との関係を求めるものとして創造された。人間は、根本的に、関係的被造物なのである。生命を維持しようとミルクを求めて泣く乳児と同様に、人々は人としての健全さを与えてくれる関係を必死になって求めようとする。

ここで閑話休題。熱望について論じているときでさえ、冷静な態度をとり、熱望の実体に対して超然としていることは可能であり、極めてよくあることである。熱望が何であるかを記述するほうが、それを経験するよりもはるかに易しい。しかし、それはうまくいかないだろう。熱望の正に本質は、人がそれを感じ、人が正確にそれを理解することを必要とする。どんな学術的な定義も、誰かを世話したいと願

> 熱望が何であるかを記述するほうが、それを経験するよりもはるかに易しい。

う熱意を捉えることはできない。私は、読者に、文字通り深くて強いこの願望を感じてみてほしい。

あなたにとり大切な人が、あなたを気落ちさせた場合を考えてほしい。あなたが感じた失望感について思いめぐらせてほしい。その人から何と言ってほしかったのか、何をしてもらいたかったのか、自分に問いかけてみてほしい。もし、あなたの父親がぎこちない態度ではなく、温かく「お前を愛しているよ」と言ったとしたら、あなたはどんな気持ちになっただろうか。もし、あなたの母親が批判的

であるより、優しくあなたを肯定してくれていたら、それはあなたにとってどんなことなのだろうか。あなたの熱望を知る一番の方法は、重要な人との関係の中で感じた、最も深い失望について考え巡らし、どのようなことが起きたら、あなたの心に喜びがもたらされたのか考えてみることである。

　関係への、この根本的な熱望を、分かりやすく定義してみよう。すなわち、**まさしく自分のありのままの姿の一切合財をそのままに見て、なおもこの自分を受け入れてほしいと、私たちの誰もが熱烈に欲している**ということである。他の人は決して、私のすべてを知っているわけではないので、その関係が最善であったとしても、その関係に疑いの影がさすことがある。たとえば、もし、そのことを他人が知っていたとしたら、私のことをどう思うだろうか……？　という疑いである。自分の過ちがすべて知られてしまったときでさえ、誰かが温かくかかわり続けてくれるという考えは全く想像もできないのだ。しかし、私たちはそのようなかかわりを心から熱望する。いつも変わらずにいてくれる誰かとの、自己利益の追求で汚れてしまうことのない愛を、本当に私を**必要**としている誰かとのかかわりを熱望しているのだ。

　神のかたちを帯びたものとして、私たちは関係を心から熱望している。堕落した者として神から背を向けて、関係を探している。神が私たちを愚かな者と呼ばれたことは驚くに当たらない！　愚かなことに、喉が渇いているときに、清く冷たい水がこんこんと湧き出ている泉を通り過ぎ、その代わりに、茶色く濁り、バクテリアが浮かんでいる生ぬるい水で、しかも、限られた量しかない壊れた泉に、私たちは向かっていくのである。

　神ではなくて誰でもいいので、他の誰かのところに行き、関係を欲する一番深いところの熱望を満たすそうとする。しかし、必ず失望**するのである。**そうなることは絶対に保証しよう！　この世でどんなにすばらしい親でも、最愛の伴侶でも、私が熱望しているもの、つまり、純粋で薄められていない愛を誰も私に与えることはできな

い。

　他者に頼ろうとするとき、自分がもとめている通りに答えてくれることを要求するのは当然であるが、求めに応じてもらえないとき、人は傷つき怒る。他者から自分の要求以上のものをさらに引き出そうと働きかける。と同時に、これ以上、自分が傷つかないよう自分を守るため、その関係のあり方に策略をめぐらす。その結果、関係に距離ができ、冷淡さが生まれる。それは、関係を操作した結果なのである。関係の喜びを知るように元来造られた人が、別離と孤独の痛みを感じるだけとは、なんと悲壮なことだろうか！

影響を与えることへの熱望

　私が心から尊敬していた、大学の教授の告別式に出席したことを覚えている。いくつかの教授の哲学の講座で、単に受け継いできた信念を捨てどの信念に自分が本当に取り組めるのか決着するように、教授は私にチャレンジしてきた。彼は明晰な思考の持ち主だった。私が福音を説明するのを、じっと耳を傾けてくれた。私の知る限りでは、彼が亡くなった時、彼は信仰者ではなかった。

　告別式のときに、大学のチャプレン（公的な意味では、彼自身クリスチャンである）は、かなりの人数の学生と卒業生の参会者が、亡き教授への感謝と尊敬を込めたチャプレンの雄弁な語りに退屈しているのに気づいた。チャプレンがある例を引き、教授が学生の人生に与えた影響を思い起こさせたとき、私は落ち着きを失った。チャプレンは、教授の人生は、時間という砂地、とりわけ、学生の人生という砂地につけられた足跡のようなものであると語った。教授の告別式に参加する目的は、これからの過ぎゆく日々の波が砂を巻き上げその足跡を永遠に消してしまうまで、その足跡を思いめぐらすことにあるのだと言った。

　私はその言葉を聞きながら、私の心にあるすべてのものが叫んだ。今でも覚えているが、私の葬式を司式してくれる説教者が、チャプレンよりもましな葬式をしてくれるように、つまり、私の人生の意

義が永遠に続くことを説教者が本当に断言してくれるようにと、口元で祈ったのだ。私の魂の奥底では、チャプレンの例話に対して猛烈と反感していた。その魂の奥底にある部分、それが、私が述べてきた心の奥底にある存在なのである。私は、意味あることを、影響を、そして重要さを渇望していた。

　私たち皆、同じようなことを心から熱望する。たぶん、**適任**という言葉が、一番よくそれを表わしているだろう。私たちは、なすべき仕事をする能力が自分にあることを確認したい。この世界にしるしを残したいのだ。本当にいつまでも続く影響力を残したいのである。

　様々なあり方で、人は、影響を与えたい願望を経験している。新しくワックスがけした車や、刈られたばかりの芝生を点検したりすると、当然に満足を感じる。つまり「ついにやった。前よりよく見えるようにエネルギーを使ったからね。いい結果が出たと思う。」しかし、問題がある。この影響力には限りがあるということだ。

　皿洗い機が、きれいな皿がすぐに汚れるのを見たら、皿をきれいにする喜びが弱まってしまう。影響が短くしか続かないならば、それは恐ろしく意気消沈させてしまうことになる。人は、重要で継続する影響を望む。影響と言っても、些細なこと（きれいに刈りこまれた芝生）からより重要なことがら（事業の成功や家族の折り合い）まであるが、その満足の程度は様々であるが、けっして、それで十分とまでいかない。

　この影響を与えたいという渇望を次のように定義してみよう。それは、**意味ある課題をはたすのに適任であるという願望、この世界を自分が支配し、価値ある健全なことをする能力が自分にあることを知りたい願望である。**

　私たちは、渇望する人間である。関係性、影響を心から熱望する。それらは、神だけが完全に満たすことのできる願望である。その概念は、**図7.1** に示される。充足を熱望する空洞の部分という概念にそって、心の奥底にある深い熱望を一つの円で表そう。その円は、関係と影響への最大の志向（あるいは、渇き）を表わす。人格にある空

洞の芯部分は満たされることのない、個人の渇きである。

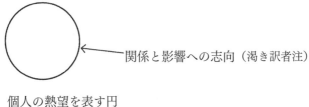

個人の熱望を表す円

図7.1

　人は**依存する**存在であるから、渇望は、充足のために自分以外の力を求めさせる機会として経験される。自分を充たすために、自分の力では充分ではない。私は自分自身に関係と影響を与えることはできない。

　人は**堕落**した存在なので、自分が望むような満足はけっして得られないと恐れるのであるが、私たちの渇望は、その恐れによって強められた死に物狂いの熱望になってしまう。もし、堕落がなかったなら、よもや神との関係が壊されるなど知るよしもなかったであろう。私たちの心が望むことは、虚しさではなく満たされることである。絶えざる痛みではなく喜びである。孤独ではなく完全な関係である。

　しかし、堕落は、実際起きてしまった。結果として、人格の中心が空洞になり、それを満たそうと、人は追い立てられている。私たちは、その熱望から逃れられない。空洞などない振りをしても、気が付かないまま暴力的な力を招く。

　人は皆、程度の差こそあれ、神とまったくかかわりのない、満足の道を追跡するものだ。誰もが、聖霊の励ましから逃れ、神を捜し出そうともしないだろう。エレミヤ書2：13では、預言者は神の民が懸命に渇きをいやそうと壊れた水溜、つまり、自分自身で作ったものの水を貯めることができない水溜に頼っていることは間違っているのだと告発した。人が自分の手ですることは、何であろうと深い満足を与えはしない。しかし、なお、人は自分で自分の人生を支

配すると言ってきかない。そのことによって、私たちの愚かさが明らかになる。

　しかし、人の愚かさは、すぐには明らかにならない。水漏れのある井戸ですら、ほんのしばらくは水を貯めることができる。一時的な満足も、罪の楽しみのためには役に立つ。友人に自分の機知を印象付けたり、会衆を自分の成熟さで感銘させたりすることは爽快である。プレッシャーを取り除いてくれる人と付き合っているほうが、がっかりさせる妻にかかわるより、気分を豊かにしてくれる。私たち、それぞれの「人としての（熱望・渇望　訳者注）の本質を表す円」は、何かがぴったりと収まるならば、比較的満たされる。

　円形の図は、充足概念の理解を助けてくれる（図 7.2）。点線の円は、自分が感じている関係と影響の満足度の自覚的認識の最大限を示す。その充足の喜びを与える土台は、**本物**であるかもしれない（信仰的な動機による生き方）。あるいは、**誤ったもの**であるかもしれない（水がなくなるまで、手製の水溜から水を飲んでいる）。

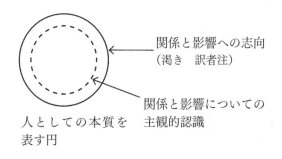

関係と影響への志向
（渇き　訳者注）

関係と影響についての
主観的認識

人としての本質を
表す円

図 7.2

　サタンは偽造のかしらである。サタンは、違法であるが説得力のある満足の際限のない機会を与える。サタンは、すぐにでも癒してほしいという私たちの死に物狂いの願望を利用し、私たちを盲目にして、サタンに従うことの虚しさに長い間、つなげたままにする。

　個人の空洞の部分こそ、最大の痛みとなる──自分がむなしく価値のないものであり、愛されず、役立たずと感じる。そして、その

痛みは癒しを求める。サタンは、すぐにでも気分をよくする方法を提供してきて、私たちの要求に温かく協力しようとする。サタンは、癒しを求める目的を果たそうとして私たちが消耗するように、私たちを招く。サタンが私たちを引っ掛けるとき、私たちは人を奴隷にする罪の力をすぐに感じる。

　人生は、愛を獲得し、世界に影響を与える方法を見つけるための奮闘の場になる。神と他者を愛する目的と神のご計画を押し進めていくミッションは、**自己**充足に余念のない自己中心性に呑まれていく。

　覚えていなければならないことは、クリスチャンの喜びは、いつも、キリストに従っていくところに添えて与えられるものである。それ自体が目的なのではない。自分たちの思い通りに満足を求める人々にとっては得ることのできないものだ。神は、私たちが充足を経験できるように招いておられる。しかし、その充足ということばは、確固として神の側のものである。自分の空洞を満たそうとするものは、いのちを得ようとして自分のいのちを失うのだ。どんな犠牲を払ってでも、キリストを知ろうと追い求め自分のいのちを失うものは、その魂が求めてやまない関係と影響の保証を得るだろう。

　その人の内側の（点線の　訳者注）円の大きさは、関係と影響の事実ではなく、むしろ、自分がどれほど満たされているか、感じられた経験によるのである。私たちが内側の円形を描き、実際に真実は何であるか熟考するとしたら、どのクリスチャンも充足した完全な円で表されるだろう。何故なら、すべてのクリスチャンは、愛されている重要な存在であるからだ。クリスチャンでない人々は空洞の円で表されるだろう。何故なら、神と一切、関係をもたず、神のご計画にある選ばれた役割を喜ぶことがないからだ。

　内側の点線の円の大きさは、単純な理由にもとづいて、主観的に決まる。自分は神に属しているにもかかわらず、必要とされておらず重要だと思われていないと感じるクリスチャンもいるかもしれない。あるいは、誤った考えによって、必要とされ重要に思われていると感じているかもしれない。同様に、クリスチャンではない人々

も、求められてもおらず重要でもない自分を感じるかもしれない（それは、彼らの本当の姿の認識である）。あるいは、神をまったく必要としない誤った理由で、自分は必要とされ大切な存在であると感じるかもしれない。**図7.3**で図示した。

図7.3

クリスチャンの場合

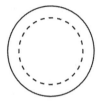

　1. 正しい充足　　　2. 誤った充足　　　3. 誤った空虚さ

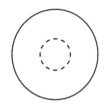

クリスチャンでない人々の場合

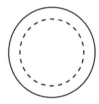
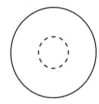
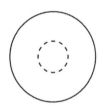

　4. 誤った充足　　　5. 誤った空虚さ　　　6. 正しい空虚さ

ケース1：あるクリスチャンは、キリストの理解において成長し、キリストが示された道に力を尽くして熱心に従っていこうとしているかもしれない。状況が良くても、あるいは、苦しいものであっても、心の内の核心部分で、神の愛と目的を理解するであろう。

ケース2：クリスチャンであるが、満足のために、まちがって頼っている対象（例えば、尊敬、承認、称賛）を追い求めている。もし、それらを手にしたとき、自分は受け入れられ、自分は価値があると満足するだろう。しかし、その人の満足は、キリストとの交わりを必要としない、誤った基盤の上にある。

ケース３：ケース２のクリスチャンが、求めるものに手が届かない場合である。この場合、神によって愛され、価値あるものにされているのに、どちらも感じることができないでいる。

ケース４：クリスチャンでないすべての人々は、満足へと続く誤った道を追い求める。それが成功すれば、自分自身について幸福な気持ちになる。幸福感は少なくとも、ある程度、ある期間は継続する。

ケース５：クリスチャンでない人々の中には、自分に幸福を与えてくれると信じるものに到達しない場合、その誤った理由のために、虚しさを感じる人もいる。

ケース６：クリスチャンでないが、その人の空虚感は、神を知る以外の他の目的を追い求めたことの必然の結果だと理解している人は、正しい虚しさを経験している。何故なら、もし、神がいのちを与えてくださるのでなければ、その虚しさは必然の結果だと分かっているからである。

心に留めてほしいことは、個人の熱望をあらわす円にある内側の点線の円の大きさは、個人の霊的状態については、ほとんど何も言っていないということである。人は、正当に充足しているか、空虚であるかであり、あるいは、誤って満足しているか、虚しいかのいずれである。個人の円は次の二つのことを叙述する。

1．私たちは皆、関係と影響を経験したい志向（そして熱望）がある。それを外側の実線で示す。
2．私たちは皆、どのようなときも、自分が幸福感を感じているのか、そうでないかを知っている。幸福感（あるいは、幸福感の欠落）は正しい土台、あるいは正しくない土台の上に築かれているといえる。そうした個人の実感を内側の点線で示す。

個人の熱望を表わす円を完結させるには、さらにもう一つの概念

が必要である。人々には、キリストだけが満たしてくださる深い熱望がある。また、神が直接的に満たすのではないが、それほど深いものではない現実的な熱望がある。

　二つの同心円が個人の熱望をあらわす円の周りに描かれる。（図7.4）一番外側の円は、その時々の普段の熱望である。二番目の円は重要な熱望を示す。三番目の中心の円は個人の熱望であるが、神だけが完全にかかわれる関係と影響を求める決定的に重要な熱望である。

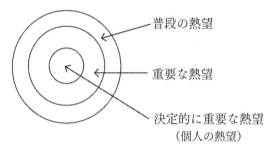

普段の熱望
重要な熱望
決定的に重要な熱望
（個人の熱望）

図7.4

　普段の熱望とは、便利さ、心地よさ、個人的好みをいう。休日に雨が降らないことや、自分の車が故障せず機能すること、地下に水がもれないことのほうを人は好む。これらは、そのために祈ったりどのような注意を払ってでも実現したい正当な願いである。しかし、その普段の熱望が満足されるとき、それで幸福感を感じるならば、魂のより深いところにある願望に触れることはできない。

　重要な熱望には、深い人間的関係を願い、見える影響を世界に与えたいという、正しい希望が含まれる。救われていない親族がキリストを知りたいと願うこと、病気の親族が健康を回復させること、わがままな子どもが改心すること、応えてくれない伴侶が心から相手に自分自身を与えようとすること、宣教的努力が祝福されることなど、そうしたことをこの目で見たいと願う。これらの熱望は重要なものであり、正しくその通りなのである。もし、これらの熱望がかなわないのであれば、重大な結果が待っている。つまり、心の傷と悲しみ、痛みである。しかし、もう一度述べるが、もし、私たちの

喜びが、正に現実的なこれらの熱望の満足にかかっているというのならば、私たちは、神のいのちの計り知れない豊かさが分かってはいない。

決定的に重要な熱望は、心の奥底にある深い渇きである。普段の熱望や重要な熱望を満たすものが、私たちの心の核心である熱望をも充分に満足させると考えるのは、間違っている。キリストだけが心の奥底を喜びで満たしてくれる。これらの決定的に重要な熱望を認識していたとしても、熱望が満たされないため生じる痛みがある程度まで弱まるということはない。しかし、このことによって、他にどのようなことが起ころうとも、私たちはキリストに全面的に頼るようにされていく。

この章で明らかになった概念から、いくつかの結論が導き出される。

1．神は、人々の熱望を土台にして、神との関係の中に入るように人々の心を動かす。従って、人の熱望が何であるのか、そしてそれらを深く経験することは重要である。自分の熱望に触れなければ、満足の根源に到達することはできない。

2．健全な心の人は、満足を与えてくれるお方として神を追い求めるだろう。しかし、人は正しい判断ができない。だれも神を求めない。そして、人の愚かさによって、神を求めることに失敗する。

3．満足を見出すために人の心が向かうどのようなものも、その人の偶像の神になる。心の空洞の芯の部分を満たそうと決意するや、その決意は人を支配する暴君になる。充足を与えてくれると間違って信じているものを中心にして、私たちの人生は回っていく。

4．偽りの神のうちに満足が見出されても、様々な関係の破綻へと辿るのは必然である。人は、犠牲を払うよりも過酷な要求をするようになり、他者中心であるよりも自分のことばかり考えるようになる。（ヤコブの手紙4：1—3）

要　約

　人は、行為する機械でもなければ、考えるコンピューターでもない。また感情をもつ、肉体感覚のある有機体でもない。私たちは**人格**をもつ。人としての充足を心から熱望する存在である。人の魂の喉元は、愛の関係と意味ある影響という水を求めて、ひからび渇いている。

　私たちは、神のみが与えることのできる、この二つの「水」を渇望する。その他のすべてのものは発泡する甘いソーダのようなものだ。つまり、美味しく喉を通っていくが、渇きを癒さない。

　人が、神が与えてくれる水を求め神に立ち帰るのを拒むならば、熱望は人を支配する暴君となり、人を駆り立て、なんとしても、どこへでも、満足を見つけさせようとする。その結果、人は、自己中心をますます固め、自分が願うものを手に入れるために、道徳的基準をも進んで侵していく。人は、愛し与える能力を失っていく。

> 人が、神が与えてくれる水を求め神に立ち帰るのを拒むならば、熱望は人を支配する暴君となり、人を駆り立て、なんとしても、どこへでも、満足を見つけさせようとする。

　キリストにあって、自由がある。キリストは充足を与えてくれる。その充足によって、私たちは自由になり、キリストへの感謝と他者への奉仕の応答をしていく。キリストが与えてくれる真理は、渇きへの奴隷から私たちを自由にし、私たちが神のご栄光のために生きるようにしてくれる。

　もし、以上のことが本当ならば、何故、人は生ける水の溢れる泉の真横を通り過ぎ、せいぜい、一時的な元気回復しか与えない、自分たちの泉を掘るのであろうか。思考能力がなぜ暗くされてしまったのか理解されるまで――その理由を見つけることはできない。こうして、人の第二の能力、すなわち暗く閉ざされた理性の問題に進む。

8章
愚かな考える人：人は理性がある

　カウンセラーが認識しなければならないことは、カウンセラーが援助しようとするクライエントは神のかたちを帯びている人々だということだ。このことは、正しく人を理解するために、最も重要で必要なことだ。

　7章のところで、神のかたちを帯びる人は、神が関係的であると同じく、**関係的**存在であるという考えを展開した。神は、神の位格の内にある、愛の関係性を深く喜び、被造物と親しくあることを熱望される。人は、神の愛によって充足し、神と他者を愛することを通して、神の愛に応えるように造られた。

　また、神は人格をもつお方として、**目的をもった**お方であると述べた。つまり、神は計画をもち、計画の実現を追求される。人は、神のように、目的的存在で、自分のために設定した目標の実現に向けて、戦略を考え出す。

　このような点で、私たちは神に似ている。神は人格を有しておられる（関係的、かつ目的的である）。従って、私たちもまた、人格を有する。しかし、当然、人は、根本的なところで、神と異なる。神は無限であり、完全に自己充足されており、完全に自立的存在である。しかし、私たちは有限であり、生命の維持のために必要なあらゆることを、身体的にも人格的にも神に依存している。私たちの内にまったく力量はなく、愛する関係を結ぶために必要な方法や有意義な計画の実現のための機略を、どこか他に要求する権限もない。

　人はまったく、依存するものである。人は、愛や生きる意味を与えてくれる、自分以外の誰かを頼らなくてはならない。人は自分が持っていないもの（関係と影響）を求めるように意図して造られたの

> 人はまったく、依存するものである。人は、愛や生きる意味を与えてくれる、自分以外の誰かを頼らなくてはならない。

で、人の本質は、正に、あらかじめ意図された、人生の生き方を熱望する。したがって、私たちは愛と目的を熱望するのだ。

カウンセラーがクライエントと話しているときに、知らなければならないことは、クライエントが神のかたちを帯びている人であるということだ。すなわち、その人が神と関係性をもっていなければ、そして、神の目的を実現することに意欲的にかつ深くかかわっていないのなら、そのクライエントは、真に命に溢れ幸福とはなりえないことを知らなければならない。個々の問題（器質的な機能的障碍に直接的に原因があるのではない、生活上のあらゆる問題）の根本的な原因は、神との関係が壊れたところにあり、神を知るよりも優先させているものにある。

もし、このことが本当ならば、カウンセリングは、神との破れた関係を修復することを目的にしなければならない。この関係修復は、悔い改めを促すことによって実現する。悔い改めは、神を心底、喜び、率直に神に仕えるように人を導く。しかし、カウンセリング理論のほとんどは、悔い改めと従順を扱うことなく、変化を起こさせようとする。そして、悔い改めと従順を扱ういくつかの理論も、悔い改めを、個人の行動を聖書的基準に従わせる単なる決意に引き下げてしまっている。心からの悔い改めは、欺きの心から来る、隠された偽りの忠実さに向き合うことでもある。しかし、カウンセリングのほとんどのアプローチは、この悔い改めを扱うことはない。

ゲシュタルト療法、絶叫療法（primal screamers　マイナスの感情や思考を大声で絶叫して吐き出す療法で原初療法と同義である。　訳者注）記憶の癒し（memory healer　ネガティブな記憶への対処法　訳者注）では、本当の変化は、人が内なる痛みを十分に経験できた時に起こると考えている。「自己認識」、「抑制解除」、「記憶の文脈化」も治療法だと考えられている。

精神力動療法では問題を次のように定義する。つまり、問題とは否定された葛藤である。否定された葛藤は、意識的に理解される必要があり、治療は葛藤の中味から逃避するのでなく葛藤に直面しながら進む。変化への道は「洞察」にある。防衛について洞察がなされ、否定された葛藤から生じる抑制しがたい影響から人が自由になってはじめて、葛藤の洞察が始まる。

　実存主義的な治療は、その瞬間にある何かを理解しなくてはならないと考える。「実感」が鍵である。非宗教主義者にとり、相互間でのやりとりにおいて二者間で何が起きているか実感して分かることが鍵であるかもしれない。クリスチャンにとっては、鍵となるのは、キリストの臨在を知るという最高の気づきである。その気づきが「第二の祝福」の経験によるのか、「罪に死に、キリストに生きる」意味の理解によるのかはいずれであったとしてもである。

　かつての何十年にわたるクリスチャンのポジティブ思考から、理性感情療法（rational-emotive therapy）として知られるアルバート・エリスのはっきりした世俗的アプローチに至るまで、今日のかなりの数のカウンセラーは、一般に CBT と呼ばれる認知行動療法（cognitive behavior therapy）を支持している。これらの考えを貫くすじみちは明白である。すなわち、次のような考え方をする。不健全な考えと行動と感情が問題を引き起こすのを考えなさい。それでは、解決は？あなたの心を合理的で現実的な考えで占めなさい。そうすれば、気持ちも落ち着き、より適応行動をとることができる。たとえば、離婚後、自分自身にこう言ってはならない。「私は失敗だ。誰も私を必要としないだろう。」正確に考えなさい。つまり「あの関係はうまくいかなかった。私はそこから何を学べたのか考えよう。そして、さらによくやっていけばよいのだ。」と。

これらの考え方のいずれも、悔い改めを変容過程の中心に置かない。しかし、そのような中で、罪を人のすべての問題の根本であると強調し、悔い改めと従順に焦点を向けてきた考えもある。しかし、そうした考えでも、罪は誤った行動として定義されることがあまりに

多いのだ。悔い改めは、違った行動をしようとの決意に変えられ、従順は、単に正しいことをする決意になっている。そうした変える努力には感心もし、必要であるが、そのように考える人々は、邪悪で虚偽に満ちた心の頑固な問題を見落としている。

　以上のやり方が、ある程度効果があり、ときに印象的な効果があると主張するのは、間違ってはいない。以上のアプローチのすべては変化を促進する。しかし、どのような変化が進んでいるのかということが、きわめて重大な問題である。症状の緩和、より強い幸福感、結婚関係の回復、または認識が広がる経験は、様々なカウンセリングの方法により進められるかもしれない。しかし、そこで起きている変化は、関係と影響という意図で創られた神のかたちを帯びる人にとって、ふさわしい変化なのだろうか。

　聖書的カウンセリングは、独自の変化を目的としなければならないと私は提起したい。抑うつからの回復、幸福感の増大、改善された結婚、そして、より聖書的になった行動、これらは神のかたちを帯びる人にふさわしい変化の内に含まれるかもしれない。しかし、それらは変化とは何か、定義していない。神のかたちを帯びる人は、より深く、礼拝的に、親しく**神を喜び**、そして、共感的で相手の心に触れる、**他者への豊かなかかわり**ができるように変わっていかなければならない。

　神を喜び、他者に深くかかわること、一言でいえば、関係の回復であり、それこそ、変化なのである。

　もし、変わることの複雑さや難しさを理解しようとするならば、その過程の最終結果がどのようなものなのかある程度理解しなければならない。変えられ、そして変化し続けている、神のかたちを帯びる人はどのような人であるのか、簡単ではあるが説明してみよう。そのことを受けて、以上のような変化を導きだす過程の考察と変化に影響を与えた様々な試みの評価ができる。

健全な人々

　健全な人々は、心から深く神を喜ぶ。その喜びはしばし、我を忘れるほど溢れだす。その後には、心静かに変わらずに忠実に生きていく。彼らの人生の錨は、神の内にある。心の奥底のところで、神に触れられていることをすでに知っている。

　神に触れられているので、彼らの心は解放され、彼らはますます他者にかかわっていく。健全な人々は率直な思いで他者の人生にかかわる。それも、偏見のない心で、かつ繊細に、防護も防衛もすることなくである。何故なら、健全な人々は、堕落した人々に関われ<u>ば</u>かかわるほど当然に生じる失望や軋轢がもたらす痛みにまったく動じないからである。この避けがたい痛みは、適当さ（適当に期待されていることだけをしよう）という壁や霊的な避難（そうだな、そのことのために祈らなければ）という壁の後ろに、彼らを後退させはしない。成熟したクリスチャンは、後退しない。他者へのかかわりを深めていく。

　健全な人々は、自分との関係で軋轢が起きている相手にかかわるとき、そのタイミングとかかわり方の方向の重要さをとてもよく理解している。さらに、彼らは、まだ栄光に入れられてはいない聖徒として、彼らのかかわりが完全に時宜を得たものではないことも、思慮深いものではないことも分かっている。しかし、なおも、彼らは前に向かって、しかも、それずに進んでいく。退却せずにかかわることが彼らのライフスタイルなのだ。彼らの生き方には穏やかな力がある。正に彼らの存在に触れて、さらに気高く生きたいと願う人々が少なからずいるのだ。

　健全な人々は、傷を受けながらも喜びを経験する。これもまた彼らの現実である。彼らは、人生を短調の調べで生きていくのだが、指揮者が長調の不朽の頌歌を歌い出すときを心から期待して生きている。物事が今はあるべき姿ではないことを知っているので、健全な

人々は悲しみを抱えている。この世界に失望していても、怒りは彼らにはない。彼らはより良い日を熱望している。そして、苦悩で呻きつつも、その日がやがて来ることを確信している。

　健全な人々は混乱を恐れない。彼らは、何も頼らず自立したい、支配したいという要求を取り下げている。それゆえ、不確かさに耐え、それを歓迎さえする。人は混乱のとき、混乱していない人にリードされたいという誘惑にますます陥るものだ。健全な人々は、信仰を不透明な状況の中でも進んでいく大胆さとして捉え、有限な存在として、人本来の神を頼るあり方を心から受け容れていく。

　彼らは戦う、しかし、時に失敗する。彼らはそれほど健全でない人よりも誘惑を感じ、誘惑に負けることもある。しかし、心の奥底からの悔い改めが分かっていて、以前には満足を求めて崇拝していた偶像を破壊する。そして、彼らに真の関係と影響を与える、いのちの神に立ち返る。

　健全な人々は、感情的な問題によって生じる一般的な症状にかからないわけではない。しかし、症状が、彼らを支配することはない。すくなくとも、長い期間ではない。時に、彼らは、深い孤独と耐え難い痛みを感じている。そのようなときこそ、気持ちが快活なときよりも、より率直に心開いて真実に触れているかのようである。それでも、彼らは進んでいく。しかも、孤独は満足を与える親しさに取り換えられ、痛みは浅はかな楽しみに変えられてしまう現実が依然としてあることも分かっている。健全な人々の、神との相互関係のあり方や他者との関係のあり方は雪片のように様々である。しかし、共通していることは、彼らの、神に触れていただき他者とかかわる能力がますます強められていくことである。

　それが、神のかたちを帯びる人にふさわしい変化なのだと提唱したい。これを記しているときでさえ、自分自身が、そのような人生のあり方に渇望しているのが分かる。私は、痛みの記憶や抑圧された感情の解放よりも、それ以上のものを望む。無意識の力がどのように幼児期に形成されたのか、それを知る以上のことを望む。行動

パターンの変容やむずかしい症状からの回復よりそれ以上のことを望む。私は、共同体が――神や他者との共同体が必要である。水を渇望する鹿の真剣さをもって心から熱望する。

しかし、私が最も欲しているものは、最も得ることができないものである。多くの人々には、自分の感情を表現し、生活の中で楽しみを得る能力がある。しかし、私が聖なる渇望へと向かうのと同じ仕方で、神や他者との深い関係を楽しむ人々はごくわずかなのである。

何が問題なのか。私たち自身と他の人々、つまりは神が豊かに与えておられるものを正に心から熱望するすべての人々が、人が願うすべてのものの根源に向かうために、何がなされなければならないのか。神に向かっていこうとする道に、何が立ちふさがっているのか。

罪についての浅薄な見方

問題は罪である。治療方法は、悔い改め、信頼、そして従順である。しかし、そのように言ったとしても、問題やその治療の理解は単に始まったばかりである。何故、神のかたちを帯びる人が、いのちの水の湧く泉を通り過ぎて荒れ野の渇いた砂地に満足を見つけようとするのか、その理由を見極めるために、罪の愚かさを理解しなければならない。私たちは深く考えなければならない。

たぶん、聖書的カウンセリングとは何かを理解する上で、最大の障害は、薄弱で浅薄な、罪の見方である。リチャード・ラブレイスの「霊的生活のダイナミックス」（"Dynamics of Spiritual Life" Richard Lovelace）から広範囲に引用してみよう。引用部分は長いが、スペースをさく価値があると考える。

「この2世紀の間に、教会の中で、罪理解は、神理解と相関して、衰退

> たぶん、聖書的カウンセリングとは何かを理解する上で、最大の障害は、薄弱で浅薄な、罪の見方である。

してきた。改革派の認識によれば、形を変えた原罪の存在、つまり、個人の罪の行為の背後で働く強迫的な力が、あらゆる領域で堕落した人の本性を害してきたのだ。人は自分の好むように行為する自由意志をもっているが、聖霊の新生の働きなければ、人は神を求め神に仕えることに反逆し、それは矯正不可能なほどである。恵みから離れているならば、最善の行為もなお、不信仰の土台の上に建てられている。人の善行でさえも、神の支配に背くための武器にされる。……

ほとんどの人間は、時に、神に元来の敬意を払って、混乱した、真理の求道者のような様子を見せるが、聖霊が人に働かなければ、人は真の神に対して生まれながらの嫌悪を向け、神のきまりを破りたいという抑制しがたい欲求をもつ。そして、神の存在をまったく認めるや、神を裁く裁きの座に就こうとする傾向を常にもっている。これが現実だ。道徳についても、人々は、聖書に啓示された神に敵意を抱く。神の目的は、あらゆる肝心な場合に、人々の目的に反対するので、人々は被造物のどれよりも、神を憎むのである。このことは、神の御子に対する態度に顕著に現わされた。人々は、この敵意にほとんど気付いていない。通常は、不信仰という形で、この敵意は表に出てこない。……

18、19世紀に、以上の、台頭する理性主義の運動によって、人々は罪についての深い分析を放棄した。理性主義は、曖昧な神理解であるため、神への礼拝や信仰と関係のない仕方で善行を定義し始めた。そして、人間の本質に基本的な善があることを認めようとした。同じ時期、教会の罪の自覚も、その神認識に沿って、腐食していった。次第に、罪は、より理性的に罪を擁護する仕方で定義されていった。すなわち、**罪は、法に対する自覚的な意志にもとづいた違反行為であると**……［強調は筆者による］。

19世紀を通して、行為の表面の背後に無意識の動機があるとした理解が教会から消えていった一方、ジークムント・フロイト（Sigmund Freud）は、この要因を再度見つけ、精巧な全く非宗教的な神話に作り直した。以上の顕著なシフトの結果の一つとして、20世紀になり、

牧師は律法主義の道徳家の地位に降ろされてしまった。その一方で、魂の深い癒しは概して心理療法に引き下げられてしまった。このことは福音派の中でさえも起きた。

しかし、人格における罪の構造は、一般的に言われるような、故意による違反の個々の行為や動機といったものに比べて、極めて複雑である。聖書の定義では、罪は、誤った行為の個々の類型に限定されない。心理学上の用語である**コンプレックス**（complex）をはるかに上回るものである。つまり、神からの離反に深く根差した、強迫的な態度や信念、行為の有機的な結合である。人間が神に関する真理から離れ、神に関する嘘を進んで受け入れ、神の創造についても全くの偽りの世界を受け入れたとき、罪は、人間の暗く閉ざされた精神と心に起源をもった。罪ある、思考、言葉、行いは、汚れた泉から流れる水のように、暗く閉ざされた心から、自ずと否応なしに、流れ出てくる。

人の心は、今や、**知らず知らずの内に秩序を失った、動機と反応**の貯蔵所である。しかも、**新生していない人々は、無秩序な動機と反応に気づくこともない。**何故なら、「人の心は何よりもねじ曲がっている。それは癒しがたい。だれが、それを知り尽くすことができるだろうか。」（エレミヤ書 17:9　RSV）……この無自覚の、闇の貯蔵所で作られたメカニズムすなわち深く傷つけられた事実の抑圧は、ローマ人への手紙 1：18—23 にある、神と人間に関する真理の抑圧と同一視できる。……新生されていない人々は、自分が真理を抑圧していることは自覚していないが、その暗闇は、常に自らの意志が働いている闇なのである。(1)」［強調は筆者による］

ここから、いくつかの考えが示される。

1．罪は、誤った行動以上のものである。
2．罪をすでにあるきまりに対する、自覚した自らの意志による違反行為として定義するなら、その定義は、浅薄で、罪の恐ろしい現実を平凡化する。

3．罪を理解するために、行為の下にある信念と動機を注意深く見なければならない。

4．行為の下にある信念は同時に動機を生じるのであるが、その信念は、ほとんど無自覚なものであり、過失的無自覚である。（霊的に盲目であることは、本人が望み、選択したものである）。

5．霊的に盲目の人々が、罪の底知れない現実を知ろうとするならば、神の聖霊による啓示と新生のみ業がなければならない。

6．もし、私たちが、罪は自覚のない信念と動機に根差していると理解せず、人格の内に働く底知れぬ力を白日の下にさらし対峙する方法を見出さないのならば、心理療法が、聖書的土台があるかないかいずれにしても、心理療法が問題を抱えた人々をより効果的に機能できるように回復させて、教会よりうまく仕事をこなす一方で、教会は、表面的な適応を推し進めて続けていくことになるのである。

たぶん、今日、福音派の主な間違いは、ラブレイスが述べているような、罪についての不十分で浅薄な理解にある。多くの牧師は、罪の「氷山」について説教する。彼らが心配しているすべてのことは、水面から上の見える部分である。キリスト教の教師や指導者たちは、教会が定義する過ちの行為という罪から信徒が立ち返った時、それだけで満足してしまう。それは、見えている部分の下には船を破壊してしまう氷の山があるのを知らないで、氷山の一角を回りながら船を操縦している未経験の船長のようである。

以上のようなアプローチの下では、罪に基づく信念や見当違いの動機に対応できない。結果は、霊的健全さのふりをした表面的な順応であり、神を心から喜び他者に心から喜んでかかわることを妨げる心の虚しさや堕落が残るのである。

使徒パウロは、真の変化のためには、単なる罪ある行動パターンの変化以上のものが必要であると教えている。本当の変化が起こるためには、暗くされた理性の混乱した部分に入っていかなければな

らない。そして、神のご聖霊によって人の本質的な考え方を新たにしていただくことの意味を理解しなければならない。ローマ人への手紙12：1—2で、勧められている通りである。

「ですから、兄弟たち、私は神のあわれみによって、あなたがたに勧めます。あなたがたのからだを、神に喜ばれる、聖なる生きたささげ物として献げなさい。それこそ、あなたがたにふさわしい礼拝です。
この世と調子を合わせてはいけません。むしろ、心を新たにすることで、自分を変えていただきなさい。そうすれば、神のみこころは何か、すなわち、何が良いことで、神に喜ばれ、完全であるのかを見分けるようになります。」

新生した心はというものは、聖書のみことばの記憶や聖書の真理の黙想以上のことを伴う。この二つのことは良いことであり望ましいことであるのは当然であるが。「思慮深い人生」を自分のものとし、神が言っておられるみことばを想起すること以上のことが求められている。これらのことがあまりに必要であるのは当然であるが。

新生した心は、生きる喜びや悲劇を勝利に変える可能性を語る陳腐な、それでいて気分は高揚する決まり文句が詰め込まれた心を意味し**ない**。

真の変化は内なる人の変化である。**欺きに満ち**、自分自身にさえ隠された動機が満ちた心、**暗くされた理性**、自覚していればもつことはなかっただろう考えを心に抱くこと、そうしたものが内なる人の中で、露呈され、神のメッセージと対峙されていかなければならない。

もし、本当に罪が、無自覚の信念や動機を含み、それらが、キリストにあるいのちを否定し、私たちをキリストから背を向けさせ他の根拠のない生き方（死に導く誤った方法も正しいように見える）へと向かわせるならば、私たちは、どのように考え、何を考えているの

か、どうしたら私たちの考え方が新たにされうるのか、注意深く考察しなければならない。

　このことが、神のかたちを帯びる人としての、人格の第二の要素の核心である。すなわち、元来与えられている、考える資質である。

理性の定義

　神のかたちを帯びる人として、私たちは神に似ている。人は神の自立性を共有しないが、神に似て、一連の潜在的で最大の可能性をもち、自分の世界を観察し、その世界の印象を形作り、その印象を世界についてもつイメージや信念に構造化する。次に、自分の知識に従って自分の人生を方向付け、そして自分の理解するところを評価や変化のために用いることができる。一言で言えば、私たちは考えることができるということである。（図8.1）

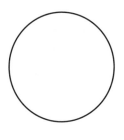

理性をあらわす円　　　　　　　　　　　　**図 8.1**

　人間を創造されたとき、神は、人間に理性の資質を賦与された。堕落以前に、アダムは、信じていることがどのようなことでも、いつも正しく信じていた。罪がこの世界に入る前に、アダムは自分が頼らなければ生きていかれないことを、何らかの方法で全く正確に認識していた。アダムは、いのちは神の内にあり、従うことは被造物と創造者の間の関係の基盤であると理解していた。

　アダムは、愚かではなかった。彼は、いのちに必要なものが彼自

身の内にはないことを知っていた。従って、彼は神を必要としていた。そして、そのことを理解していた。自立と独立独行のために努力する必要はなかった。

いのちの基本的構造の正確な理解に基づいて、アダムは、すべてのことについて客観的に正確に考えることができた。彼の理性は、暗くもなく愚かでもなかった。人の思考の正確さの度合いを、点線の円で示す。（図8.2）

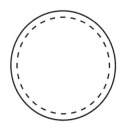

充足された理性の状態をあらわす円　　図8.2

誰一人として全く理解できない理由で、アダムは考えられないことをした。つまり、サタンがアダムに神からの自立を吹き込み、神が与えたものより良い人生を手に入れるようにと誘うサタンの誘いにアダムは自身を委ねてしまったのだ。アダムは、神により頼む道を拒絶した。神から離反することで、優った生活ができると考えた。

そうした神に対する裏切りにより、人は愚かになった。そして、明晰な思考の前提——いのちは神の内にあり、神を離れては存在しない——を放棄し、すべての考えを汚した偽り、すなわち、何にも頼らず生きると自ら表現し自己決定をしていけば、より良い人生が得られるという嘘を信じることになった。

アダムが信じた偽りは、人の人生の強固な基盤であるため、アダムがその偽りを信じたとき、彼自身と彼のすべての子孫を道徳的暗黒に陥れた。人間は、神に対する反逆者になった。そして、神への従順は人生に必要ではなく、人についての事実と神についての事実によって従順は必要であるのに、そうではないと信じるようになっ

た。アダムの子孫として、人は自分たちの努力や力量で自分たちの能力を充足できると自ずと考える。しかし、それは本当でない。神が望まれる、神との関係を通してでなければ、理性の充足はありえない。しかし、人は、自分でさらによく認識できると考える。

　私たちは、独立独行に懸命になる。存在の核心から、神から離れていこうとする。私たちは、神に敵意を抱いている。何故なら、神が要求していること、すなわち、委ねること、信頼すること、そして従うことを行ったなら、自分の人生がなくなってしまうと愚かにも考えるからだ。

　私たちの理性の正に核心部分は、神から離れたらいのちを得られるのだという偽りで堕落している。その結果、道徳的課題をめぐる信念にもあやまちがあるだろう。物質的世界では、２たす２は４であり、正しく認識できる。しかし、道徳的世界を認識するとき、精神的な破産が露呈する。私たちは愚かであり、暗闇の中にある。そして盲目である。私たちは空虚な理性の部分を抱えている。（図8.3）

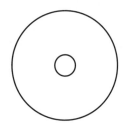

空虚な理性の部分をあらわす円　　　　　　　**図 8.3**

　人の愚かな考え方は、自ら正していかなければならないと考える人もいるかもしれない。幸福を見つける方法を考えても、うまくいかないと分かったとき、別の計画に簡単に変えていく。それは、ちょうど、衣類の注意書きと洗剤が合わなければ、すぐに洗剤を変えるのと同じである。つまりは、私たちは愚かさの中で、柔軟に振る舞うといえる。うまくいくと思える代案に妥協していくのでなければ、どのような案にでもシフトしていく。

もし、妻が夫との性行為を拒否し、夫がそのことばかりを考えているのを軽蔑しているとしたら、夫にとって、妻を温かく協力的な恋人に取り換えることは、きわめて良い考えのように思われる。そうした方向（たぶん、週末の不倫）に考えが行き、そして、その計画が良い考えだと追認する。予測される結果は、性的な楽しみをはるかに超えた、心から納得して満足する気分の良さなのである。離婚し再婚することは、事実、こうした気分の良さを長い時間保つためであったかもしれない。

　核心はこうである。しばらくの間（時に長期間）、罪には喜びがあるので、間違った個人の熱望が与える喜びは深い満足感をもたらすのだが、神を頼らず独力で生きたいと願う人々には、有益なのである。それが、策略である。つまり、それがサタンの切り札なのだ。何も頼らずにいることは、いのちに導くように本当に思えてしまう。サタンの偽りのほうが、神の真理より、うまくいくように見える。聖書的に物ごとに対処するより、過ちの方法で対処するほうが、たちどころに満足を感じる。ヘブル人への手紙11章の聖徒たちは信仰によって生きた。多くは、地上での、信仰の結果を楽しむことなく世を去った。

　何をも頼らない独力の道を歩むことが長ければ長いほど、堕落した考え方という泥の中にますます深く沈んでいく。空虚さにかすかに気付き、かすかな空虚さが私たちの気づきに侵入してきても、私たちはそれが未成熟、ノイローゼ、あるいは、未完成のしるしだとして、すぐに忘れようとする。時に失望の波が押し寄せて来る。その波は、治療、鎮静薬、原因の発見への熱意、薬剤、新しい楽しみ方、バカ騒ぎ、個人的なリトリートや黙想、あるいは自殺という排水管を通ってほとばしって流れてくる。それでも、私たちの愚かさは無傷のままだ。結局、神が望まれるように神のもとに来ることをしないで、私たちはなおもいのちを求めていく。

　なんとしても、この愚かさは、知恵に道を譲らねばならない。クリスチャンは、不信仰者のように歩むのをやめ、新しい生き方にか

わっていかなければならない。偽り（独立独行が人のいのちを意味するという偽り）の汚れは人格の土台から一掃されなければならない。人のいのちの理解が正されて、ますます神の真理（イエス・キリストがいのちである）に従っていかなければならない。私たちの心が一新されることで、変化は起こるのである。

イメージと信念

　パウロが「心を新たにすることで、自分を変えていただきなさい。」という時、パウロの意味するところを理解するために、どのような心の働きが一新される必要があるのか、最初に確定しなければならない。正に、人の心の中で、何が起きているのかということである。

　この質問への回答として、一見したところでは、聖書の情報はあまり助けにはならないように見える。パウロは、人の人格を各部分に分けて、組織的に記述するようなことはしなかった。パウロは、心理学上の道路地図を描いたのではない。代わりに、パウロが強調したのは、**人格**である。神への愛にもとづく従順の関係に入ることができ、熱望し、考え、選択し、感情をもつ人格なのである。

　しかし、パウロは、内なる人（例えば、エペソ人への手紙 3:16）と呼ぶものを形づくる多くの心の要素や過程にはっきりと言及している。「外なる人」、つまり目に見える形で行為している人は、内なる人（心、精神、魂など）の表われである。パウロは内面的変化のない外面的変化は意味がないと明確に述べている。内側にある何かが変えられなければならない。

　同じように、主は、最も痛烈な非難を信仰がみせかけの人々に向けた。彼らの内面は神の真理に動かされることはなかった（マタイによる福音書 23：25—28）。内なる見えない堕落に向き合うことなく、目に見える行為を見栄えよくしようとする人々は、とりわけ裁きに値すると名指しされた。

　そこで明らかなメッセージは、もし、内面の一新に注意深く関心

を向けないなら、外見の改善は全く
の偽善であるということである。私
という存在の核心部分に深く根差
したところが、絶対的に変えられる

内面の一新に注意深く関心
を向けないなら、外見の改
善は全くの偽善である。

必要がある。しかし、一新されなければならないものとは何か。

　人間の心の熱望は変えられないと、私は思う。たとえ、変えられ
たとしても、人間を、神が意図されたもの以下にしてしまうことに
なる。私たちの熱望は正当なものだ。罪を贖われる唯一のお方、人
の魂を愛してやまないお方として、神をより豊かに知るために、熱
望をいきいきと感じ、受け止めなければならない。問題の中心は、私
たちの熱望にあるのではない。(2)

　ローマ人への手紙12：1―2にあるように、パウロは、新生は心
のうちに生じなければならないと述べた。私たちは、自分は何者な
のか、一体いのちとは何か、その理解に合わせて、自分の人生の方
向を決めている。この理解が間違っているとき、人は愚かにも、死
に向かう方向へと進んでいくのである。

　理性的な存在として、私たちは世界と自分自身とをよく観察する
ことができる。見ていることを状況説明できる。これら観察したこ
とは、やがて、現実の**イメージ**へと発展する。イメージは、物事の
実際が何であるか、私たちが考えていることの表現である。(3)

　私たちは現実のイメージを形作り、それを生きていくための内的
な安定した枠組みとするばかりでなく、物事の状態を概念化するよ
うな仕方で観察し、観察したことを象徴化するために言語を用いる。
時間をかけながら、物事を結論に至るまでよく考察をし、考察した
結果が、比較的確定したひとまとまりの信念を生み出す。自分たち
の信念が、自分でイメージする世界を操作していく。私たちの信念
をR―1と呼ぼう。これは理性の一部分である。イメージをR―2と
呼び、理性の第二の要素とする。

　こうして、信念とイメージは理性の二つの機能である。堕落した、
神のかたちを帯びる人として、神の権威を認めることなく、神に喜

ばれるように神のもとに来ることもなく、自分の熱望を満足させる
ものを見つけようと決意する。そうして、独立独行の生き方を押し
進め強めていくやり方で、世界を捉えていく。信念やイメージは、周
囲の世界が押し付けてきたのではない。私たちは、積極的に、ある
理解や考えを選択する（それぞれの独自の環境の範囲内で）。それに基
づいて、何も頼らない独力の道を歩み続けるのである。正に、これ
らのイメージと信念こそ、あらわにされ、悔い改められ、変えられ
なければならないものである。

　**新生した心は、独力独行を保つイメージと信念から、信頼と依存
を必要とするイメージと信念へとシフトする必要がある。**

　堕落した人間が、どのようなイメージや信念を選択して、神なし
で成功しようとする愚かな決意をしていくのか理解しなければなら
ない。そのために、こうした理性がどのように働くのか考察しなけ
ればならない。

イメージ

　子どもは、周りの世界にかかわりながら心の中で世界像を形づ
くっていく。盲目の子どもは、他の感覚を通して、世界をなお「見
て」いる。この心像は、心像のきっかけとなった事態が終わったと
きでさえ、続いていく。現在の刺激に単に反応する以上のことを行
わせてしまうのは、心の中の現実である。その現実を表すのが、こ
の能力である。私たちは、世界に対してではなく、世界について持
つ**自分の心像**に反応していく。

　ときに、その心像は心の網膜に深く刻印されて、強く銘記される。
経験が、心の深いところにしみこんでくるとき、つまり、愛や価値
への渇望に入りこむとき、経験の心像は簡単に忘れられることはな
い。

　このような心を動かす心像が、同じような経験によって、繰り返
し顕在化されるならば、これらの心像のテーマが、**イメージ**となり、
物事の姿の比較的固定した表現となる。例えば、子どもの不器用さ

に父親がいつも怒っているのを、その子どもが見ているならば、子どもは、権威ある人々を常に潜在的にいらいらしている人としてイメージし、そして自分自身を希望がないほど無能なものとしてイメージする。

自分自身と他者のイメージは、当然、より楽しいものになる可能性はある。心優しく強い父親からは慈悲深い信頼に価する権威者のイメージが、そして能力のある自分自身のイメージが生まれるだろう。

イメージが楽しいものであるかもしれない。あるいは、不愉快なものであるかもしれないが、常に、根本的に痛んでいる、自分自身の中心的なイメージがある。何故、そうであるのか、考えてみよう。

親も、きょうだいも、牧師も、渇望感を抱えた、神のかたちを帯びる人に完全な充足を与えることはできない。私たちは、神を求めるように意図され造られた。神以外に誰も私たちをそのように造る人はいない。しかし、すべての人は、渇望を満足させようと、単なるこの世のものを求める。神を捜し求める人はどこにもいない。

> 私たちは、神を求めるように意図され造られた。誰も私たちをそのように造る人はいない。

結局、どの子どもも、周りの世界は自分を失望させるもの、自分自身も期待外れの存在だとみなすにちがいない。私たちはすべて、神だけが与える充足がないまま、痛みの中にいる。

痛みが人の動機付けになる。人は痛みが除かれるのを願う。もし、失望の原因が、結局、思いやりのない世界にあるのだと考えるなら、世界に左右される——私たちは、無力で、脆弱で、物事を良くするにも自分の力に頼ることもできない存在になる。

しかし、過ちの原因が自分たちにあるなら、もし、自分たちの側に過ちがあって失望しているなら、希望がある。ある特別な理由で、自分自身を好ましくないとイメージするならば、ごまかしにしがみつくことになる。自分が欲しいものを世界が自分に与えてくれるよ

うにと世界を巧みに操作できるというごまかしである——そのごま
かす方法とは、価値あるものであるなら何でも、それを壁にしてそ
の後ろに自分の欠陥を隠すか、あるいは、その欠陥を正すことのど
ちらかである。「さて、私にはすべきことがある。私にはある程度コ
ントロールできることがあるのだ、人生は私の手の内にある」とい
う具合である。

　絶対避けなくてならないことは、自分を変えることもできなけれ
ば隠すこともできないという理由で、自分は愛されていないのだと
感じることである。愛されていないと感じることは、自分だけを頼
りにする自分の真の姿に向き合えていないということである。つま
り、恐ろしいほどの自分の無力さの実体に触れないまま、すっかり
自分を認めさせようと巧妙に誰かを操作することになる。事実は、一
体どうしたら人生を本当にうまく機能させられるのか、全く自分に
は分からないのである。自分だけが頼るべき存在だと認めざる得な
い混乱の中を、その人は生きている。

　しかし、正に、このことが、堕落した人間が認めるのを拒否して
いることなのだ。自分の混乱を認めるのを避たいのである。そのた
めに自分に支配する力がないという理由で自分自身を失意の虚しい
存在だと考えるよりも、むしろ、自分はもっとましなことをすべき
だと考える。そのようにして、自分の欠点や自分が取り組んでいる
ことを強調する、自分自身のイメージを選びとる。そのイメージは
痛みが伴うものかもしれない（無能で、愚かで、醜悪なイメージ）。し
かし、そのイメージによって、より強い痛み、つまり、決定的な無
力さの痛みから自分を守るのである。

　痛みの伴う自分自身のイメージさえも、人生を操作するための理
由になる。自分は不器用な人間なので、自分の人生の困難を無能と
いう呪いのせいにできるならば、満足を追い求めていく生き方にな
る。自分の下手さがもっとも知られてしまう領域を避けて決然と舵
をとる一方で、上手にできる場所を探せると考えている。ときに、社
会的不適応によって、書斎にこもる学者になってしまうようなこと

もある。

　理解すべきことはこのことである。すなわち、**私たちは、すでに分かっている無力という一層強い痛みを避けるために、痛みある自分自身のイメージを選ぶ**（環境的に考えられる可能性の中から）のである。イメージは、私たちが混乱という恐怖を与える現実を無視するのを助ける防衛的機能を果たす。イメージは、自分たちで巧妙に策略をもってすれば人生はうまくいくという証書を私たちに与えることで、防衛的機能を果たす。

　こうして、神により頼むこと、つまり、いのちに至る道は避けられ、神に頼まない独立独行、つまり、なじんできた死への道が残されていく。神に頼まない独立独行でいけば人生の希望が与えられるというイメージは変えられなければならない。イメージの背後にある力、つまり、神なしで人生を見出だそうとする決意は悔い改めが必要である。自分自身の努力で人生を追い求めることが放棄されるとき、防衛イメージは支配を失う。

信念

　言葉をより合わせて思考を文章にしていく能力が人にはあるのだが、私たちは、いのちを求めてどのような特別の道を選んだらよいのか自分で考えたことを文章にして表す。人は自分の心が願う満足を楽しむため、この世界はどのように動いていくのか、人はこの世界でどのように機能できるのか、そのことについて人は**信念**というものを作り上げる。

　不器用さでいつも父親を怒らせる少女は、不器用さが認められない世界では、自分を不器用な子どもとして見るようになってしまう。このような自分自身と世界についての理解の内容は、その少女の初期のイメージを構成する。

　今や、その子どもの課題は、不器用さを否定された世界である程度の幸せを得るために**戦略**を練ることである。いのちに至る道として、神に頼らない独立独行に罪深くも懸命になるので、完全に自分

でコントロールできる戦略を練らなければならない。

　イメージのときと同様に、人の個々の環境によって、考えられる戦略の範囲は限定される。たぶん、この不器用な少女には母親がいて、その母親は、娘の社会的な立場を非常によく分かっている。（例えは、説明のためにかなり単純化されている）特に社会的に重要な友人の前では、母親は、自分の子どもたちの親切さや礼儀正しさを自慢するかもしれない。

　その少女が「ありがとう」そして「あなたにお会いできることを、ずっと楽しみにしていました。」というようなことを言って大人たちによく振る舞っているときはいつも、母親が温かく微笑しているのを少女は観察している。そうして、彼女の堕落した理性的能力は、彼女が深く欲していることを得るためにはどうしたらいいかという考えを思いつく。たぶん、社交性は、人から受け入れられ価値あるものとされるための方法として役に立つかもしれない。もし、少女があまりに不器用で、こぼさずに水の入ったコップを運ぶこともできないとしたら、彼女は、選ばれた良い言葉で人々を気持ちよくさせることができるかもしれない。成功体験が少しでもあれば、社交性がいのちに導くという、誤った彼女の信念を形成するのである。

　多くの要因（機会や生来の才能のような）によって、この子どもは第一級のレストランの給仕長、成功したセールスマン、弁舌滑らかな政治家、あるいは、人々をよく世話する人として会衆に認められる愛すべき牧師になるかもしれない。満足の追求を焚きつける動機は、人と良い関係をもつことができる幸いな能力と結びついて、（彼女自身と他の人々から）人々への愛というラベルがたぶん彼女に付けられるだろう。社交性によって周囲の承認を勝ち取る彼女の能力は、霊的賜物とほめられることさえある。しかし、彼女のライフスタイルの下には、罪深い愚かな信念がある。すなわち、社交性がいのちへの道なのだという信念である。自分自身のために生きる不健全な人間から神を愛し神のために生きる健全な人間に変わるには、信念の変化が必要である。信念はそれが何であるかはっきりとされ、あ

きらかにされなければならない——つまり、神なしで人生をうまくやっていこうと懸命になる生き方があらわにされなくてはならない。彼女の確固とした信念は、神への反抗的な不信に等しい。唯一の治療は悔い改めである。

　イメージと信念は、つまり、堕落した人々が神は必要ないという幻想を保つために用いる理性の諸能力である。自分を無力にさせる混乱など一切ないと、人は思いたがる。自分の不幸せを、隠すかあるいは修正できる欠点として説明したがる。私たちは無能なんかではないと、人は自信をもって言うのである。つまり、自分たちにはできることがあり、それは、必ず、いのちに導くのだと言う。サタンはこう言う。もし、自らの手で行うことが重大だと考えるなら、いのちを約束しようと。私たちが罪深さを認め、キリストを救い主と受け容れ、キリストなしの人生の絶望的な混乱に向き合うなら、神はいのちを約束してくださる。一新された理性は、そうした混乱から自分たちを守ってきたイメージを放棄すること、本当のいのちに至る道について考えを変えることを必要とする。

犠牲者か、それとも、行為者か？

　カウンセリングでは、クライエントの防御的なイメージと信念の形成に何が影響したかを理解するために、クライエントの背景を探ることは助けとなる。そのような探求によって、イメージや信念の独自の内容が明らかになる。過去について分かることがあると、多くのクリスチャンは即座に、その人の現在の行動の責任はその人ではなく両親にあると（もっともな理由をつけて）考える。こうして、人は、他者からの理解と過去の束縛からの自由を必要とする犠牲者として扱われる。成熟した信仰をもって自分の人生に向き合うようにとの励ましが必要な責任ある行為者として扱われないのである。

　子どものときに避けられなかった絶望によって、イメージと信念の最初が形成されるので、その絶望の詳細を明らかにすることは、その人の人生を支配してきたイメージと信念をはっきりと認識するた

めの助けになる。過去のことが話されるとき、カウンセラーは、人は親の犠牲者であることを率直に認めるべきである。十歳のときに性被害にあった少女は、罪深い邪悪な父親の犠牲者である。どの人も不完全な親の犠牲者であり、中には他の人々よりかなりひどい犠牲を経験している人も当然いる。

しかし、より重要なことは、人は、同時に、**行為者**（主体的な行為者　訳者注）であるということである。私たちは責任のある神のかたちを帯びた人であるのだが、自分たちの親の中には見出せなかったいのちを求めて神に向かうことを頑なに拒否するのである。人が形成してきたイメージは、単に、親から受けた対応の必然的な痕跡ではない。むしろ、イメージは人が選択したもので、自分自身の持てる力で自分たちの世界をどうにかしていくための基盤になる。取り入れた信念は、教えられた考え以上のものである。信念は、痛みを最小化し、手に入れられるものならばどんな満足をも得る戦略を計画するために注意深く練られた企てなのだ。

変化は、心の新生によってもたらされる。過去であれ、現在であれ環境を変えることによるのではない。過去のトラウマの記憶を癒やし、現在の状況を再整理しても、本当の問題に取り組むことはできない。親が自分たちを犠牲にしてきたあり方に取り組むことではない。苦闘しなければならない相手は、**今、ここで**、自分がもっている防衛的なイメージや信念なのである。そして、これらのイメージや信念は、神から離れていのちを追い求めてきた生き方の重要部分なので、回復には、神から離れたところにいのちは存在するという愚かな考えの悔い改めと神の教えにしたがって人生を生きる方向付けが必要になる。

どこでわたしたちは犠牲者になったのか理解することは、相手を赦す豊かな機会が与えられることなのだ。自分に起きたことに対して、自分はどのような対処の仕方を選択してきたのか理解できるならば、悔い改めなければならないことがはっきりする。

この章の要約をしてみよう。

1．私たちは、神なしではこの世が決して与えることのできない
　ものを熱望する存在であるばかりでなく、自分が何者でどうし
　たら自分の願う充足を得られるか考えることのできる、理性的
　存在でもある。

2．理性的存在として人は、自分自身と世界のイメージをつくり
　出す。そのイメージとは、ものごとは本当は何であるか自分で
　理解し選択した理解の表れである。そして、人は信念を形成す
　る。その信念とは、なかでも、関係と影響を捜し求めるときに
　その人を支配してきた信念である。

3．人は堕落した。智恵も愚かさに堕落した。人は、神なしで人
　生は成り立っていくというフィクションを続けていくために、
　自分の思考能力を使う。

　　a．人が固執してすがりついているイメージというのは、混乱
　　と無力さの現実を避けるために選択されたイメージである。
　　その現実とは、人が避けようと断固として決心したことに直
　　面させる現実である——傷ついた信頼への欲求である。別の
　　言い方をすれば、自分自身とこの世界のイメージによって、
　　混乱は緩和するが、結局、独立独行の幻想が続いていくこと
　　になる。

　　b．信念は、物事の理解の枠組み（つまり、イメージ）の中で生
　　じる。中心的な信念には、自分たちが認識した世界の中で、
　　どうしたら満足を見つけられるのか私たち人間が認識した
　　内容が含まれる。充足への道について抱く信念によって、正
　　当でない希望が追い求められ、強められていく。

4．人々が与えてくれるものに頼る生き方は、深い失望に至る。
　空虚さは痛みである。もし、失望の現実に正直に直面するなら、
　神なしで何とかしようとする懸命さは弱まり、やがて放棄され
　るだろう。しかし、堕落した人間は頑なである。自分の力だけ
　でやっていく幻想は、そう簡単には消えない。その愚かな幻想

を消さないために、心が虚しいという現実をある程度、否認しなければならない。結局、私たちは痛みの強烈さを否定し、人に頼ったところで何の満足も得られない失望を最小化しようとする。人は、懸命に自分の力だけを頼みにする愚かさを露呈する現実を選択的に無視する。

5. 失望と無力さに対する最終的防禦は理性の能力にある。私たちは、(a) 失望を「釈明」するイメージにしがみつく（「私は、本当にみにくいニキビ顔の子どもだ。人が私のことを好きでなくても驚かない」）そして、(b) もし…でさえすれば、事態は違っていたのに（「それが得られたら、本当にうまくやれるのに。そうすれば、人生は満足のいくものになるのに」）という希望を与える信念にしがみつく。

6. 神を頼らず自分の力でやろうと懸命になる罪深さや、偽りの希望（これが偶像崇拝である）を愚かにも追い求める罪深さに取り組まないなら、人格の内にある本当の問題に達することはできない。信仰深い人へと変えられるためには、神への信頼に戻る必要がある。それゆえ、神を頼らない独立独行を支えるイメージと信念が何であるかはっきりとされ、そして放棄されなければならない。

　理性を十分論じるのに、次の二つの論点が残る。このことが、次の章の焦点となる。

● 私たちは、取り扱われる必要のあることすべてを意識しているのか。あるいは、行動を起こすための重要な動機は、心の「無意識」の部分に隠されているのか。無意識は、聖書的概念なのか。
● もし、すべての問題の背後にある根本的な問題が罪であるなら、意味あるすべての変化には、悔い改めが伴っていなければならない。悔い改めは、過ちの言い訳と結びついて、浅薄なものにされてきたので、悔い改めについて深い見方が求められる。もし、

罪が、氷山の見える部分だけでない深いものであると理解される
なら、心の隠された罪を扱う悔い改めの、より深い理解が進んで
いかなければならない。

9章
変化の始まり、つまり悔い改めについて

無意識

　心理学者が、無意識の概念に言及すると、多くの福音派は即座にこのように想定する。その心理学者が受けた非宗教的な学びが、聖書の教えより、その心理学者の考え方に強い影響を与えているのだと。フロイトは、最初に、行動に対する無意識の影響をシステム化し強調したため、無意識の考え方は神学的というより精神分析的であると一般的に考えられている。結果として、教会が人々に為すべきことだと意識的に分かっていることは実践するように勧める一方、問題をかかえた信徒は心理療法家が扱い、自分の心の中が分からないと感じている人々は、フラストレーションの中で一生懸命ことばに従おうとする。

　しかし、キリスト教界の中で、無意識の考え方を復興させるムーブメントが起きている。しかもフロイトの考えは重大なところで変化している。もう一つの福音が教会の中に入りこんでいる。その「良い知らせ」は、神の善に信頼することは、確実に、良い生活を楽しむために必要な祝福をもたらすという内容である。この福音によれば、無意識を、理解され用いられたいという**危険な衝動**の貯蔵所のように見なしてはならず、むしろ、無意識は、人格の内**に隠された可能性**であり、人がほとんど気づかずにいる創造的能力の貯蔵所であると強調するのだ。「無意識を解放する」ということは、神を自由にして喜びの回復のために必要な祝福を人々に与えさせるようにする力をよびおこすことなのである。

　私の見解では、無意識とは、キリスト教神学にこっそり入りこん

だ非宗教的なフロイト派思考の派生でもなければ、欲しいものを得るために神を操作する資源でもない。人の心はずるくひどく邪悪なものだと教える聖書に根差して私は人格の内にある無意識的要素を考察してみたい。

　ヘブル人への手紙３：１３では、互いに日々かかわるように、人は命じられているのだが、それは、堕落した人には当然の過程——罪の惑わしによる頑なさ——を妨げる仕方によってかかわるよう命じているのである。明らかに、罪深さにあまりに惑わされていることが普通ですらあるので、人が頑なにも内的な堕落を理解できないでいる。氷山の比喩をもう一度、ここで考えてほしい。水面の上には、意識的な行為、信念、そして感情がある。水面の下には、イメージと信念があり、自分たちでそれらを選択しているのだが、私たちはそれらが何であるかをあからさまにするのを拒絶している。私たちは、ほとんどそれが何であるか気付かないままに一連の考えにしたがって、自分の生き方を決めている。（図9.1）

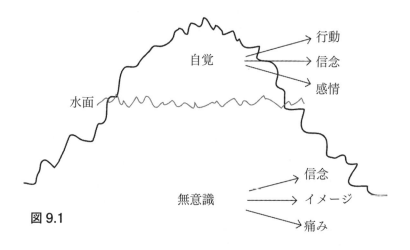

図9.1

　ほとんどの福音主義の神学校では、神学生たちに水面上のことだけに対応する牧会の訓練をしている。すなわち、

- 聖書を釈義し、真理を宣べ伝え、人々に信ずべきことを教える
- 人々に、絶えず神の教えに従って行動するよう勧める
- 人々に、自分の感情にかかわらず、神への従順に堅く立つよう励ます

　この課題のいずれも、正統かつ重要であり、正しい。**しかし、もし、水面下について何の働きもなされないなら、水面上での働きがなされても、各自の基準に外面的に一致していればそれで十分だとする、恐ろしいほどの体裁主義を生み出す。**そのような共同体の特徴は、神と他者に対する深い愛ではなく、むしろ、圧力、裁き、律法主義、そして誇りというものになる。

　水面の上だけを扱う牧師や教会のリーダーたちは、ロボットか造反者のどちらかを生むことになる。ロボットとは、喜んで期待に応え、一滴の水も貯めることのできない壊

> 水面の上だけを扱う牧師や教会のリーダーたちは、ロボットか造反者のどちらかを生むことになる。

れた水溜を無意識のうちに追い求め続ける人のことだ。自分自身の力を使って生きる生き方を支えるイメージと、そして、満足（水面下にある、その人の問題である）を得ようと戦略を詳細に計画する信念、それらは明らかにされないままとなり、認識もされず、その人のイメージと信念は頑なに存在し続ける。

　独奏者は、自分の栄光のために歌い、その才能が認められる。十代の若者が忠実に日々の黙想を守ると、信仰深い子どもだと称賛される。ビジネスの経営者が豊富に教会に献げると、牧師や教会スタッフに尊敬のまなざしをもって扱われる。そして、会衆はパリサイ派の人々で溢れる。水面の上の人は清廉で霊的だが、水面の下にいる人々は、悟られることのない堕落で満ちている。

　私たちは、水面下の問題に取り組まなければならない。それらの問題はどのようなものか分からないままで、なおも、私たちの生き方に重大な影響を与えている。私たちの内側で何が起きているのか

理解しなければならない。そして、神への信頼を妨害しようとする、水面下にあるものに向き合う人々をどう援助したら良いのか考えなければならない。

　無意識の部分の重大さを認めているクリスチャンもいる。しかし、彼らは水面下にあるすべてを包装して一つの箱にしてしまい、治療するようにと聖霊のもとに送るのである。結局、彼らは、混乱と無力さの現実の痛みに向き合いながら神への信頼の道を選んで積極的に防衛的イメージと信念に立ち向かうという責任を回避している。癒しの祈り、霊的訓練、そして祝福の神学には、共通のテーマがある。すなわち、痛みが伴うこれまでの誤った生き方に向き合い、その生き方を悔い改めることは、もはや変化の核心ではないという考え方である。つまり、一新を必要としているのは、もはや**心**ではない。新しくされる必要があるのは、私たちが責任を負わないですむ（人は犠牲者なので）内的な心理的状態である。しかも、聖霊の神秘的な働きが心理的状態を新しくしなければならないという。主体的な悔い改めは、受け身的な明け渡しにとって代わってしまった。

　私たちの人格の内側には、人生の方向を決定するプロセス、すなわち、個人の領域の痛みから自分を守り、楽しみを追い求める戦略がある。このプロセスが認識されるやいなや、そのプロセスそれ自体の正体をはっきりさせようとする危険な傾向が生じる。今や、「私」と「それ」の間に戦いが始まる。内的な行為者（たいていは別のもうひとりの人格である）がいて、どちらが支配を握るかで、戦いを挑んでくる。私が何か間違ったことをしたとき、**私ではない別の力**が働いて、それが非難される。個人の適切な責任感は弱められていく。通常の精神分析的な考え方によれば、これらのプロセスは、人を支配する。人は、その人の内にあってその人ではない力の犠牲者なのだ。

　フロイトは、意識的自我を「私」すなわち das Ich とした。重要なのは、彼は無意識の部分を「それ」つまり、das Es としたが、この考え方によって、人の人格は、自分が責任を負う部分と責任を負わない部分に分けられた。

人はすべて、犠牲者であり同時に主体者だということは本当である。**しかし、私は、人を無意識の犠牲者だとは考えない**。もちろん、私たちは、他者がしたことの犠牲者である。しかし、それぞれの状況の中で形成したイメージや信念は、神を頼らないで自立性を保つ方向で世界を意味づけるために**自分で選択した成果**である。

私たちは、心の中で完全な行為者なのである。何にも頼りたくない独立独行の魂を恐怖に陥れる混乱から自分を守るために、イメージ形成をする。神なしで満足を得られると約束する信念を持ち続ける選択をする。

もし、人の内にある無意識の実体の実在をまったく認めないならば、人の責任について聖書が強調していることは曖昧になってしまう。無意識の実体を否定するならば、責任の概念にこだわる必要はないからである。

無意識は存在する。偽りの心の内で行っていることをすべて簡単に知ることはできない。本当は何を信じているのか**知りたくもない**。実際に自分が向かおうとしている人生の方向も知りたくはない。私たちを破壊するのではないかと脅威を与える関係から来る痛みも**感じたくない**。しかし、私たちの痛みに、そしてその痛みから逃れるために用いようとする戦略に、私たちは直面しなければならない。痛みは私たちを主のもとに導く。間違った戦略は、悔い改めと人生の方向の向き直しに直面しなければならない。

自己防衛の目的で世界を自分の思いとおりにしようと人は尽力する。そのため、絶望的な痛みを経験しないようにし、そして罪深い戦略を悔い改めないようにする。**結局、人は、他の人によってさらけ出されるまで、自分自身をはっきりと見ることはない。このことは本当である**。

神は、自己開示を深めていくために三つの方法を提示された。

- 神のみことば（ヘブル人への手紙 4：12—13）
- 神の御霊（詩篇 139：23—24）
- 神の民（ヘブル人への手紙 3：13）

次のことは、私たちの責務である。自分が無意識に選択している誤った方向が何であるかよく理解するために以上の三つの方法を自発的に用いること、三つの方法と協働してそれらの方法に自分の内側を探ってもらうことである。

無意識の内容

　正確に明らかにされなければならないのは何か。人の内に何が起きているが、人が頑なに、けっして直面しないようにしていることとは何であるのか。人のどのようなところが無意識なのか。二つの主要な要素が無意識にあることを述べよう。次にそれが何であるかはっきりとさせる必要がある。すなわち、⑴ 関係的な痛み、そして、⑵ 自己防衛的な関係パターンである。

関係的な痛み
　神のみがお与えになる深い充足を求めて他者に依存するというのは痛みである。誰一人として、神を魂を充足してくださるお方として、全く求めないので、人はそれぞれ痛みの中にあることになる。人は虚しさに痛み、傷つきやすさの中で震えおののいている。
　しかし、多くの人々はこう言うだろう。自分は、どんなに悪くても、少しばかり孤独を感じたり、たまたま、いつもより淋しく感じているだけだと。たいていの人は、根深い傷よりも、怒り、どん欲、そして、自己中心には気付いている。それは何故なのか。神は完全に満たしてくださるお方だと不完全にしか信頼できない心の中で、満たされない虚しさがうずいているのに、何故、それほど多くの人々はそれを感じないのであろうか。
　神のかたちを帯びる人は、二つある方法のうちのたった一つの方法だけで、自分の熱望に対処する。つまり、私たちは、魂が引き裂かれる危機に人生があるとき、神のもとに立ち返り、頑固なまでの

強烈さで神にしがみついていくのか、あるいは、痛みの深さや意味も否定して、自分の独立独行を犠牲にすることなく、うまくいっていると感じるためにやり続けていくかの、どちらかだ。しかし、誰も最初の選択をする人はいない。そして、最初の選択すら考えようともしない。

　注意すべき点は、人が自己充足し続けるために、人生の耐え難い失望は最小限にしなければならないということである。さらに、人生最大の失望は、一番近い人との関係性の中で起こるのである。人が最も頼り、最も願っているところで希望がかなえられないとき、失望を最も強く感じる。したがって、私たちは心の充足を控えめに求めることを選択する。その結果、関係的な痛みは認識されないまま存在する。私たちは関係的痛みを意識しようとしない。

関係的な戦略

　しかし、痛みはなお存在する。人は痛みの除去に動機づけられる。関係的存在として、その痛みを意識の外に出せる人生にするために、戦略を生み出そうとする。そして、希望を抱いて、少なくても一つの満足を得るための手段を手に入れようとする。個々の戦略は、自分自身と世界のイメージの産物として、及び自力で行なえることの信念の産物として現れる。

　戦略の内容的本質は、欲することを得るために役立つ、その人の人間関係の持ち方である。例えば、これ以上の傷つけられないようにするために他者と**隔たり**をつくったり、また、自分を気分良くさせてくれるなら他者が自分に近づくのを許す**触れ合い**であったりする。そのバランスをとるのはむずかしい。相手から肯定されるには十分な近さであり、重大な傷を負うことがないようにするために十分な隔たりをとるのである。

　上手に葛藤を避けようと努力して、不本意でも穏やかに従っている人もいる。私は、雑談の時間がほしいと頼んできた一人のセミナーの参加者にこのようなことを聞いた。「もし、私が『君とは話したく

ない気分だ。出て行ってくれ』と乱暴に言ったとしたら、どうする
だろうか」と。すると、彼は微笑んで言った。「多分、私は、少し
むっとするでしょう。でも、私は、あなたに感謝して出て行くと思
います。」全く違う反応をする人もいたかもしれない。また別の人た
ちは、不愛想で独断的で、衝突を歓迎したかもしれない。また、あ
る人たちは、静かで、賢明で、強い自分であることを私に示すかも
しれない。

　生まれつきの違いが対人関係のあり方に大きな影響を与えるけれ
ども、どのような関係の取り方にも、その基底には、自己利益への
こだわりと、人との関係から受けるさらなる痛みから自分を守る決意
があるのである。しかし、私たちのほとんどは、戦略の下に自己防衛的
な動機があることに気づかない。何故、気づかないのか。

> 自己欺瞞は、動機の本当の姿を否定することであり、動機が存在しないとする否定なのである。

　箴言 20：5 には、人の心の目的は深い水のようだと言われている。
浅い水では、底が見えてしまう。深い水では、底は見えない。自己
欺瞞は、動機の本当の姿を否定することであり、動機が存在しない
とする否定なのである。

　動機ばかりでなく、関係のもち方の独自のテーマやスタイルは、分
からないままである。私たちは自分自身を、穏やかであるとか、攻
撃的である、あるいは、親切であると思うかもしれない。しかし、ど
のように他者と関係を結ぶのか、また、ある行動の下にある目的が
何であるか、正確に分かることは稀である。神を頼らない独立独行
の人として生きることを、理解しようとしないことが自分に利する
からである。本当の動機のもとで対人関係を結んでいると分かるな
らば、その対人関係のスタイルは、議論の余地もないほど、操作的
で、自己保身的であり、愛のないものである。さらに、悪いことに
は、さらなる痛みから自分を守る意図が自分にあると気づくと、す
でにある痛みが意識の表面に上がってくるのである。

結局、自分が幸福だと見せて他者を操作する罪深い誤った戦略は、外見からは意図的に隠される。誤った戦略は、こうして、無意識の内に置かれることになる。

　人々に神に頼らない生き方をあきらめ神に信頼するよう人々を励まして、霊的な成熟を培おうとするカウンセリングは、神に頼らない生き方へ傾倒する心にかかわらなくてはならない。痛みそのものが実は痛みを癒す愚かな戦略が全く無力だと証明するのであるが、その痛みが何であるかはっきりさせなくてはならない。聖書的カウンセラーがすることは、教示以上であり、説得以上である。聖書的カウンセラーは、明らかに示し、深く探る。聖書的カウンセラーがクライエントの中に捜し求めることは、(1) 熱望の妨げによって生じた人間関係の痛みを人が否定していること、そして、(2) さらなる痛みから自分を守るために、巧妙かつ認識されない誤った戦略を計画していることである。

　以上の二つのことがらを隠すことで神に頼らない生き方が助長される。しかし、健全さに向かおうとするときに神に信頼することの無防備さが必要である。したがって、私たちは以上の二つの要素を表面化させ、取り上げなくてはならない。では、どのようにして。痛みが感じられたならば、そして、戦略が何であるか分かったならば、それらに対して私たちは何をしていくべきなのか。答えをだすには、悔い改めについて注意深く考えなければならない。

悔い改め

　それぞれの苦悩の下にあっても人の心の奥底にある熱望を充足してくださるお方として神を喜ぶことに人は失敗する。また、神を喜ぶことを妨げる妨害の根っこに罪がある。果たしてどのように変化が起こるのか理解するためには、悔い改め、つまり罪からの転換がその理解の中心になければならない。

　私たちの主の償いの死によって、罪に対する聖なる神の裁きは遂

げられた。キリストへの信仰によって、私たちは罪赦され、愛の神との親しい関係の中に入れられ、そして支配主である神の目的を共有するようにされた。こうして、人は、初めに造られた意図のとおりに、関係性を築き、影響を与えていくものとして生きるようにされた。

神との関係に入るためには、悔い改め、つまり、考え方の完全な方向転換が必要である。いのちは自分の力で手に入れることができるという愚かな考えを放棄し、心からの悔い改めをもってキリストが与えて下さるいのちを受け取らなければならない。

悔い改めなしにはキリストとの**関係**に入ることができないように、キリストとの関係がより**深まる**ためには、悔い改め続けていく必要がある。罪は私たちの問題であり続ける。克服され赦された敵であるが、なおも、活発であり続ける。私たちの内側には、自分の力で自己充足しようとする傾向があるのが分かる。その傾向は簡単には揺さぶられない。

回心の前の知られざる内戦が、回心後にも起こる。すなわち、肉の人と聖霊との戦いである。肉の人(いのちの見つけ方を自分自身で考え、その考えに従って生きる人のことである)は絶対的に霊の人(いのちを求めて、全面的に神に頼る人)と対立している。悔い改めとは、(1) 内的な痛みから自分を守ることが神に従うことより優先されている場合に、いのちと肉の人の対立、いのちと霊の人との交わり、それぞれの関係のあり方を峻別すること (2) 自己保全のための操作を、神への無防備な従順に取って替えることである。

悔い改めには、冷静さを失ったことへの言い訳や、もう二度としないという約束よりも、それ以上のつらい務めが必要である。目に見えない隠された罪は、腫瘍のように取り除く必要がある。**間違った戦略**の自己防衛目的を理解するために、**関係的痛み**が表面化されなければならない。解決の仕方をあやまらせることが、間違った戦略の目的である。もし、関係的痛みのさらなる増大を避けることが、戦略の目的ならば、その戦略の防衛的役割をよく理解するために、痛

みが何であるか理解する必要がある。

　ある男性が冷静さを失い、妻に向かって叫んだ。彼は、自分の行為が罪深いことが分かり、心から赦しを乞うとするかもしれない。これは、意味ある悔い改めであるが、十分ではない。もし、その男性が、感情の爆発のきっかけとなった痛みに心を開いて向き合うならば、その怒りの下に自己防衛の動機があることに気づき始めるだろう。「あなたが再び私を傷つけることはない。私はあなたを脅して私から距離を置かせるから。そうすれば、怒りの下にある私の傷を隠して、どんなにか私が傷ついているか、あなたに分からないようにできる。」

　もし、その人が自分の関係的な痛みと防衛的戦略が分かると、彼は、深く心から悔い改めることができる。リスクがあるのを感じながらも、さらなる痛みからの逃避計画を放棄して、妻の幸せを願い、喜んで妻により深くかかわれる。妻に関して夫が実際にとる悔い改めの行動が、彼の傷を妻と分かち合うのか、怒りのきっかけとなることを予測するのか、分別を失わずに怒りをあらわすのか、あるいは、深まる愛情で妻にかかわろうとするのかいずれにしても、心からの悔い改めは、彼の自己防衛のいつものパターンを最も徹底的に妨げているかどうかによる。彼の行動の聖さは、その行動のねらいが、自分を守るのでなく妻への祝福であるのかどうかで判断される。妻を祝福する夫は、聖霊の内に歩み、自己防衛にある夫は、肉の内に歩んでいる。

> 真に変わるために、二つのことが必要である。それは、赦しと深いかかわりである。

　真に変わるために、二つのことが必要である。それは、**赦し**と深い**かかわり**である。自分に大いに屈辱を与えた他者を赦さなければならない。何を赦すべきか分かっているところに赦しの真価はある。自分について相手が不親切なコメントをしたと聞いたとき、相手を赦すことはさほどむずかしいことではないだろう。自分の妻が性的暴行を受けた場合、相手を赦すことはまた別のことであろう。意味

のある赦しのためには、その罪を十分理解している必要がある。

　その結果、関係性の失敗からくる痛みを深く知って初めて、自分を失望させてきた人たちを心から赦すことができる。相手を赦そうとするなら、関係的な痛みに直面しなければならない。

　直面した後で、自分を傷つけてきた人々、傷つけるかもしれない人々とのかかわりができる。他者との関係のもち方が、防衛的逃避や孤立であってはならない。悪意をもって利用する人々に善をなせとの神の命令に従い、自己防衛をせず、ただ仕える願いをもって、相手にかかわっていかなければならない[(2)]。

　赦しと深いかかわりは、変化の本質的な二つの要素であるが、心からの悔い改めの紛れもない結果である。自己防衛の中の頑固な自尊心に気づき、自分の自己防衛を放棄するとき、自分の自己防衛を妨害してきた人々を赦すことができる。そして、将来自分を傷つけるかもしれない人々にかかわることができる。私が「深い悔い改め」と呼んでいるもの、それは、赦しと深いかかわりの土台であるが、深い悔い改めには、自分の痛みと必死に自己防衛してきた自分を正直に見つめること、そして、神への従順と信頼に自分を委ねる断固とした決意の両方が必要である。

> 多くの人は、けっして、心から悔い改めない。何故なら、自分の痛みと自己防衛に進んで直面しようとはしないからだ。

　多くの人は、けっして、心から悔い改めない。何故なら、自分の痛みと自己防衛に進んで直面しようとはしないからだ。次のように考える人々もいる。悔い改めていない人の心の核心部分を探るならば、楽しい驚きが待ち受けている。隠された傷や堕落を明るみに出すより、むしろ、常に良いことをしたいと願う、新しい人間を期待できるという。しかし、純粋な心を内側から外に表わすために内なる人を解放するという考えは、誤った理解による。

　その見解によれば、悔い改めとは、何かを信じ、良い自我を表に出すことであり、自己防衛を放棄して従順の道を選ぶことではない。

　悔い改めていない人の中心にいるのは、神を頼ることをせずに幸

福になる夢をたずさえ、堕落し熱望を抱えている人である。そのような人は、どのようなときも、神に頼らない愚かな考え方をして生き延びようと決心する。しかし、悔い改めと信仰がその人の内に起こるならば、そのような人は、謙遜にも、神に頼る根本的な生き方を認め、犠牲をはらってでも、神のことばを実行しようと決意しようとする。神を喜び、人々を愛することができるのは、深い心からの悔い改め——他者とかかわりに伴うリスクを受け入れ、巧妙な関係のもち方を放棄すること——によってである。傷ついた人々が相手を赦すことも、従順が求めるどのような方向にも従うことも、悔い改めの土台があればこそである。その結果、キリストの私たちへの愛をより深く理解し、そして、他者にかかわらせる神のご計画の中におかれている自分のかけがえのなさを理解できるのである。

　不器用で、偏屈で、愚かで、望まれないといった自分の防衛的イメージは、次第に、より的確な、愛されている子どものイメージに変化していく。操作的な自己防衛によっていのちを見出そうとするあやまった信念が、従順こそが喜びへの道だと教える智恵にとって代えられる。こうして、理性は充足されていく。

　悔い改めがあってはじめて、理性が充足され、やがて、個人の熱望をも充足されるプロセスがはじまっていく。隠された痛みとあやまった戦略が明るみに出されること、これが、最初のステップである。悔い改めた神のかたちを帯びる人が、神のかたちを帯びる人だけができることを実行する、すなわち、選択された目標へと決意して向かっていくのである。充足のプロセスの中で何が起きているか理解するために、神のかたちを帯びる人の第三の要素、つまり、選択する資質に、テーマを移そう。

10章
自由に選択する：人は決意する存在である

　だれ一人として混乱を喜ぶものはいない。何故なら、混乱は有能感をむしばむからである。自分が今何をしているのか分かり、何を期待できるのか分かるなら、気分は上々である。堕落した人格の核心部分のまわりを固く覆っているのは、自分が支配したいという強迫的な欲求である。その欲求を満たすためには、あらかじめ想定され理解可能な世界に生きていなければならない。もし、物事はどのようにうまくいくのか、何が原因で何が起きるのか知ることができるならば、何かしらの夢は実現できると考えても、それは、現実的である。

　混乱は、人の支配欲求への重大な挑戦である。複雑さを扱いやすいカテゴリーに組み立てられないなら、自信を保つことができなくなる。

　もし、自分の車が、高速道路上の車が一台も通らない場所で故障したら、落ち着きをなくし、恐怖を感じる。もちろん、落ち着きのなさは、ある部分、身体的不快さや危険の可能性という実際面にも関連する。

　しかし、それ以上のことが起きる。自分にとって重大なことが自分の手に負えないのだ。自分の運命が、ちょっとでも、自分の手の及ばないところにあるとき、深いところで何かが動揺する。

　車のボンネットの下にある、ワイヤーやベルト、ボルトの多さは、簡単に把握できない混乱そのものだ。そこにあるすべてに、一つの型があるのは知っている。しかし、それが見えない。ある人には意味が分かっていても、私にはそうではない。エンジンを調べるときに、誰か、私のそばにいなかったら、自分が子どものようで、愚か

で、無能に感じるだろう。つまり、完全に手におえない状況がそこにある。人は無能に感じることを嫌う。

混乱は、自分で支配したい人には敵である。自分の思うように人生を支配してきた罪人が、支配感覚を持ち続けたいなら、混乱を克服するか、あるいは、真正面から混乱に取り組むことをせず混乱を避けなければならない。教会成長、経済的安心、あるいは、自分の家族を有能で幸せにすること、そのためには正に何をすべきか詳細な説明を保証している書籍やセミナーも、保証が相当アピールされているが、まったく高次なものではない。

否定しようもない混乱に直面したとき、混乱に対処するのに、たった二つの選択があるだけだ。(1) 混乱していない誰かに助けを求めて頼る　あるいは、(2) 混乱を理解にとり替える

最初の選択は、依存の否認とは対立する。とりわけ、誰かに頼るときに、その人が誰かの助けは絶対必要だと言うならば、最初の選択になる。その結果、私たちは自分が弱いものだと感じる。(私たちは、相談している相手の専門家を支配しようとして駆け引きさえするかもしれない。何故なら、本当に信頼することを、私たちは恐れているから)

最初の課題(自分を無力に感じること。訳者注)をうまく乗り切る人がいるものである。だれにでも、どんな問題も自信をもって詳細に話す友人がいる。他の人が、反証する事実をあげようが、明らかな専門技術を示めそうが、その人の自信を打ち砕くことも、傷をつけることさえできない。

しかしながら、ほとんどの人は、まことに現実的であるので、すべて必要なことを自分は知っているなどとは言えない。日常生活を送りながら、私たちを混乱させる状況によく出会うのだ。

- 子どもにそのサイトを見るのを許していいのだろうか。子どもたちにはもっと本を読ませるべきではないのか。もしかしたら、娘は男友達といっしょにベッドで寝ているかもしれない——それを娘に聞くというのか。私は子どもたちに十分なことをしてい

るのか。たくさん買い与えてはいないか、それとも、少なさすぎるだろうか。

- 転職はよい考えだろうか、あるいは、逃げ口上だろうか。神は仕事を変えるように私を導いておられるのか。どのタイプの保険を買うべきか。今年は休暇をとる余裕があるだろうか。妻は同じように考えていないが、妻の助言を聞くべきか。あるいは、自分が決めたことをすべきか。

- 私は、副牧師にとても強い性的な魅力を感じるのだけれど、どうしたら良いか、彼に言うべきか、夫に告白すべきか。子どもたちは、私の問題のために性的な問題と格闘することになるだろう。これは神の懲罰なのか。何故、私は夫との性的な関係にこれほどまでに関心がないのか、夫はとても良い人なのに。私にはカウンセリングがたぶん必要だ、しかし、誰に相談すべきなのか。

- 憂鬱なときでも、自分を無理強いして事柄がうまくいくように自分でしているのだろうか。何故、今までのように楽しめないのか。何故、私はこんなにも泣いてしまうのか——なんの理由もないのに。何故、お世辞を聞いていらいらするのか。抗うつ薬を使用すべきか。神への信頼が十分とは言えないのではないか。では、どのようにして神を信頼したらいいのか。

毎日、決断が求められる。しかし、そこで、私たちの不確かさがあらわになる。ある事柄について、聖書の原則が、はっきりとした指示を与えてくれる（例えば、副牧師と道ならぬ関係になってはいけない）。しかし、多くの場合、聖書の原則はあまりに総括的で一般的なので、必要としている特定のガイダンスがないように思える。真実はこうである。私たちは決定をしながら人生を送っている。ひどく重要な決定をするときもあり、解決の見つからない混乱に直面することもある。そして、そのことで、人は苦しい思いにさせられる。曖昧さに耐えられる人はほとんどいない。

混乱を人生の必要な部分として受け入れ混乱の中に決意して進ん

でいっても、その決意をもってしても神を信頼するという展望がひらけない。結局、追い込められて、その混乱を無視できるところにまで混乱を**最小にして**いかなければならない。どのような犠牲を払っても、支配感を再び得よう**とする**。人は、結果を知らずして決定をしたくはないのだ。

　怒りや恐れが動機になって、人は自分たちの世界に一つの秩序を与えようとする。すなわち、最終的に他者を支配できるという心地よい幻想を回復させる秩序である。ことがらを正確に理解しているかの自分で判断する基準は、実体に対応していないかもしれない。自分の考えと実体とが一致しているかどうかは問題ではない。人は正しい判断をしたいと思う。しかし、人の関心は、自分が力をもっているかどうかにある。慣れ親しんできた独立独行の生き方に死に物

> 人は正しい判断をしたいと思う。しかし、人の関心は、自分が力をもっているかどうかにある。

狂いで駆り立てられてきた私たちは、人生を巧みに操作する説明書にすがりつく。正確さが問題なのではない。自分が影響力をしっかりもっているかが問題なのである。

　結果として、選択する資質は――このことが、この章での焦点であるが――歪められて、私たちは本当のところ何も分かっていない。結局、選択する資質は、助けが必要であることを認めまいと抵抗するための武器になってしまった。不確かであるよりも独断的であるほうが良いのである。押しの強い経営者の彼は、毎朝、6 時 30 分までにはオフィスに出勤し、熟練したスキルをもち意気揚々とした自信をもって理事会の議長を務める。そんな彼も、好きな女の子に携帯でデートの申し込みをメールしている不安な十代の男の子より、神への信頼と自由意志をもつ存在がどのようなものなのか、はるかに分かっていないだろう。「わたしを離れては、あなたがたは何もすることができないのです。」（ヨハネの福音書 15:5）の主のみ言葉は、その経営者より、十代の男の子のほうに、真実に鳴り響くだろう。

　人は支配したがる。今、自分が何をしているのか自分で分かって

いるのだと感じると、気持ちは落ち着く。自分たちの能力を認識し、自信をもってその能力を用いようとすることは正しい。しかし、支配への渇望は、人生をよく知恵を用いて生きようとする理にかなった願いを堕落させてしまう。人格というものを理解し操作しようとするときは、とりわけ、理にかなった生きる願いを堕落させてしまうのである。

　人は極めて複雑である。確信をもって包括的に説明することはできない。親は反抗的な娘を完全に理解できないので、明らかに間違いのない対処方法を求める。しかし、親は、実行したことが最終的に正しいのかどうか不安になりながら、答えを出さなくてはならない。

　重篤なうつ症状の患者に希望のひらめきを与えようと努力するカウンセラーは、自分がしていることが、それが良いか悪いかのいずれであっても、重大な結果をもたらす可能性があることを知っている。しかし、カウンセラーが自信をもって従う「専門的」方法が、一般的に認められているわけではない。カウンセラーがしていることは間違っているかもしれない。リスクを否定することだけが、リスクを減らせる。

　あいまいな状況の中に自信をもって進んでいかなければならないプレッシャーがかかるとき、決意する資質が混乱への攻撃的な武器に変質してしまう。そればかりか、状況を考え抜いていくうちに、早くも切り上げる傾向になっていく。「これでいいだろう。了解だ。これから何が起きるかよく分かっているし、すべきこともよく分かっている」と。混乱を確かさに置き換えれば、気持ちは楽になる。

　ひとたび、何か答えを見つければ、考え続けるのをやめてしまう。何故なら、「はっきり」理解した後で、さらに深く考えていけば、やがて、混乱の迷路が見えてくることを確かに気付いているからだ。より深く考えていくと混乱に向かってすすんでいく脅威を感じる。そのようなとき、防衛的になって教条的な考えに落ち着くと、気持ちは安心する。

考えることをやめれば、代償が伴う。現実を平凡化し、困難な問題を選択的に無視して確かな情報にもとづく説明に耳を傾けることになる。私たちは正確なカテゴリー、よく整った形式、そして、注意深く概説された理論に心惹かれる。それらを用いれば、私たちはものごとを治めていると感じて、心地よさを味わうことができるから。

　カウンセリングのほとんどの理論では、それが非宗教的であれキリスト教の立場であれ、同様に明らかなことは、対人的支配の幻想を持ち続けるために、その幻想をありふれたものにする傾向があることだ。精神力動論には、**心の奥からの熱望**の実体を、駆り立てる力、衝動、動因（urges, impulses, and drives）を変える傾向がある。洞察、カタルシス、自我強化（ego strengthening）を衝動に対処する方法にした。もし、心から渇望していたとしても、治療によって、彼らを変容させようというのだ。クリスチャンも、すべてをキリストに委ねれば、たちまち、完全な満足が経験できると決め込んで、心の奥底にある熱望を平凡化する。

　認知療法は、認知的対決と認知再構成（cognitive confrontation and restructuring）の方法で露呈された非合理的な考えをリスト化して、理性的能力から複雑さを取り除こうとする。道理を力強く繰り返し自分に言い聞かせることは、大きな変化を起こすのに効果的な方法だとみなされている。牧師たちの多くは、聖句暗唱、聖書研究、黙想という方法を通して聖書に没頭すれば、為すべきことはすべてをしていると教えて、認知療法の方法を「キリスト教化」している。

● 　● 　●

　人格の三番目の要素は、決意性であるが、これも同様に平凡なものにされている。この章では、人の決意の資質に焦点をあてる。私は、単純に割り切るつもりはない。また、決意を一括にして扱うつもりもない。神の御手の業は、常に、創造者のみ心の奥義をあらわ

している。私たちが、決意を決断力と同じようなものだと分かり切ったように述べるならば、選択能力をもった神のかたちを帯びる人としての自分自身を正当に扱っていないことになる。

　食べることをしない拒食症の少女、または、大食した後で下剤を服用する過食症の女性は、せいぜい、人にフラストレーションか、嫌悪を感じさせる対象にすぎなくなる。つまり、「何故、彼女はきちんと食べられないのか」と、問いかけ、問題の根っこは無責任にあると、私たちは自信をもって推測する。同じ理由で、ネットのポルノにはまった人々は、コンピューターを断たなければならない。同性愛者は反対の性別の人と付き合わなければならない。恐怖症の人は恐れているものに向き合わなければならないと、私たちはなんとなく感じている。

　以上のような人々の姿に直面すると、そうした人への共感も問題への関心も、怒れる道徳主義に飲み込まれてしまう。きちんとしろ、正しいことを行え、責任をもって生きろ！　人々の反応はせいぜいこのようなものになってしまう。

　私の懸念は、このような道徳主義が人間の責任論を強調する点にあるのでは**ない**。精神医学も心理学も、人間の葛藤を個人の説明責任を弱める視点で説明してきた点で、批判されてきたことは妥当である。人間の責任を弱めるのは誤った見方である。神のかたちを帯びる人は、選択する能力をもって創造されているので、自分たちの生き方に全面的に責任をもつのである。

　問題は、道徳上の是か否か、個人の責任の有りや無しやをめぐるむずかしい基準にあるのではない。問題は、選択の自由をもつ神のかたちを帯びる人とはどのような人なのか理解するのに、それが不十分で浅薄であるところにある。「人は自分のしていることを選んでいる。だから、彼らに責任をとらせよ。」と主張される。しかし、**それ以上**に考えるべきことがある。それ以上のことであって、それ以下ではない。

　決意性の問題を論じる際に、人の選択資質について深く探り、何

故、人は自分がしていることを実際に選択したこととして実感しないのか考えたい。さらに、どのようにしたら自由についての認識が回復され、その認識によって自由のイメージの概念がはっきりしたものになるか示唆したい。選択の実体、選択している感覚の喪失、選択の回復の概念にそって、以上のことを述べてみよう。

選択の実体

聖書は、常に、人を応答する責任をもつ存在としてみなしている。モーセと同時代の人が、もし、安息日に薪を集めていたら、彼は石打にされる——してはならないと言われていたのだから（民数記 15：29—36）。アナニアとサッピラが教会に嘘をついたとき、神は彼らの命をとられた——彼らは強いられたのでなく過ちを犯したのだ（使徒の働き 5：1—10）。裕福な青年の前に選択枝があった。すなわち、あなたが持っているものを売って、イエスに従うか、あるいは、自分のものにしがみついているか。彼は自ら選択した（マタイの福音書 19：16—22）。

以上の例のいずれにも、人格の中に、選択の実体以上に基本的で複雑な要因があることには言及していない。彼らの決定には、多くの要因が影響していたにちがいない。しかし、根本は、彼らが選択したということだ。彼らは、自分のしたことに責任があった。何故なら、行為の最終的な原因は個人の選択にあったからである。自分がしたことの責任の原因を、未確認ではあるがその選択以外のことに求める人格理論は、少なくても、その部分について、非聖書的である。

人の選択する能力には、ある事をしようと選ぶという行為以上のことがらがある。自分で選択した行為の下には、その行為をその人自身が選択した理由がある。人がその行為の**内容と理由**をどのように選択するのか理解するために、動機という複雑なものを、簡単ではあるが探らなくてはならない。

責任について聖書的観点に立てば、人々は自分にとって価値ある最終的目標に向かう方向を選び取って進んでいくと、考えなければならない。もし、人の行動を、過去にまたは現在に何か力が働いていて人を駆り立て行為させているのだと説明するならば、決定論が支持され、人の責任は否定される。人の行動はビリヤードの玉の動きと同じもので、行動はもっぱら抵抗しがたい力の影響によると説明される。

　原因と結果モデルである決定論を避けるため、人々は目的を目指して自分の世界に働きかけるのだと考えなくてはならない。動機は行為を導く力という点から扱うべきでなく、個人的目的論という点から理解されるべきだ。ギリシャ語の「teleos（テレオス）」には「最終目的」または「完結」という意味がある。動機に関する私の考えの基本は、分かりやすく言えば、次のとおりである。すなわち、**すべての行為には目的がある**。別の言い方をすれば、人が行うことにはすべて目的があって、行動すれば、その目的は達成できると人は考えている、ということである。

　自らの意志で決意する資質は結局、二つの面をもつ。**行為**を選択する面（V─1）と**目的**を選択する面（V─2）である。自分が求めるもの（V─2）を決めることができるのであり、そこから、どのようにしたら一番よく達成できる方法を決める（V─1）。

　動機を目的とみなす考えには、重要な意味がある。何故、あの人はあのように行為しているのか分かろうとするとき、「その人は何を成し遂げたいのか。」「その一連の行為で何を実現したいのか。」と問う。動機とは、将来への期待を含んでの、「今、ここで」の現象である。過去のトラウマは、目標設定やその目標の実現の方法に関係しているかもしれない。しかし、行動を推進している原因は、現在にあるのであり、過去にあるのではない。

　内気な自分についてカウンセラーに相談する若い女性のことを考えてみよう。彼女は、もっと人々にかかわりたいと願っているのに、あまりにびくびくして、友情を求めていても適切な近づき方が分か

らず、孤独と怖れを感じている。「内気」という呼び名が彼女にあっているほどだ。つまり、相手からいくつか質問があっても、彼女は一言でしか答えない。ほとんど、目も合わせようとしない。そして、あまりにも彼女はこわばっていて、面白いコメントにクスリともしない。

何故、彼女は内気なのか。彼女の行動パターン（V—1）を説明する必要があるだろう。**性格理論**によれば、彼女の人との関係のもち方は、おのずと、彼女の気性から来ていると強調される（彼女はすこし憂鬱のようだ）。しかし、そのような説明は、ただ、会話調の言葉「内気」から、より専門用語の「憂鬱」にレッテルを変えただけだ。何ら彼女の理解は深まっていない。

決定論的衝動理論に立つカウンセラーは、女性が内気な仕方で行動させてしまう、心理学的な気質や（過去または現在の）環境に原因を求める。親からの拒否、さらなる拒否への恐れ、そして自我の強さの欠如が行動の要因として示されるかもしれない。しかし、そのような考え方は、行動の最終的説明として、決意を決定論に置き換えただけである。

目的論的な見方では、行為の**内容**、行為の**理由**の両方を選択する、神のかたちを帯びる人として、その女性をみることになる。彼女の人へのかかわり方は、彼女が望んでいる**目標**（V—2）に到達するためにとる**戦略**（V—1）なのである。

彼女の行動と目標の選択を理解するために、この女性の生育史を振り返ることは有益である。彼女の報告によれば、父親は口やかましい人だが、たいていは朗らかで善良な性格であり、すぐに笑う人だった。父について語るとき、彼女から温かな眼差しというより失望とわずかに怒りを含んだ様子が伺える。いくつかの鋭い質問をすると、父親はどんな人とも深い交わりをほとんどもつことがなかったということが分かった。何よりも、娘である彼女は、父親と豊かな会話を望み、父親がしっかり彼女の目を見て彼女と向き合うようにして、会話してくれるのを願った。しかし、それはついに起こら

なかった。

　豊かなかかわりを求める彼女の熱望はずっと満たされないままできた。彼女は父親からの意義深い関心がほしくてたまらなかった。そして、それが得られるなら、どんなことでもしただろうと熱意を込めて彼女は語った。個人の熱望の中にある満たされることのない痛みが、強い動機となって、人々に慰めを求めさせるのである。

　彼女が心から欲していたかかわりを確実に得られる手段はありそうにもないというのは、考えるだけでもあまりに脅威であった。父親との関係の欠落の理由を自分の内に探すことになった女性は、**痛みを避ける手段は自分の中にある**という幻想にしがみつくことになった。彼女は、自分自身を、中身のない女性、誠実な対応を受けるに価するものが自分の内には全くない人間とみなすようになった。彼女は自分を、お店のウィンドーに飾ってある、素敵に装っても命のないマネキンのようだと心に描いた。彼女は、自分自身のイメージ（R—2）に従って、人生をどうやっていくのが一番良いか考えるための枠組みを得たのだ。

　自分の中にある本当のことを人に見せて、結局、軽く扱われるのは、彼女にとって、耐え難い痛みであった。その痛みを避ける一番有効な方法は本当の自分（感情、意見や考え）を人の目から隠すことだと結論づけた。人には外見しか見せないようにしよう。自分の内側にあるものは、人の関心の対象に価しない。要するに、多くの人々は、着飾ったマネキンをほめるために立ち止まる。しかし、人と距離を置くことが、自分を痛みから守ることになる。それを防衛的信念（R—1）と呼ぶことにしよう。

　彼女は、心の奥底にある熱望が満たされない痛みによって、駆り立てられるように慰めを見つけようとする。そして、彼女自身のイメージや信念に沿って自分の世界をなんとかしていく方法をさがしながら、舞台をある方向に見えるように設営していく。その方向を決める最初の要素が目標になる。

　これが自分に満足を与えてくれるものだと信じる信念によって、

追うべき目標が定まってくる。自分の熱望の痛みを楽にするために なすべきことが分かったとき、その分かったことがらが即座に目標 になる。喉が渇いた人が、隣の部屋に行けば水を飲めると分かれば、 隣の部屋に行くことが目標となる。

　痛みを最小化するために自分を隠すことが最上の望みだと信じる 内気な女性にとって、彼女を支配する目標は、本当の自分を周りの 視界からさえぎって安全に保つことである。さらに、その目標に達 することが、何よりもきわめて重要になる。何故なら、自分で生き 抜くことが何より重要であるからだ。

　自分の目標（V—2）が決まったら、今や、次の関心は、その目標 に達成するための効果的な方法を選択することである。いくつかの 選択肢がある。独断的な傲慢な態度が目的を達成するかもしれない。 あるいは、知的なかかわり方をすれば、彼女が必要としている人と の距離が生まれてくるかもしれない。しかし、実際に一つの戦略を 選択しても、それは選択のような**感じ**ではない。しなくてはならな い、たった一つのことというようなものである。

　外当たりのよい父親、父親の人との接し方に軽蔑の目を向けさせ る原因となった父親への恨み、父親の力の支配の及ぶところでは決 して勝つことはできない恐れ、実行可能な戦略の範囲を制限する生 まれつきの性格や能力——これらすべてが合わさって、内気でいる ことが「理にかなった」選択になるのである。

　もし、誰かが彼女に「何故、あなたは内気なのですか。」と質問し ても、熱望から来る痛みに自己防衛するため戦略として内気でいる ことを実際に**選んだ**という考えは彼女の内には決して生まれない。 内気は選択だったと指摘されたら、彼女はうろたえ、緊張するだろ う。「内気でいるなんて好きではない。とても嫌だと思うのに、何故、 私が嫌なものを選ぶの。」彼女はそう強調するだろう。しかし、よく 確かめていくと、彼女の人との関係のあり方は、選択された目標に 達するために選択された行動だと理解できる。

　ここで、むずかしい問題に直面する。もし、彼女の行動が本当に

一つの選択の結果だとしたら、何故、彼女は自分が選択したと感じないのか、ということである。

自分が選択したと感じないこと

ほとんどのクリスチャンは、最終的に考えれば自分の行為に責任があるということに、躊躇なく同意する。責任と自由はつながっているという考えに議論の余地はない —— 一方がなければ他方はない。人は自由だから責任がある。神の支配をめぐる議論では、大方、このようになる。つまり、自分たちの選択について神に責任を負わせることはできない（あるいは、自分たち以外の外の力に）ので、人間の自由の実体は維持される、というのである。

しかし、こうした議論から離れて、日常の生活に戻ったとき、人には責任があるという真理は簡単にあいまいにされてしまう。あまりに頻繁に、個人のわくわくさせるような圧倒的な個人の自由の実体は、日々の生活の必要や衝動の駆り立てる力の下に埋められてしまうのだ。ほとんどの人々は、ほとんどの場面で、自ら決意する自由な存在ではなく、むしろ、強いられてわなにはまったような存在として、自分を経験している。それは何故なのか。内気な人は自分の内気さを、自分が**選択**したものというより、自分自身の**特徴**だと何故思うのだろうか。何故、私たちは、人へのかかわり方を、自由な選択であると思う代わりに、固定した個性の必然的なあらわれだと思うのだろうか。何故、繰り返される行動も、選択された行動というより、避けられなかった行動のように思われるのだろうか。

かつて、私は、ある神学校の学生たちに、自分の意思ではコントロールができないと感じた、現在の直面している葛藤についてリポートを書くように課題を出した。男子学生

> 何故、私たちは、人へのかかわり方を、自由な選択であると思う代わりに、固定した個性の必然的なあらわれだと思うのだろうか。

の半分以上が常習的な自慰行為について書いていた。ほとんどの学

生は自分が悪いことをしていると認識していた。しかし、誠実に一生懸命に努力しているにもかかわらず、簡単にやめることができないと報告していた。

カウンセラーは、そのようなジレンマに答える際に、事柄の両面のうち一つの面に照準を当てる。つまり、問題を克服するために出来ることは何でもするように勧めながら、出来るか出来ないではなく、するのかしないかが問題であると強調するか、あるいは、決意ではない何か別のものがあって、それが本当の犯人であり、無意識の原因の治療的な調査が始めるべきだとの見解をとるかである。

衝動的な罪や、抑えられない反応の繰り返しの問題について考察したことは重要である。人生が重荷になったうつ状態の人に、物事はやらなくてはならないという、無意味な、責任という儀式を説明することはできない。たえず活動することで自己憐憫に歯止めをかけるようにと懸命に説得する奨励が、神のかたちを帯びる人の実体を重要視したアプローチだと果たして言えるのか。

あるいは、人の心の内には選択の資質を損なう深い動揺があると認識することが、進歩的な考え方なのか。麻痺のある人に歩行を勧めないように（私たちが、自分はキリストのようであると、自分のあるべき姿以上に空想するのでなければだが）、治療的な検査が必要な、決意の資質が弱まってきた人に、責任を強調しないのは当然である。私たちはどちらを選ぶべきか。選択の実体を確信して立ち向かうべきか、それとも、基本的論点として選択を否定し、相手を理解すべきなのか。

選択をしているという自覚の欠落は、日々起こる。その日行っていることは、選択というほどでなく、むしろ、何かしているということなのである。目覚まし時計が感情なしに起床せよと告げるとき、うきうきするような自由の感覚を味わうことなどほとんどなく、ベッドから飛び起きて、シャワーを浴び、その日の活動に突入していく。ほとんどの人にとって、朝は、起床し、服を着、出かけていく退屈な努力を意味する。予定された責任をひとつひとつ果たし、自

分が引き回されていると感じる。

　創造主によって決意の資質を与えられた神のかたちを帯びる人が、自分自身が選択していると自覚しない原因は何か。人が、「自分がそれを選択した」というのでなく、「それをしなければならない」という気持ちで始めるがほとんどであるのはどうしてか。「むずかしいけれど、やっていくことを選んだ」、「緊急事態だが、従うか、従わないかは自分が決めることだ」という言葉でなく、「そうせざるえなかった」「これ以上できない」と、よく言ってしまうのは何故か。

　ここで、はっきりと述べると、選択の**自覚**が欠落していても、**実際に**選択がなされていないことを意味するのではない。人々は自分がしていることは選択の結果だと主観的に認識していないかもしれないが、それでもなお、その行為は選択して行っていることなのだ。行為の責任を最小化する、行為の原因探しをして、衝動的な自慰行為をする人を援助するのは、聖書の人間観に反するアプローチである。選択の自覚の欠落を説明したとしても、選択の実体を否定してはならない。

　他方、選択したという事実を単に声高に主張するのでなく、自覚された選択の欠落をより丁寧に考えなければならない。拒食症の人に、もっと食事をするように勧めても、食べない決意を硬化させてしまうだけで、たいていは、摂食パターンに何ら影響を及ぼすことはない。それでは、どうするべきなのか。

　選択の自覚の欠落の問題を扱うとき、その鍵となるのは、すべての行為には目的があるという認識である。どの行動（V―1）にも、その行動が向かおうとする目標（V―2）がある。行動も目標も、ともに選択されたものだ。

　しかし、目標はほとんど認識されない。「人の心にある計画は深い水。」（箴言20：5）水が深いならば、湖の底は容易に見えない。私たちの行動の背後にある目標も認識するのはむずかしい。「しかし、英知のある人はこれを汲み出す。」

　賢明な人は自分の目標が何であるか時間をかけて探り出す。その

理由がはっきりする原則について述べると、こうである。**行動の目標が認識されればされるほど、行動は選択されたものとして自覚されるのである**。

　当然の結果として、**目標が認識されないまま、目標実現のため行動がなされると、その行動は選択されたものだと自覚されない**、ということになる。

　自分で吟味しない人生は生きるのに価しない。そして、自由が認識されない人生もある。自分の行動の背後にある目的を見落としてしまうならば、自発的に選択した目的に向かって自発的に選択した行動として理解することはできない。自分の行動は、強制的で必然的で避けられなかったと自覚してしまう。

　その内気な女性は、痛みから自分を守るのに必死であった。しかし、その行動の目的は否認されてきた——彼女は、正当な理由で自分は内気であると考える。自己防衛に懸命な点で、彼女は間違っている。しかし、その必死な自己防衛を捨て、彼女が正に乗り越えていくために神を信頼することは、彼女には脅威なのである。都合の良い便利な解決は、彼女の本当の目的に触れないこと、そして、本当の目的を悔い改める責任から、彼女を逃がすことである。

　しかし、これは同時に、彼女は決意性を知ることができなくなるということである。知ることができなければ、生きている実感も失われる。人生は強制的な儀式、プレッシャーと怖れへの一連の反応として経験される。人生は、何が起ころうとも、追求しうる価値ある目的の実現を求める選択ではなくなってしまう。

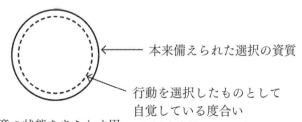

決意の状態をあらわす円

図 10.1

ここで、決意を円でもって概略的に説明しよう（図10.1）。

　実線は、本来備えられた選択の資質を表わしている。点線部分は、あらゆる行為は選択されたものであると主観的に自覚している度合いを示している。比較的「充満している」決意の円は、自分が選択したことは、正に選択そのものだと**自覚**していることをあらわす。「空虚な」の決意の円は、自分の行為は選択された行為というより圧力へのやむを得ない反応だと感じていることを表わす。この説明によれば、強迫的に自慰行為をする者も、内気な女性もむしろ、決意の円が空虚である状態にある。彼らはほとんど、選択しているという自覚はない。

> 目的を隠したままであるなら、これらの目的を追い求めて行っているすべてのことは、強いられた反応として、経験される。

　決意による決断の円が充満しているかどうかは、すでにある行為の背後の目的が自覚的されているかによる[(1)]。目的を隠したままであるなら、これらの目的を追い求めて行っているすべてのことは、強いられた反応として、経験される。行為の目的は決して検証されることはない。そのため、支配され、束縛されているように感じながら、人生を過ごすのである。そのような人生に喜びはない。個人の自由の事実ばかりでなく、私たちが自由であることをはっきりと知ることも、喜びの経験に必要である。それでは、どのように、私たちは自覚された選択の実体を回復するのか。

選択の回復

　選択は、神のかたちを帯びる人の権利である。その権利を認識し実行すれば、生活経験にいきいきとした命が与えられる。神が教えてくださるように生きることを選択すれば、いきいきとした生命力を経験でき、神の目的を喜び、自分がその目的に参与しているという、穏やかで心躍る喜びが伴う。

　クリスチャンとしての人生を送るよう勧めるものは、たいていが、

人は意味深く個人的な選択の実体を経験していると想定している。しかし、選択の事実を本当に感じる前に、行動の背後にある目的を認識しなければならないとなると、相当の数の人々は、――クリスチャンも、同様にノンクリスチャンも――自分自身を選択する存在だと簡単には考えないだろう。ほとんどの人々は、選択の身震いするような面白さを語ることがあるにしても自覚することはまれである。

神のかたちを帯びる人は選択をする人であることを人は認める。さらに、神が命じられるように生きることを選択すべきだと同意している。しかし、自分がしていることを自分が本当に選択したという事実に深く気づくように励ましても、それは挫折するだけだ。教示を受けている人々が、変化は自分たち次第だと全く自覚しないならば、変化を促すどんな教えも役に立たない。結局、重要な問いは次のようになるべきである。すなわち、私たちが決意する存在であるとの極めて重大な認識をどのように取りもどすのかということである。

私は、最近、人気のあるテレビ説教者が膨大な数の会衆に単調な言葉でこう導くのを聞いた。「私は変わることができる。私は変わらなければならない。そして、私は変わるだろう。」そこにある言葉によって果たして、選択の自覚は回復するのだろうか。人は選択する存在だと何度も繰り返された文言は役割を果たすだろうか。あるいは、人の決意性という真理に目覚めるには、より困難で時間のかかることなのだろうか。

恐れる妻に深くかかわることに葛藤した後、そのクライエントは私に一枚のポスターを見せた。そのポスターにはこう書いてあった。「真理はあなたを自由にする。しかし、真っ先に、その真理はあなたを惨めにするだろう。」行動選択の自覚を回復するためには、行動の下にある複雑な、時にやっかいな目的にいよいよ直面する必要がある。直面するとき、自由の喜びに続く道が前方に広がるけれど、目的があらわになっていく痛みのときを私たちは経なければならない。

何よりも、決意の存在であることの喜びを回復するためには、自

己防衛という目的をしっかり見つめなければならない。自己防衛は、人が追い求めて進む人生の方向を悪くさせてしまうからである。自慰行為をする人が「私は自分の行為の目的は理解している。自分の妻に喜びを与えるという道徳を考えずに、即座の楽しみを得たいのだ。」と認めたところで、それで十分ではない。その洞察は正しいかもしれない。しかし、その男性の動機の核心を表わしているとはいえない。

　自慰行為をやめようと決断する能力が自分にあることをすでに気付いている人は安易な楽しみよりも「もっと深い」目的に関心を向けるべきだと、言っているのではない。彼は自分で認識したことを受け止めなければならないのである。

　しかし、一貫してコントロールできない強迫的なものとして自慰行為を経験している男性が、もし、自慰をするのかしないのかの自由の実体を得るつもりならば、より注意深く、自分の動機を探らなければならない。神に自分を探ってくださるように願い（詩篇139：23―24）、積極的に自分の心を開いてクリスチャンの友人（ヘブル人への手紙3：13）に自分の心のまやかしをあからさまにしてもらい、心の思い計らい（箴言20：5）を汲みだすならば、やがて、自己防衛に懸命になっていた自分に心から気付くことだろう。個人の熱望の空虚さを避けることをかたく決心した自分に気づき、自分の痛みに向き合うことによって、その決意を悔い改めるまで、心躍る自由を経験することはない。

　自慰行為の衝動は、自分の内なる痛みを即座に癒す手段として、はっきりと理解されるべきである。このこと以上に認識すべきは、自己防衛は、広く様々な行動（自慰行為も含む）の背後にあって、行動を支配する力だということである。様々な行動が一つとなって、人生へのかかわり方の一貫したスタイルを作り上げる。自分の人生の核心的な方向が自覚されたとき、その男性は、自分が直面した選択の根本は、自慰行為をするか、しないかということではなく、神が充足してくださると信頼するか、あるいは、充足のために自分自身

の方法に頼るのかどうかということにある。そのときに、選択が認識できる。

　行為の背後にある自己防衛の目標があからさまになり、自己防衛が神への信頼と真逆のものだと分かるとき、決意の感覚は次第に回復されてくる。人生が選択の連続であると絶えず認識していくときに、クリスチャンの信仰生活は成長していく。かなりの量のお菓子を食べることが、強迫的な習慣になっているときに、手はじめに一切れのパイを注文することが、自分の痛みから自分を防衛する目的に向かっていることを認識する必要がある。事実、**人のいのちは身体的な楽しみ**を通して得られるという偽りに従って、私たちは生きている。

　その偽りの仮説を知ると、私たちは次に選択する。その仮説を信じていのちに至る道としてパイを食べるのか、あるいは、信じないで、いのちに至る道ではないとパイを拒絶するかだ。動機の問題が、私たちの心の内ではっきりするならば、直面する選択の実体が明らかになる。根本的な目的をあらわにされることによって、選択の感覚は回復される。

　自己防衛が、人生の動機付けのテーマだと分かるならば、強迫的な自慰行為のような問題の克服には、自己防衛から愛のかかわりへと**方向転換**が必要となる。人へのかかわり方が変えられなければならない。つまり、他者のための自分自身の行動を選んで、防衛的な策略の行動は断念されなければならない。成熟と自己抑制の両方を実現しながら、自慰行為のような習慣を変えるには、その人の人生の根本にある目標が意味のある変化をしなければならない。強い意志の力で望ましくない行動をやめようとする努力は失敗するものである。神に助けを求め、時間をかけて聖書を読むことは、答えの一部である。間違った目標を認め、それを悔い改めなければ、永続的で価値ある変化は起こらない。

> 強い意志の力で望ましくない行動をやめようとする努力は失敗するものである。

このプロセスはゆっくりで、決して終わることはない。神を頼らない独立独行の生き方も自己防衛も、生涯を通して、せいぜい、弱まるだけである（取り除かれるというより）。そのため、さらに次々と自己防衛の目的が起こってくる。池の水は深い。しかし、あからさまにしていく過程に気がめいる必要はない。汚れた動機を知るごとに、選択し決断する自由をより深く知るからである。正しいことを選択することで自由を行使するならば、創り主の意図により近づいていく喜びが静かに深まっていく。その喜びは、時に弱わく流れていく。しかし、その喜びは、時間をかけながら、より堅固に私たちの核心部分になっていく。人生は、真に生きる機会になる。すなわち、落胆することが何度も起きるし、疲労困憊になることもよくある。そして、心底心痛むことも起きる。しかし、ゆっくりと成長する仕方で、静かに、喜びに溢れた人生になっていくのである。

　どのような状況が起ころうとも、私たちにはその人生の道を歩む自由があると理解していることは、満足の秘訣である（ピリピ人への手紙4:9—13）。配偶者が自分を拒絶しようとも、子どもたちが期待からそれていっても、昇進を逃しても、あるいは、病気で体の自由を奪われても、キリストを知っているので、人生を追求できる。他者を、また他者が私にすることを恐れる必要はない。何故なら、いのちであると信じている目標、つまり神を知るという目標を求める自由があるからだ。私がその目標を追い求めるとき、何ものも、誰も、私を妨げることはできない——私自身を除いて。私の自由は私から取り上げられない。自分は選択できると分かるならば、真の喜びの源泉へと扉が開かれる。自己吟味というつらい作業を通して自分が決意する自覚を回復することは、その労に価するものだ。

混乱：信頼のとき

　最後にもう一点、述べたいのだが、この章の最初に戻ることになる。この章を始めるにあたって、私たちは生まれながらにして、混

乱を嫌う性質があることを論じた。肝心な点はこうである。自分の人生に自信を持てるようになりたいので、複雑な現実を単純なカテゴリーに変える説明に納得する。混乱は結局、避けられていく。そして、支配できるという幻想が維持される。

さて、混乱について、もう一点述べたいことがある。混乱を最小限にし、支配し続けるうちに、私たちは、決断の喜びの機会を失うことになる。つまり、混乱と不確かさは、選択という神からの贈り物をもっとも豊かに喜ぶための、必要な背景なのである。

神は、私たちを神のかたちに造られた。他の被造物の間にあって、私たちだけが選択する資質によって、自分たちの世界の中を進んでいかれることを意味する。賢明な人は、神が示された計画にしたがって歩むことを選択する――「信頼と従順」である――しかし、聖書の灯が照らされていたとしても、やがて、この世界に生きることは恐ろしく混乱したものであると発見する。神は、すべてのことがどのように動いていくのか、すべての状況の中で人がするべき最善のことは何かなど詳細に明らかにされていない。

都合のいい答えを出して混乱から逃げるのでなく、混乱があることを認め、**積極的に混乱の中に入っていこう**とするとき、むしろ決断ができないで、動けなくなってしまうことがある。まさに、どうするべきか分からなくなるのだ。混乱は必要で有益だとは理解できない大勢の人々は、明快な答えをもつ強いリーダーに惹きつけられる。したがって、人のすべての問いかけに答えることを神は選ばれなかったので、混乱は必須なのである。また、何をすべきなのか、物事がどうしたら意味をなすのかという問いに混乱することがあっても、私たちの選択資質を深く引き出す機会が与えられるので、混乱は有益なのである。

選択という決断の境界は、聖書においては、はっきりしている。選択の細かい点は、全く私たち次第である。薄っぺらな説明を受け入れ、お決まりのガイドラインに従って、混乱を取り除こうとするならば、私たちの行動は、命令されたことへの反応よりはましではあ

るが、社会にかかわるために率先して行う選択には及ばない。決意して行動する喜びは失われる。

　パウロにとり、「キリストともに十字架にかかる」（ガラテヤ人への手紙2：20）ということは、パウロから選択の責任を取り去るという意味ではなかった。パウロの心は勝利したということ、そして、パウロはどんな犠牲を払ってもキリストを知る決意をしたという意味である。人生が混乱し、心くじけそうなとき、パウロは、キリストに向かって進み続ける内的な自由を自

> 神を知る以外は何も道理にあわないときに、進み続ける勇気は人を霊的に成熟させていく。

覚したのだ。神を知る以外は何も道理にあわないときに、進み続ける勇気は人を霊的に成熟させていく。混乱と失望のさなかに進み続ける自由を自覚するならば、神への信頼の高みに達することが可能なのだ。ものごとの支配を主張する堕落した人々には、混乱は敵であるかもしれない。しかし、贖われた人々には、混乱は、選択の自由を楽しむ機会となる。

11章
心の衝撃：人は感情的である

　一人の友人が、最近、自分の人生が破綻してきていると嘆いていた。家族、仕事、教会生活、そして健康、何もかもがうまくいっていないと嘆いた。仕事が終わって帰宅すると、いつも、不機嫌な十代の一人息子と欲求不満の妻に迎えられる。その妻はいつもこう言うのだ。「あの子にはもう我慢できないわ。」彼の仕事は緊張の連続だが、経済的には報いのある仕事だった──最近までは。会社が大きく再編成されたため、彼のプレッシャーは倍になり、しかも、給料がほとんど半分になった。

　教会生活は、ずっと輝かしい場所であった。しかし、教会にかかわるほど、内心、かなりのやっかみを感じ始めた。牧師は、いつも、その友人を霊的に励ます影響力をもった説教者であったが、ヴィジョンのない理事たちの頑なで危機意識のなさに失望して、牧師は辞任した。さらに、友人にとって、状況は悪くなった。最近受けた健康診断によって、常にモニタリングを要する健康問題があることが分かったのだ。

　こうした、ストレスの重さに追い込まれて、彼は、感情面でかなりの低迷状態にあった。神の約束を信じて、彼は何とかやってきた。しかし、神の約束を信じても、彼の魂を苦しめる感情的痛みを取り除くことができなかった。彼は幸福な気持ちになりたかった。盛んな頃の輝く精神をもう一度味わいたかった。しかし、それは、そこにはなかった。彼は、重苦しい気持ちになり、悩み、動機を失い、疲労感を感じていた。

　私たちは、ともに、彼の心の奥深くにある熱望について考えてみた。彼の自己防衛的な自己イメージに焦点を当てて取り組んだ。そ

して、彼の愚かな考え方も取り上げた。二人で明らかにした、生き方の間違った方向を、悔い改めるように彼を励ました。彼は、自己防衛的な行動パターンを変えようと行動を起こした。熱望、理性、そして選択について、限られてはいたが意味ある考察をすすめることができた——しかし、彼はなおも、彼を圧倒する感情の脅威に葛藤していた。

心の衝撃を受けた誠実な人にとって、強い感情の激流に押し流されるような経験は、正に圧倒的な現実である。そのようなときに、とにかく喜ぶようにとか、責任を果たせとか、弱くなった関係を新しくせよという忠告は、残酷にも意味がない。

傷ついた感情は以前ほど圧倒的でなくなったが、なお、苦しいと思えるときも、いつもなら、忙しくしたり気晴らしに外出したりするのが良い治療薬になっていたが、それらがまったく効かない。聖書のみことばに時間をかけて黙想したり、以前より時間を費やして祈ったり、教会活動にいっそう取り組んだりと、より霊的な解決を求めても、やっかいな感情を意識の隅に追いやるだけである——しかも、一時的に。

一日として心乱す感情が腹の底から沸き起こってこない日はない。きっかけが、チェックアウトで待っているときに押しの強い人が自分の前に割り込んできたのであれ、医師からよくない報告を受けたのであれ、罪の世界で生きるということは、不愉快な感情をもち続けるということである。

これまで、目的を求めそれを喜ぶ資質、イメージと言葉で考える資質、方向性を定めそれを追い求める資質について、考えてきた。今、ここで、感じる資質、つまり、人格を定義する最後の要素を見てみよう。

私たちの感情を理解するために、三つの質問をしてみよう。

——感情の源は何であろうか。（感情はどこから来るのか。）
——感情の有益な点は何か。（感情から、私たちは何を学ぶのか。）

――感情をどのように治めるべきか。（感情をどう取り扱ったらよい
のか。）

　これら三つの問いについて考える前に、以下に示す、幾分専門的
な議論では、あいまいにされてしま
う単純だが重要な点を指摘したい。
ポイントはこれである。「傷ついて
も大丈夫である。」

> ポイントはこれである。「傷
> ついても大丈夫である。」

　堕落した世界で生きるということは、痛みは避けられないという
意味である。ヨセフのことを考えてみよう。彼は当初、兄弟によっ
て裏切られた。ヨセフはエジプトで兄弟たちと和解しようとしたと
き、一度ならず何度も、自分の感情に圧倒された（創世記43:30、45:
1）。あるいは、ハンナの場合、子どもができない理由で、さげすま
れ、拒絶された。そして、彼女は神の前で嘆き、息子を授かるよう
に嘆願した（サムエル記第一 1：1―18）。彼らは、感情の深い痛みを
経験した、信仰深い人々であった。聖書は、彼らをよしとしている
ように見える。感情的な痛みを理由に、彼らを責めてはいないよう
に思える。その理由を説明してみたい。

　み国では、なにごとも誤りは一切ない。しかし、この世界では、な
にごとにおいても、何か過ちが起こる。こうあるべきなのに、そう
ではないということに敏感に気づくと（成長していくにつれ認識も
発達する）、ただ痛みが増していくだけである。主を知ることに一生
懸命になればなるほど、周囲の状況や不完全な自分自身に失望して、
ますます苦悩する。喜びはまぎれもなく、終末論的なこととしてと
らえられる――喜びは将来に根差している。

　霊的なクリスチャンはいつも幸福感を感じているという印象を、
私たちはもつことが多い。クリスチャンが陰鬱な表情をしていたら、
キリスト教の証にならないとも、言われる。将来の希望が私たちの
心をおおっているので、現在の葛藤はすべて賛美すべき栄光に変え
られると考える。

この考え方の問題は、その考え方が**ほぼ**本当であるということにある。私たちは、困難を友人として歓迎し、常に喜び、私たちに向けられた神の良きこころの内に、安息しなくてはならない。しかし、今、喜びは苦難と痛みに**とって代わろう**としているわけではない。喜びは私たちを**支えよう**とはしている。私たちの主は、御父のみこころを実現し栄光をお受けになったときでさえ、悲しみの方であった。主は、来たるべき喜びを一心に見つめておられながら、はかり知れない苦難を忍ばれていた。

　真の痛ましいことが起きたとき、「自分は大丈夫」という圧力から自分を解き放していなければならない。傷ついたクリスチャンは、痛みを抱えなくてはならない。そして、痛むことに罪責感を感じて痛みを否定してはならない。家族を亡くした人々は悲しむべきである。子どもが反抗的である親は痛むべきである。伴侶が自分に夢中で思慮が浅い人の場合、夫や妻は失望と怒りを感じるべきである。かかわることもしないで権威をふりかざす親の子どもは裏切られたと思っていいのだ。職を失った人々は苦しむべきである。自分の同性愛の願望を憎む同性愛者は嘆くべきだ。これらの感情は必ずしも、霊的成熟さと矛盾するのではない。事実、後に見るように、どの感情も、私たちが神により頼む存在であることをより深く自覚できるように、私たちを導くのである。

　このため、傷つくのは大丈夫なのである。むしろ、傷つくことは**必要**だといえる。傷つくことは、少なくとも、堕落した世界で生きている限り、生きていることの証拠である。やっかいな感情をもったとき、すぐさま目標にすることは、当然、痛みを終わらせるということになるが、実はそうであってはならない。その感情を十分味わって、感情を抱え込み、それから何をなすべき考えることがずっと良いことなのである。この章で、傷から逃れる方法、あるいは、最小化する方法の正当性を私が主張していると受け止めないでほしい。

　クリスチャンはすべての現実に向き合うよう召されている。クリスチャンが成熟していく人生のなかで、否認の居場所はない。もち

ろん、私は、痛みが増す方法を見つけるように勧めているのではない——マゾヒズム（被虐愛 訳者注）は障害であり、善行ではない——私が述べているのは、傷が生じたときはいつでも、贖いが必要である現実により深く向き合う機会として捉えるべきだということである。痛みの経験を通して、神への渇きと神のために生きる願望が増すのである。

したがって、感情は感じなければならない。避けてはならない。感情は理解されなくてはならない。ただ痛みを**感じる**というのは、ほとんど意味がない。変えられるべきところはどこか、より深い信仰が働くべきところはどこか、そのことを明らかにするために自分の感情を取り扱うのである。そのために、まず、必要なことは、感情というものがどこから来るのか理解することである。

感情の源：感情はどこから来るのか

多くのクリスチャンは、問題を必要以上にむずかしくしないように気づかうが、そのことに私も同感する。心理学者、とりわけ、分析学派が人生の問題を、聖書の勧告が適用できないような事柄にして問題を複雑にしてきたと、確かに彼らが批判されてきた。時間を要する治療が、純真な信頼のかわりになった。広範囲の徹底した調査は、神への信頼のかわりになって、神が始められた業を終らせようとする。よく言われることであるが、人生はあまりに複雑なので、心理学の知識ほどでなくても物事を解決できるとは、考えられなくなっている。

私の見解では、教会を援助の働きから排除するような、感情の理解の仕方は、いずれも誤った理解の仕方である。他方で、教会の機能を維持するために労したとしても、何も理解していない人々が自分はなんでも分かっていると思わせるために、真の複雑さを安易な理解に変えてはならない。事実がもつ複雑さを受け入れなければならない。そして、聖書が人間について述べている領域にとどまり続

けて、注意深くかかわらなくてはならない。三段階方式にしたがって感情を説明することは役には立たない。何故なら、三段階方式は、心の実体の全体に取り組めないからである。

即効の癒しを約束する単純な考えが多く出回り、それらを求める人々も溢れている。例えば、次のような考えである。

- 悪い行いは悪い感情の原因になる。だから、まともになれ。
- 悪い目標は悪い感情の原因になる。だから、あなたの生き方を改めよ。
- 悪い考えは悪い感情の原因になる。だから、正しく考えよ。
- 悪い信仰は悪い感情の原因になる。だから、霊的になれ。

ものごとをある程度単純にしたい衝動が強いほど、混乱を避けたい思いが強いということである。ものごとが理解できないと、それが人のプライドを傷つける。理解できないでいると、回復できないほどの傷になる——そして、人はそうなることを嫌う。人は、感情の問題を解決する方法を求める。しかし、その方法は、神への全幅の信頼へと至る神への熱心な求めを必要としない方法である。感情の理解と対応の方式は、ほとんどが神を必要としない方法である。したがって、私たちはその方法を避けなければならない。

感情の源に辿るために、感情を二つのカテゴリーに分けて、その違いを明らかにするのは役に立つ。(1)快・不快の感情、(2)建設的・破壊的感情である。

快 — 不快　感情
神は、人を反応する存在としてお造りになった。ある領域では、自分に起きた事柄に決定されてしまう仕方で、人は環境に反応する。頬を打たれれば、痛みがあるのである。あたたかいケアで、心地よくなる。もし、叩かれた後の痛みや、ケアを受けた後の心地よさがないとなれば、体が刺激に対して本来の反応を起こしていないので、何

かが間違っているといえる。

　健康な**体**が刺激に対して、予想される仕方で反応するのと同じように、健全な**人**も何かの経験をしたとき、快か不快の感情を伴って反応する。親切な行為は、たいてい、人の気持ちをよくし、意地の悪い行為はたいてい、人を不愉快な気持ちにさせる。気持ちの良い出来事によって通常は快の感情が生まれ、不愉快な出来事によって不快な感情が生じると言っても妥当である。⁽¹⁾

建設的 ― 破壊的　感情

　ほとんどの人は、自分たちの感情の**意味**より、自分の感じ方に自分で**納得**しているのかどうかに、はるかに関心がある。しかし、そのような関心の向け方は近視的な見方である。今、宝物が欲しい、後ではダメだと人は思う。より現実的な見方、つまり今ある人生を後の人生の備えと捉える見方をすると、楽しくはないが建設的な感情の方が、楽しくても破壊的な感情より良いと考える。（もちろん、人は楽しくかつ建設的な感情を最初に選択するのは言うまでもない。）

　この第二のカテゴリーは重要であり、よく考察されなくてはならない。正に、何によって、感情が建設的、破壊的となるのか。どのような点で建設的、破壊的なのか。自分たちの感情が建設的、破壊的のいずれなのかを、自分で決めるのか。あるいは、快・不快感情のように、どのようなことが原因で、建設的か、破壊的かの選択がなされるのか。

　まず、はじめに、どのような感情が、人がなすべきこと——すなわち、神と他者を愛すること——を妨げているか見分けなければならない。それを根拠として、その感情は破壊的であるとするのは適切であろう。他のある感情によって、神と人に対する愛の行動が励まされるならば、その感情は建設的といえる。建設的な感情によって、創り主が意図した仕方で、私たちは役割を果たせるようになる。

　以上の理由から、次のようにいえる。破壊的な感情は罪であるとみなされても、もっともなことであり、少なくとも、人の内側にあ

る罪の過程の一部であるといえる。いくつかの感情は罪の働きの結果であると認めてよいと私は考えるが、一つの感情を罪であるとすることには、危険がある。その危険性を説明してみよう。

　主に従っていきたいと誠実に願う、一人の既婚の若い女性がいた。彼女は、ある種の怒りは罪であると教えられていた。彼女が夫（もっとも聖徒のようなふるまいでも、強い怒りを引き起こす男性であった）にもっとも軽いフラストレーションを感じたときでさえ、彼女は、たちどころに、それは罪だと捉え、「そのように感じないように努めた」。彼女は、自分の怒りの感情を取り上げて結婚生活で解決しなくてはならないことは何か深く思いめぐらすよりも、怒りの感情があることを否定した。ある感情は罪かもしれないと恐れても、その感情を否認してはならない。代わりに、その感情を重要視しなければならない。

> ある感情は罪かもしれないと恐れても、その感情を否認してはならない。代わりに、その感情を重要視しなければならない。

　感情は、それが快の感情・不快の感情にかかわらず、建設的なのか破壊的なのかどうか判断されなくてはならない。ひとたび、ある感情が認められたなら、重要な問いは、その感情が神からの離反の表れなのかあるいは、神への求めと一致した感情なのかどうかである。私たちの感情が、神への愛を込めたかかわりや、他の誰かにかかわる愛を妨げているのなら、根源にまで、その感情を探っていかなくてはならない。私たちの内側で、正しくされる必要のある何かが起きているのである。

　ある感情が建設的なのか破壊的なのかは、私たちに起きた事柄によるのではなく、何が起ころうとも、そのことに対して、心の内で自分がどのように反応しているかによるのである。出来事によって、感情は快か不快か決まる。しかし、その感情が建設的であるのか破壊的であるのか決めるのは、私たちである。破壊的な感情があるとすれば、問題が私たちの内にある。心の内部で起きていることが、建設的な感情、破壊的感情のどちらかに導くのである。心の内で起き

ている過程を注意深く考えてみよう。

　最初に、不愉快だと思う出来事から始めよう。十代の息子がマリファナを吸っていたことが分かったとする。これは、いやな出来事であるから、あなたはいやな感情をもつ。気分が悪くなる。この不愉快な感情が建設的になるのか、破壊的になるのかは、この出来事に応答するあなたの賢明さにかかっている。

　もし、あなたの心底深くにある熱望がこの出来事によって決して動じないと冷静かつ確信をもって、あなたが信じている（R—1）ならば、さらに、自分の人生に何が起ころうとも、神に愛され、価値ある、神のかたちを帯びる人として自分自身（R—2）をイメージして理解するならば、この痛みの出来事を、あなたは深い**失望**として受け止めるけれども、**自分個人の脅威**として受け止めない。この違いは非常に大きい。

　失望の中で、あなたは状況が良い方向へと変わるように心から**願う**だろう（**要求**するのでなく）。その願いが実現されれば（その十代の息子が自分自身をキリストにささげ、ドラッグを放棄する）、失望感は、すばらしことに、**感謝**に変えられる。その新たな喜ばしい出来事によって、快い感情が沸き起こってくる。

　しかし、その願いが妨げられたら（その少年が、違法薬物の所持で逮捕される）、失望と深い痛みばかりでなく、**正義感からくる怒り**も起こってくる。もし、望ましい結末が不確かなままであったなら（その息子は、良くなろうとしているように見えるが、実際にどうなるのか分からない）、感情は苦しくなるが、**生産的な関心**になる。あなたは、できることは何か考える。カウンセリングのことを調べたり、熱心な祈りがささげられたりするのだ。

　もし、ある時点で、不幸にも、願いに手が届かないことになれば（少年がドラッグの過剰摂取で人生を終わらせてしまうような場合）、失望は耐え難いまで深くなるが、なお、生産的な**悲しみ**になる可能性がある。ついに、あなたと伴侶は、もう一度力を合わせて、救い主はどのようなお方なのか、そのお方の目的は何であるのか、その本当

の意味をつかんでいく。そして、同様の葛藤を抱えた人々を慰め助ける道を見出す（言葉で言うのは、はるかに容易である）。

さて、先述と同じ出来事をとり上げ、その出来事に対する心の内の反応が愚かしいとき、何が起きているのか探ってみよう。父親は家族に喜びがあるようにと希望を抱いていたであろう（R—1「自分に自尊心をもちたいのなら、家庭を良くすることが私には必要だ」）。この信念の根底にあるのは、他者は彼の必要を満たすためにあるという自己防衛的な要求のイメージである（「私はずっと自分の人生で虐待されてきた。私は、私を理解し私の心に敏感な人が必要な、弱い犠牲者だ。とりわけ、自分の家族には、理解してもらいたい」）。

理性の面でこのような考えに方ついて見てみると、不快な出来事は、その**個人の生き残りへの脅威**として認識される。すぐに生じる感情は、失望というよりパニックである。

人の存在の核心が脅かされるとき、パニックになって、人は自己防衛にひたすら懸命になっていく。責任ある行動には関心は向かず、自己保存がその人の関心の的になる。行動の動機は、完全に自己利益のためである。そうして、人は破壊的感情への道に入っていく。

状況が変わるようにとの**要求**が実現されるとしたら（十代の息子がキリストを信じる）、パニックはおさまり、**安心**するだろう（しかし、問題が再燃する恐れの兆候はあるだろうが）。もし、その要求が妨げられたら（息子がますますドラッグにはまる）、パニックになった要求は**激しい怒り**になる。親というものは、たいていこの時点で、十代の子どもをさらに離れさせてしまう全く非生産的な仕方で対応する。

要求の目的が不確かなままならば（その十代の子どもはよくやっているように見えるけれど、誰もそれに確信がもてない）、パニック状態から、**心配**で頭がいっぱいになった状態に変わる。もし、要求は実現されないまま状況が変わったら（十代の子どもが自殺を図る）、その感情は、圧倒的な怒りや親としての力不足いう罪悪感のある**不全感**になっていく。親は重い失望の中で生きることになる。

同じ不快な出来事でも、必ずしも不愉快な感情を引き起こすわけ

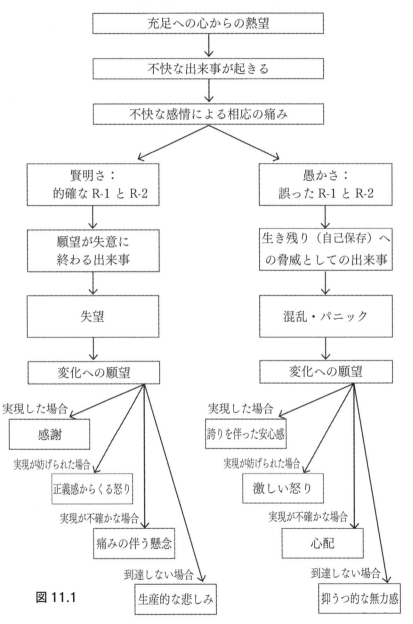

状況が困難なときに生じる感情の源

充足への心からの熱望

不快な出来事が起きる

不快な感情による相応の痛み

賢明さ：
的確な R-1 と R-2

願望が失意に
終わる出来事

失望

変化への願望

実現した場合
感謝

実現が妨げられた場合
正義感からくる怒り

実現が不確かな場合
痛みの伴う懸念

到達しない場合
生産的な悲しみ

愚かさ：
誤った R-1 と R-2

生き残り（自己保存）へ
の脅威としての出来事

混乱・パニック

変化への願望

実現した場合
誇りを伴った安心感

実現が妨げられた場合
激しい怒り

実現が不確かな場合
心配

到達しない場合
抑うつ的な無力感

図 11.1

ではない。建設的かあるいは破壊的な感情のどちらかが生じる。それは、その出来事に対する自分の心の内的な**知恵による**のである。この章で述べてきた全体を、チャートで要約してみよう（前頁　図11.1）

　出来事が快いものであるとき、建設的な感情、あるいは、破壊的な感情のどちらになるのかについても、同じような理解の仕方になる。快い出来事のときは愉快な感情になるが、快の感情が、心に深くある（そして、多くの場合、全く自覚されない）評価によって、歪められ、破壊的な感情になる可能性がある。原則は同じである。賢明さは感情を建設的な感情に導き、愚かさは破壊的感情に導く。

　この過程について、一つの例を考えてみよう。ある女性が全くまともな男性と結婚する。その夫は、よく考えるタイプではなかったが、教養のない人ではい。彼は、これという理由もなく、ある日、特別に心に響くプレゼントで彼女を驚かせる。それは、彼女がすごく欲しがってはいたけれど、大騒ぎして欲しがるほどのものではなかったが、当然、彼女は快く感じる。嬉しい出来事には、喜ばしい感情がわく。

　その喜ばしい感情が建設的なものになるのか、破壊的になるのかは、その出来事と彼女の心の深いところにある熱望との関係を彼女自身がどう実際に理解しているかにかかっている。賢明さは次のように教える。夫からいたわりを求める彼女の熱望は正当なものであり、その熱望は夫の思慮深さによって、充分満たされる。そして、彼女の夫に優しさがあるかどうか別として、すでに、彼女の中には、確立した根本的な女性性という核心部分があるからだと。

　もし、彼女が思慮深く理解するとしたら、その出来事は真の願望の充足であろう。従って、彼女は本当の**温かさ**を感じ、夫の贈り物が、夫からの愛情あるかかわりが新たに始まる証となることを心から彼女は**願う**だろう。もし、その願いが実現したら、彼女は、幸福を感じ、あたたかな**感謝**の思いが湧いてくるであろう。もし、夫が、鈍重な反応をしたまま何も始まろうとしないならば、彼女は当然、

がっかりし、**怒り**を感じるだろう。

　消えそうな情愛のきらめきが明るく燃えだしたのに、再び、ちらちらと小さくなってしまったら、彼女は不確かさの内に生きることになり、結局、心が動揺し**不安**になる。もし、夫の贈り物が、妻にかかわるための最後の努力であるのに、結局、夫が逃避するならば、親しみを願うすべての希望に終止符が打たれるかもしれない。彼女の悲しみは、深いけれど**生産的な悲しみ**になる可能性がある。

　贈り物という心躍る出来事が、愚かな信念と愚かなイメージの網目を通して解釈すると、どうなるか考えてみよう。たぶん、その女性は何年もの間、自分は望まれず必要とされないという前提で行動してきたのである。さらに、次のことも想定してみよう。彼女は父親からの拒否という痛みから自分を守ってきた。その拒否を父親の愛情の欠如（痛みを伴う解釈である）というより、むしろ、彼女自身が愛されない存在だからと（あまり痛みを伴わない解釈である。というのも、彼女がその問題に向き合う希望を残しているからだ。すなわち、彼女は愛されるように振る舞うか、あるいは、少なくとも、愛されていないことを隠す）説明することで、自分を守ってきたのである。自分は望まれていないというイメージ（R—2）をもったままでいるなら、自分を受け入れてもらうために、あるいは、痛みを避けるために**何かをする**ことになる。彼女は、壊れた水溜を自分の力で切り拓くことができる。自己防衛する土台が今や据えられた。人との関係の中で傷を最小限にする戦略を練る前提が彼女にあることになる。

　以上のような心の内部の原動力が働いて、夫からのサプライズの贈り物は、彼女にとって脅威になる。つまり、彼女は自分が何かしたのではないのに、愛情を受けたことになる。買ったものではない愛は、正に、彼女が熱望していたものだ。しかし、同時に、それは彼女にとり、恐ろしいことなのである。彼女はそれが続くことには耐えられない。なぜなら、彼女にとって無償で受ける愛は、誰か他の人次第であるからである。

　望まれていないというイメージをもち続けて、彼女はこう考える

（R—1）。自分は人から望まれていないことを良い行いというバリケードの後ろに隠せば、渇望していた愛情を他者から勝ちとる希望があると。状況を再び支配できるように死に物狂いの努力をして、贈り物が自分に届くようにしておくために、とりわけ人の注意をひきつけようと決意するかもしれない。どのような犠牲を払っても、弱さを見せてはならない。支配が鍵である。

　人から得る優しさは、彼女の女性としてもつ核心の確立した部分にとって、本質的なことなのである。そのため、贈り物をより多く得ることが、**当然の目標**になる。彼女の生き残り戦術は、危うくなってくる。よく考えられた贈り物をもらっても、承認されても彼女は**確信をもてず**、思いやりに居心地の悪さを感じるかもしれない。夫からの思いやりに頼ることは、もしかしたら贈り物はこれ以上もらえないという痛みを増すことになり、自分をその痛みから守ろうと必死にさせてしまう。彼女は、格別に良い妻になって、夫の心に届くことは何でも行う。それは、夫を励ますためではなく、夫を支配するためなのである。

　妻の操作的な努力が成功して（夫は、彼女が設定したキャンドルの灯りのともるディナーに心ときめかせる）、彼女は愛のこもった感謝の代わりに、心地よい**プライド**を感じる。彼女は夫の浮き立つ気持ちを喜ぶ。しかし、彼女が好むのは、彼女がそのようにしたという事実なのである。もし、彼女の努力が無駄になってしまったら（夫がキャンドルの灯りを消し、部屋の電気をぱっとつけ、食事にかぶりつく）、彼女の反応は深刻であり、抑制がきかないほどの**激しい怒り**が湧いてくるだろう。たぶん、夫は思慮深いが、心は冷たいのだ。すると、妻は、夫の愛情を信頼できなくなり、彼女の心の中で、**圧力と不安**が蓄積されていく。

　もし、贈り物がない週が続き、ついに何か月にもなり、やがて、何年にもなるとしたら、彼女は否応なしに失敗を認めるだろう。ベストを尽くして努力したが、充分ではなかったと考える。その時点で、

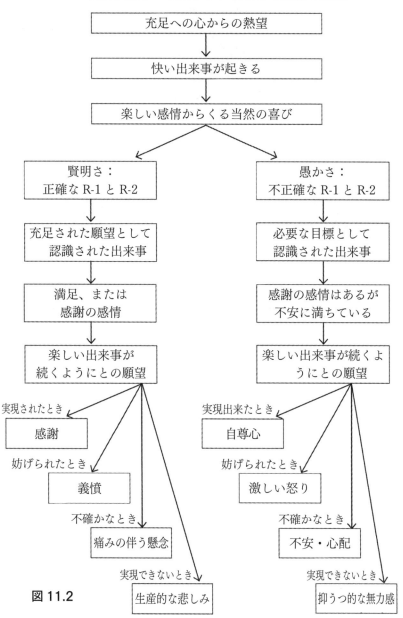

状況が楽しいと感じられるときの感情の源泉

図 11.2

彼女の失意は絶望に変わる。彼女は**憂鬱**になり**無力感**（私は夫から愛
情を獲得するには女性として不十分である）を感じるだろう。そういう
気持ちの中で、不倫の準備がなされる（たぶん、他の男性は私を求め
てくれるかもしれない）。これが、彼女の唯一の希望になる。

　チャート（前頁　図 11.2）は、最初のチャートと同様であるが、私
が今、述べたことを要約したものである。楽しい出来事から生じる
心地よい感情は、その出来事を評価する賢明さの有無によって、破
壊的にも建設的にも、どちらにでもなりうる。

　これまでの論点の中心を、整理して説明してみよう。

　　感情の**楽しさ**は、人生の中で起きた**出来事の性質**しだいであ
　る。感情が**建設的なもの**になるかどうかは、全く、人生の中で**そ
　の出来事を捉える賢明さ**しだいである。

　愚かな考え方に根差している自己防衛に必死になると、その感情
が楽しいのか、そうでないかにかかわらず、どのような感情をも堕
落させる力をもっていて、どの感情も破壊的にしてしまう。心の奥
底から深く主を信頼していくならば、どの感情も、それがたとえ痛
みに満ちたものであっても、今まで以上に神を求める建設的な道へ
と変えられる。簡略したものだが、以下のチャート（次頁　図 11.3）
はこの中心的な考えを示している。

感情の役割：感情から何を学べるのか

　感情の源泉を理解していくと、感情の価値についてさらに理解す
ることができる。感情の**楽しさ**からは、人生の出来事が喜ばしいも
のであるのか、悲惨なものなのかは判断できない。感情の**建設性**は、
はるかにそれ以上のことを教えてくれる。自分たちの感じ方が、本
来の関係性のあり方を妨げているならば、それは、泣きわめいて何
が何でも精神的幸福をほしがり、心が深いところで人を欺こうと活

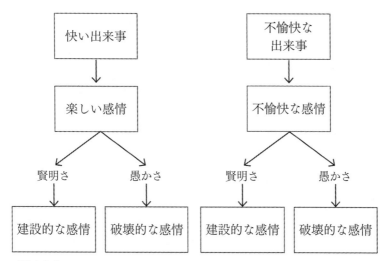

図 11.3

発に働いている強力な証拠になる。

　こうして、感情は、心の内側を見るように教えてくれる警報の灯になる。また、感情は、神のかたちを帯びる人として相応に歩んでいるか教えてくれる道しるべである。神を求め続けるエネルギーを奪う感情の源泉が、実は自分の内にあるのを理解することは、良い知らせである。それは、感情的な問題のために自分が何かをすることができるという意味であるからだ。自分で楽しい感情を生み出すことはできないかもしれない。しかし、自分の感情を建設的にしていくことで、成熟していくことはできる。

　賢明さにおいて成熟していくというのは、正に、一つの過程である。不安の灯を消して平安の灯にスウィッチを入れる手っ取り早いテクニックはない。神を信じ、人生を神の視点でとらえて成長していくのは生涯にわたるプロセスであり、破壊的な感情が建設的な感情にゆっくり変わっていく過程である。感情の価値は、成熟していく過程をチェックする機会を与えてくれることにある。

　自分の内的な感情の実体が、関係性に向かっていかないと分かっ

たとき、基本的な幸福のために不可欠だとまちがえて自分で信じているものを要求していると気づくかもしれない。それは、さらなる自己吟味のむずかしい作業の機会である。

　問題を探求する際、誤った結論と袋小路を避けるためには、三つの情報源によって導かれなければならない。その三つとは、神の御霊、神のみことば、そして神の人々（信仰の人々　訳者注）である。

　神の御霊が私を探ってくださるように（詩篇 139：23—24）、そして、ねじ曲がった心を試してください（エレミヤ書 17：9—10）との真剣な祈りが最初に必要である。聖書のみことばは心の奥底にある思いやはかりごと（ヘブル人への手紙 4：12）を看破する力があると確信して、みことばを謙遜の思いをもって黙想していくと、自分が追い求めていた、間違った目標が明るみにだされる。神の人々との率直な交わりの中で、洞察と励ましを得て、罪によって頑なにされた状態が逆転していく（ヘブル人への手紙 3：13　及び、とりわけ本書13章を参照のこと）。自己吟味のねらいは、念頭におくべきだが、没頭しすぎて吟味の目的が失われてはならない。ポイントは、愚かさという、見えないポケットを裏返しにして表に見せることだ。破壊的な感情に心注いで耳をすますならば、悔い改めという新たな局面に入っていく。

> 破壊的な感情に心注いで耳をすますならば、悔い改めという新たな局面に入っていく。

私たちの感情とその源泉について学ぶということは、謙遜になっていく経験である。自分の絶え間ない不完全さを現わす感情から、誰一人として自由にはなれない。聖化されていくためには、この感情を急いで通り越してはならない。

感情に向き合う：どのように感情に対応するべきなのか

　私たちがクリスチャンとして成長するために感情の良い用い方があるとすれば、感情に関心を向けるべきである。自動車のダッシュ

ボードに赤いランプが光れば、自分の車が今どのように走っているか重要な情報を与えてくれているので、ランプが光りはじめたら、注意を向ける。無視すれば、行く先で問題が発生することを意味する。

しかし、クリスチャンは、ときに、自分の感情に注意を向けることは、幸福感のための心理学から生れた、この世的なものだと考える。多くの教会では、恐れや嫉妬のような問題ある感情を感じないように命じているように思われる。そのような教え（ほとんどはっきりと言っているわけではないが、暗黙のうちに強く命じている）の結果、何が起きるのだろうか。それは、見せかけと否定、増大する個人的問題と広がる浅薄な人間関係、そして、成長の機会の喪失である。

やっかいな感情をもたないようにと忠告がなされるとき、重大な問題が直ちに発生する。人間は、激しい怒りや嫌悪のような強い感情も含めてある種の感情を著しく否定できるようになってしまう。

私は、美しいが支配的な女性と結婚した気の弱い男性のカウンセリングをした。あるセッションで、妻が、絶えず彼の話を妨げたり、訂正したり、彼の代わりに話をするのだが、その間、彼は、彼女に愛情を感じていることを熱心に主張した。彼の熱心さには、ある根拠があった。つまり、彼は、自己防衛のために、家族に対する責任を必死になって取らないでいたのである。そのため、彼は、物事をやっていくのは自分だという妻の強い意志を有難く思っていた。

それにもかかわらず、彼は、激しく怒っていた。彼が熱望してきた尊敬の気持ちを自分に向けてほしいと妻に内心要求していたが、妻の方は彼に対して敬意を全く欠いていたので、何年にも亘って、彼は苦々しい思いをもっていた。しかし、彼はそれをずっと否定してきた。

否認さえ、自己防衛であった。自分がいかに怒っているか自分で認めるなら、妻に向き合うことにつながっていただろう。しかし、それは、彼には恐ろしいことであった。何故なら、対処できないほどあまりに強い一人の女性と決定的に対決すれば、自分で感じている無能さ（R—2）が、あらわにされてしまうからである。弱い男性と

いうものはこのように考えるのである。自分の怒りを、妻からも自分からも上手に隠していたが、結果的に、彼は慢性的で、軽い抑うつ状態を引き起こしていた。私たちの欺きの心は、強い感情（特に怒り）を隠す。しかし、もし、強い感情を認識して適切に向き合うならば、強い感情は人生が変える悔い改めへの導きとなる。

以上のように、感情に向き合うための第一の原則は、その感情を感じることである。良いことであっても悪いことであっても、そして、重要であっても取るに足らないことであっても、起きていることについて、時間をかけて思いめぐらせてほしい。人生の出来事がもたらした感情的な影響に心の波長を合わせてみよう。

> 感情に向き合うための第一の原則は、その感情を感じることである。

この単純な原則について、聖書には、十分な例示がある。ネヘミヤがエルサレムの城壁が流血の戦場にあると分かったとき、彼は場所を探して、そこに座り込み嘆いた。ネヘミヤは、沸き起こった感情の重圧をあえて感じるようにした。その結果、彼は、壁の再建を助けようと熱意をもって決心したのである。

主イエスは、さらなる例を示してくださる。カルバリーの十字架の前夜、捕えられたときに、最初、他の人々と、その後は、独りで、過ごされた。そして、さし迫ったご自身の死（例えば、ルカの福音書22章）に感情的に向き合っておられた。乱心してやがて来る恐怖を否認するのでなく、むしろ、イエスは、ご自分が罪人になるという、言い尽くしがたい苦悶の極みの中に入っていかれた。そして、イエスは深い苦悶を通って、イエスは強くされ、御父のみこころを完全に行われた。

不快な感情が建設的なのか破壊的なのにもかかわらず、私たちは、不快な感情から逃避する傾向がある。しかも、やっかいな感情に気が付くと、人はそれを感じないですむ方法を捜す。つまり、直ちに祈ったり、気に入った聖書の箇所を暗唱したりする。時には、体を動かしたり、甘いお菓子を食べたり、テレビのショーを見たり、気

持ちを紛らわす空想にふけったりする（性的な空想がしばしなされることもある）。

　私たちの努力の目的は、成熟の深まりとは無関係である。つまり、目的は感情的に心地よくしようとすることにある。努力が成功して、不快な感情を消してしまうなら、意味ある自己吟味の機会を失うばかりでなく、本当の自分の姿を知る恐怖が強まる。さらに、神への確信は弱まり、神を信頼しなくなる。私たちの実体を知ることで、神の赦しと助けが如何に必要か、私たちは理解する。感情の実体を否定することは、私たちからそのような理解の機会を奪うことになる。

　多くのクリスチャンにとって、否定は習慣になってしまった。常習的な否定を対処方法にしていくと、一時的な安定した感情を得られるかもしれないが、それは見せかけにすぎず、堅苦しく硬直した感情に陥る。興奮するのでもなく、気分屋でもない人は、非常に霊的に見える。しかし、彼らが未熟である証拠が紛れもなくある。自分が本当に抱いている感情を否定する人は、他の人の人生に深く入っていかれない。触れることもできない。自分自身の心の奥底にあるものを閉じ込めてきた人は、他者の心奥深くあるものが理解できず、適切に対応できない。

> 霊的な成熟さを、感情の平静さで測ってはならない。

　霊的な成熟さを、感情の平静さで測ってはならない。平静さを基準にすれば、パウロは未熟だと言えるだろう。何故なら、パウロは、事実、かなりの感情の高まりと落ち込みを経験しているからである。[2]感情に決して支配されてはならないが、感情は感じとらなければならない。成熟さには自分の感情を経験する能力が必要である。そして、さらに、感情を経験することで間違った人生の方向を悔い改めるか、あるいは、感情を経験しながら、良いときも悪いときも忍耐する力を与えて下さるお方として心から神を信頼する、そのどちらかが必要である。

　感情に向き合う重要さを強調したが、感情を感じることが成長そのものの鍵となるのではないことは、はっきりしておきたいと思う。

感情を感じることは成長の過程の一部分に過ぎない。成長の核心は悔い改めであり、信仰であり、従順なのである。アハブは、ナボトが彼のぶどう畑を売ることを拒否したとき、怒りを**感じた**（列王記第一21：4）。しかし、アハブは、その感情が破壊的だと理解できなかった。その感情によって、自分の自己中心性を知ることができなかった。

　以上、自分の感情を効果的に向き合うは、まず、自分の感情を感じ取らなければならないことだと説明してきた。次のことも、明らかである。ひとたび自覚された**建設的**な感情は、喜びの根拠となり、なお進んでいく強い決心の根拠となる。さらに、**破壊的**感情は、自己吟味を通るならば、その感情の背後にある愚かしさをあからさまにする。そうしてはじめて、悔い改めと従順がなされるのである。したがって、第二の原則は、このように明確に言える。**自覚された感情を吟味し、向き合うこと。**

　最後の質問に答えなくてはならい。自覚し、吟味した感情を**表現**すべきなのかということである。もしそうであるなら、どのように直接的に表現するのか。感情を体裁よくコメントしても構わないのではないか。怒れる夫と妻は、感じたままを吐き出して、互いに爆発させるべきなのか。あるいは、夫と妻は何も言うべきではないのか、あるいは、何か言うにしても聞こえが良いように言うべきなのか。

私は、原則をこのように考える。どう感じているかを進んで恐れずに正確に述べるべきである。自分の怒りを「やさしく」伝えようとする伴侶は、たいていはびくびくしていて、本当に言いたいことを話すことができない。穏やかに表現しても、愛情のこもった関心があるわけではない。決して親切といえない。「やさしく」伝えようとする伴侶は自己防衛的で、怒りに満ちた反発を避けようとしているのである。いのちに至る道として、自己防衛を放棄することは、どのような感情も感じたままを自由に述べるということなのである。

**　自分の感情を隠さずに表現できるのは、報復への恐れではなく、他者への愛に心砕いているかどうかによるべきである。**いのちの源と

しての主をほめたたえるために、他者の幸福を考えて自分の感情を述べる自由を自発に制限する必要がある。

恐れではなくむしろ愛情から感情の表出を制限することは、ある社会では普通のことであるとしても、それよりも、多くの場合は、よりはっきりと、直接的に、強く感情を共有する結果になるのではないか。愛をもって真実を話すことは、通常よりはるかに率直に感情を表出することである。しかし、良い関係を築き励ます目的を踏みにじるようなことは一切言ってはならない。

クリスチャンの上品さとしてみなされることは、自己防衛的な丁寧さにすぎないかもしれない。防衛したり、関係的緊張の対処に二の足を踏んだり、人が言っていることを洞察的に聴くことができないなど、これらのことは、自己防衛の確かな証拠である。

感情をどのように表出すべきなのか。原則はこうである。どのような感情も表現するのは自由であってよい。しかし、神の目的を前進させるものだけを表現するように。

したがって、三つの原則が、感情に向き合うための方法となる。

1．あなたの感情を充分に**経験**しなさい。感情を感じること。
2．あなたの感情を**用いなさい**。感情があなたの信念と目的について教えていることを吟味しなさい。
3．どの感情も**自由**に表現しなさい。しかし、愛の目的によって、表現を**制限**しなさい。

要　約

人格についての四つの要素の類型を最後に完結するために、感情をもつ資質を一つの円で表そう（次頁　図11.4）。それを、「感情経験をあらわす円」と呼ぶ。

感情の空虚な円は、感情の否認を表わしていて、感情がないということではない。外部の出来事と心の内部の過程が相互作用した結

果、感情が生じるのであるが、感情の円が満ちているということは、その人がどのような感情も自覚的に経験していることを示す。点線の内側の円は、その感情の自覚の程度を示すものだ（図11.5）。

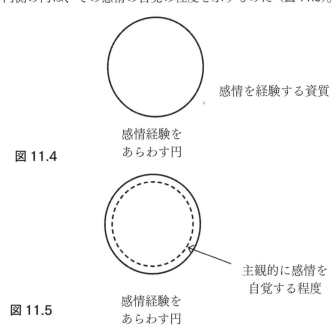

感情を経験する資質

感情経験を
あらわす円

図11.4

主観的に感情を
自覚する程度

感情経験を
あらわす円

図11.5

　感情的に成熟しているというのは、どの感情であるから成熟しているというのではない。むしろ、人が自分の感情を丸ごと経験していく率直さによるのである。感情を感じていくことによって、人生に豊かさ（ときに痛みに満ちた豊かさもある）が加わるだけでなく、自己吟味が始まっていく。自分が願うような、神への深いかかわりをしているのかどうか探るために、感情は有益な導き手である。自分の人生を自分でコントロールする生き方に潜む罪深さは、破壊的な感情の背後にあるものを追っていくと、明らかにされる。

　感情が表現できなくなるのは、拒否や批判を避けたい自己防衛的があるからである。自己防衛が悔い改められると、どのような感情も自ら表現するようになる。しかし、私たちが言う内容や伝え方は、第一に感じている感情の内容に左右されるのでなく、神の愛を他者

に表わす目的によって決まってくるべきである。

第3部
成熟に向かって成長する
──回復されたイメージと癒された関係──

12章
成熟の証拠：愛について

　第1部で、聖書が、人間を理解するための信頼すべき十分な枠組みを、提示していることを論じた。論じる際に、聖書を単なる事実の集積として扱うような無味乾燥な研究は避けることに注意した。すべての問題と聖書のダイナミックな関連性を把握して聖書的カウンセリングを行うとするならば、混乱した人生の問題を通して、聖書研究の明確な範囲の中で、真剣な考察と熟考へと進まなければならない。

　第2部では、人は神のかたちを帯びていること、そして人は堕落したと教える聖書を土台に、人の理解と問題の理解のための基本構造を概略した。結論として、人間の行動を説明するための聖書的モデルは行動データに制約されてはならないということである。人々とかかわれば当然人々からの率直な問いかけを受ける。その問いを聖書的モデルの観点から見直さなくてはならない。人々の心からの問いかけはいずれも、困難な考察を刺激してくれる。その困難な考察を通して、聖書的モデルを発展させるか、精錬するか、あるいは、否定することもあるだろう。しかし、その考察は、聖書の権威を第一にするものである。

　この最終章では、これまで進展させてきた概念を土台に、成熟とは何か概略したい。私の考えでは、成熟とは（正確に定義すれば）、適切なカウンセリングが目的とするところの方向性である。症状の除去、結婚生活の回復、そして、性的倒錯の正常化など、それらが個人の信仰の成長という視点から取り上げられるならば、カウンセリングの対象となり得る。信仰（あるいは成熟）が根本的目的なのである。人間の本質的なものに一切触れることのないカウンセリングが、

一見かなりの良い結果を生じさせるので、信仰的な成熟を遂げていくことがどのような意味なのか明確な考えをもつことが重要である。それによって、聖書的カウンセリングが、元々の損なわれていない状態や適応のより深い意味を見出すだけでなく、信仰の成熟に向かう過程を支えていくことになると確信する。

　成長とは何か、成熟とは何か、様々な理解が多くあるため、このテーマを記述することは簡単なことではない。よく訓練された人がいて、その人の習慣が人間関係に影響を与え困難をもたらしている場合、その人は成熟しているといえるのだろうか。他の人の人生に深い励ましをもってかかわれる心根の温かい人は成熟しているといえるのか。あるいは、その同じ人が強い欲望と戦っているとしたら、成熟の資格は一切剥奪されてしまうのか。成熟は、知識、習慣、技術という観点で定義されることが多い。聖書を知っていて、するべきことをし、してはならないことをせず、そして、クリスチャンとして活動に有能に仕えている人々は、成熟しているとみなされるかもしれない。

　しかし、成熟という飾りを身に付けた人々が、私たちを主のもとに導いているとは思えないことがよくある。確かに、彼らから深く印象付けられ、彼らから挑戦も受け、刺激も受けはするが、心惹かれることはない。本当に成熟した人は、人を惹きつける。つまり、彼らは、私たちよりも、深く主を理解しているために、私たちに神を追い求めさせるように影響を与えるからである。

> 本当に成熟した人は、人を惹きつける。つまり、彼らは、私たちよりも、深く主を理解しているために、私たちに神を追い求めさせるように影響を与えるからである。

　成熟とは、完全さというより、自分の不完全さの理解に関係する。つまり、十字架の意味をさらに深く認識し、私たちの人生から良いものが生じることを願ってキリストをますます信頼するように導く、自分の不完全さの理解に関係している。成熟した人は自分の罪性と戦う人である。とりわけ、汚れとの極めて

個人的な戦いの中で罪と格闘している。その汚れは、その人のもつ基準がはるかに高く、自己欺瞞をはっきり自覚する人だけに見える汚れなのである。進行している戦いの渦中にあって、成熟した人は、満ち満ちた恵みと完全な愛の実体の中に安息を見出す。成熟した人は、心に慰めがあるが（あるいは、少なくても穏やかである）、決して自己満足しない。

　成熟した人に、いつ、最後に罪を犯したのか、問うてみよう。すると、その人は、挫折したけれど回復に向かっている人の微笑みを浮かべだろう。かつて葛藤してきたある特定の罪は、現在では、葛藤とは言えなくなっているかもしれない。しかし、成熟した人は、自分の行動のすべてを堕落させ、今も進行している実体としての罪を自覚している。「潜行する」罪に関心を向けるならば、罪の重大さに気がつく。成熟した人は、病的に自分自身に焦点をしぼれば自己充足（罪の根本である）の傲慢さが増大していくのを知っている。そして、悔い改めと神に回帰していくことで、自己充足が死んでいく時も知っている。

　しかし、これらのいずれも、成熟とは何か**定義**しているわけではない。ある程度は分かる。しかし、成熟の本質を的確にとらえてはいない。きらきらと輝くダイヤが、たった一つの面できらめくのではないのと同様に、成熟は簡単な定義では表せないのである。しかし、成熟とは何か、懸命に掴みとらえなくてはならない。もし、それが十分にできないとすれば、私たちの生まれつきの傾向、つまり、ものごとを自分たちでコントロールできるように変えてしまう生来の性質によって、成熟の定義は表面的で具体的なものになってしまう。結局、熟達した知識、人々に認められる一連の行動、そして、理想の行動の習熟といった定義に戻ってしまうのである。

　ある平静さは、神への心からの確信から生じると、私は考える。その確信は、自己陶酔、狭量さ、不安、憤り、そして疎遠さをゆっくり締め出し、締め出したところに、価値ある目的の堅固さと充足した関係性の喜びで満たしていく。私が考える、このような平静さ（理

解にまさる平安）は、少なくとも、神を知る純粋な喜びから人々を引き離す苦しみと共存できない。

人生は神を知るということにある。神を知る人は信仰のある人である。成熟が帰着点である。カウンセラーは（うつ状態を癒し、もつれた関係を立て直し、人生の健全な楽しみを支援する努力をしながらも）けっして信仰の成長を危うくしたり無視することがないように、精力的に関心を傾けるべきである。**カウンセリングの役割は、教会の働きとまったく同じである。すなわち、成熟を深めることである。**キリスト教の中心的な働きが、個人の問題をめぐって、一対一の会話の形をとるとき、それを「カウンセリング」と呼んでいる。対話をしている二人のうちの一人が自己防衛のパターンから解放され、洞察的に、賢明に、かつ愛をもって相手が成熟できるようにとの目的で相手の人生に介入するならば、そのカウンセリングは「良いカウンセリング」だと言える。

それでは、成熟とは何であるか。聖書は、心の内側の実体から結ばれた実について言及する。成熟を論じるときに、最初に、成熟の実（必然的で明確な証拠である）について考えたい。そして、次の章で、成熟を可能にする心の内側の実体をについて考察したい。

成熟の証拠

成熟は、人々が互いにかかわるかかわり方に一番はっきりと表れる。聖書研究の習慣、教会活動、数々の信仰の証、生活スタイルの訓練、時間をかけた祈り、喜んで自分の楽しみを犠牲にしようとすること、模範的な生き方、これらのどれも大切である。しかし、成熟の土台がなくても、それはそれでわかるものだ。

人として生きる意味の本質が他者との相互の関係と結びついて理解されるように、成熟の核心は根本的に、人との関係のあり方の中にある。神、すなわち、ご自身において関係的存在であるお方は、独立した個人が互いに調和して機能する世界をお造りになった。人は

神によって意図されたように存在するという明確な証拠は、同じく関係性をもつ他者と私たち自身の間の調和が深まるかかわり方のそれ自体にある。[(1)]

　関係性の成熟は、どのような行動をとるにしても、自己防衛の放棄にある。防衛的に強情にふるまう人は、成熟していくほどに、より温和な人になるだろう。一方、自己防衛のために物腰が丁寧な人は、いっそう自己主張するだろう。

　何年も、やさしい性質の人だとほめられてきた一人の女性がいた。しかし、見えない心の中では、彼女は批判や否認を避けることに一生懸命であった。教会の仲間の信徒たちは、彼女のことを、いつも必要なときには要求に応えてくれる、犠牲的精神をもつ愛情深い友人だと思っていた。しかし、彼女が仕える第一の動機は自己防衛にあった。そのため、外見上は愛の行為でも、それは、彼女が相手を失望させたら彼女を破滅させるにちがいないと彼女が考える友人たちに向けた、沸き返る怒りを押さえつけるための行為であったのだ。

　彼女が自分の自己防衛を捨てるというのは、もはや何も言わないということであった。彼女が悔い改めるためには、人から受ける承認の温かさからいのちは得られないと理解し、自分の人生を守るための行動パターンを捨てることが必要だった。彼女が悔い改めた結果、常に彼女の協力を当てにしていた委員会のメンバーは苛立ちを覚えた。「それが、聖書的カウンセリングの成果なのか。」委員会の一人のメンバーは、不平を言った。「彼女は怠惰で頑固者になってしまった。」と。

　自己防衛が目的の協力をやめて、防衛的態度を認めることには、現実には危険性が伴う。しかし、自己防衛的行動パターンを悔い改めて、彼女の内には、以前に増してより豊かな愛の可能性が生まれたのである。今や、彼女は、彼女自身の利益より、他者の幸福のために心配りができた。そこで、彼女は「イエス」と言える自由を手にしたのだ。つまり、神の前で何が最優先なのか考えて、要求されたことが二番目の順位にあれば、「ノー」と言うことができたのである。

彼女は、以前より自由になって、神と他者とを愛したのである。

一言で言えば、成熟の明らかな証拠は愛である。コリント人への手紙第一13章でパウロが言及した愛を考えれば考えるほど、愛する

成熟の明らかな証拠は愛である。

ことができる人はほとんどいない。愛する人というものは、必ずしも、最も愛せる人ではない。

心優しい人を見出すのはむずかしくはない。教会も、近所にも、市民クラブにも、友好的な人々が溢れている。あなたを意地の悪いからかいの対象とすることなど決してしない親切な人々は、みんなの間でもよく知られている人々である。立派な人々、責任感のある人々、親切な人々、道徳的な人々、そして、寛大な人々は、他の領域にもそれなりに存在する。しかし、**愛する**人々にはなかなか出会えない。

愛は、目に見える表面上の行動で測ることはできない。お世辞や心からの微笑みも、情愛をこめて手で背中をたたくことも、決して、愛を定義してはいない。クリスチャンの交わりで認められてきたのは、それぞれが気楽でいられるために互いにほどよい距離を置くという洗練された技である。

愛するとは、自己防衛なしに相手のところに向かっていくこと、自分自身よりも他者を大いに尊重することである。私たちの主は、常に、至高の模範である。ピリピ人への手紙2:7で言われているように、イエスは「ご自分を空しくして」（KJV）私たちのために死を経験するために、神の特権を放棄された。

宣教の目的のために他者に深くかかわるのは危険が伴う。自分自身のことよりも、他者の幸福に、関心を向けることになる。ことばで言うことは易しい。感謝して応えてくれるとは信頼できそうもない人々に対して、無防備に宣教することに恐れを感じる。彼らの反応が無視や拒否であるとき、耐え難い痛みを感じる。しかし、それでもそのような人々に関わり続けることは究極の愛である。私たちの主は、主を拒絶する友のため、主をうち叩いた兵士のために、死

なれた。

　自己防衛を放棄することは、人生は自分の手の内にあるという傲慢な考えを悔い改めることである。私の一人のクライエントは、離婚を恐れ、夫がもっと自分に関心を向けるようにと、プレッシャーをかけていた。夫は静かにこう答えた。彼女の圧力に屈することは、問題を解決することにならないだろうと。両者とも自分たちの人生を守ろうと懸命であった。妻は夫の関心を得ることを目標にし、夫は自由を証明することによって、自分を守ろうとした。二人とも、力を手に入れ、それを持ち続ければ、自分の人生はその力の内に守られるという前提で生きていた。

　堕落した人の本性は、傷つきやすい魂にさらにダメージが与えられるのを最小限にしようと懸命になる。自分を傷つけるものはすべて避けたり、すぐに楽しくなる気晴らしを何でもしたり、そのような方法で、ダメージを最小限にしようとする。

　私たちはすべて、他者によって、犠牲者となってきた。堕落した世界で生きるということは、傷を受けた人として生きることを意味する。人はさらなる傷を避けようと懸命になる。そのため、人は愛する努力を妨げられていく。大方の人にとり、愛が人生の根本にあるのではない。自己防衛が根本なのである。しかし、自分たちを安全に保つために策略をもって周囲を動かし、自分のいのちを見出そうとするならば、神によって意図された人の生きる喜びをもたらす、人々とのかかわりを失うことになる。主が何よりも繰り返し言われたことは、いのちを得るために自分のいのちを失うようにとの人々への招きであった(2)。しかし、愚かにも、人は自分のいのちを救おうとし、その結果、愛を破壊する。

　ある女性は、単純な考え方をするので、子どものようだと嘲笑されていたのだが、夫が彼女の意見を求める場合に、夫が心から願い、彼女の意見に敬意を払ったとしても、彼女は夫に自分の意見を言わないだろう。何故、そうなるのか。彼女の父親が彼女に嘲笑を含んださげすみをしたため、癒されない記憶があるからなのだろうか。そ

れとも、夫が彼女にまったく敏感になることができないなら、彼女は自分のいのちは危険にさらされていると考えているからなのか。彼女の沈黙は従順さを示しているのではない。それは、自己防衛なのである。愛は、彼女が自分の考えを声に出して言うことを求めている。

もう一人の女性がいる。これまでの彼女の過去の背景により、彼女は人からの関心をむやみに欲しがり、人と話すときは大きな声で出して話す人であった。夫に対しては、ためらいなく自分の意見を提案した。夫に自分の要求に答えさせるために自分の考えを聞かせていたことが分かり、ついに夫が彼女の言葉におびえているのを感じるとき、愛は彼女を沈黙させるだろう。

成熟した人は、自己防衛を放棄し、他者が神に近付くためならどのようなこともしてみせる人なのである。成熟した人は、自己防衛はおそろしく狡猾であることを知っている。けっして、簡単なことがらとして扱わない（例えば、「他人が自分をどう思っているかなど、本当に気にならない。だから、自己防衛の問題など自分にはない」と簡単にいえない）。

成熟した妻は、夫がいじわるな態度をとるとき、自分自身の夫への拒否的感情よりも、夫のその態度の下にある傷のほうに、関心を向けるのだ。**成熟**した夫は、自分の中に不全感の葛藤を抱えているとしても、妻に自分のために望むようになってほしいとは思わない。

成熟した親は、子どもの気持ちに浮き沈みがあるとき、子どもの喜び、悲しみをともに心から感じるものだ。時に、自分の親が平穏でいられるようにお世話をする責任から自分を自由にして、距離をおくことを自分に認める。

成熟した独身者は、当然ながら、伴侶しか触れることのできない心の空虚さに直面する。しかし、なお彼らは、結婚に前向きで、かつ、宣教の働きにも献身的である。

成熟した人々は、支配の動機である自己防衛をせずに他者にかかわる。彼らは愛する人である。彼らは、優しく行動するかもしれな

い。あるいは、不愛想に行動するかもしれない。彼らの行為は、ふ
ざけているかもしれない、あるいは、真面目かもしれない。伝統的
か改革的か、物静かか騒がしいか、慈悲深いか厳格か、寛容的か対
決的か、どちらかであるかもしれない。いずれの場合でも、成熟し
た人は、忍耐強く、親切で、ねたまず、高ぶらない、感受性が豊か
であり、他者中心で、怒るのにおそく、赦すに早く、不正を嫌い、正
義を愛し、守り、信頼し、望み、辛抱する。彼らは、神への信頼を
土台に他者にかかわる。彼らは、自由な心で、自分の活力を、他者
を助けることに向けていく。そこに、自分の最も深い幸福があるの
である。

　愛することのできる人々は、何かが違う。彼らの言葉、彼らの行
いを超えた、**ある存在**を伝えている。私たちは、彼らは人々のため
にあるのを知っている。彼らの存在に触れると、成長しなければな
らないと**要求される**というより、成長するように私たちの**心を動か
して**いく。その人がもつ関係性が決して危機的ではないので、関係
性を損なわないようにとするのではなく、むしろ、自由な心で関係
性の喜びの中に入りこんでいく。

　成熟さの明確な証拠は、愛においてかかわることである。人々が
愛することが分かるようになると、
感情的心理的な病を続けさせる心
の構造が変えられていく。愛は本当
に答えで**ある**。愛がクリスチャンの
しるしであり、成熟さの明らかな測
りである。

> 愛は本当に答えである。愛
> がクリスチャンのしるしで
> あり、成熟さの明らかな測
> りである。

　第二部で展開したモデルと調和させながら、成熟を四つの領域が
満たされている状態として、定義する。ここでは、短く、その意味
を明らかにする。

人としての本質が充足された状態：
　心の核心的な熱望が、神のご臨在によって十分満たされる日のあ

ることを深く実感をもって認識している。すでに個人的に損なわれることがないので、恐れから解放されて生きている。

理性が充足された状態

自分自身を神に愛され用いられる価値の全くないものだが、神の愛を受け、神の目的に協働していく中で、神のかたちを帯びる人としての尊厳を理解している（R—2）。

いのちはキリストの内にあり、自分自身や他者の力によって、いのちをけっして見出せないと信じている（R—1）。

決意が充足された状態

いのちはキリストの内にあるとの確信をもって、いのちから何かを欲求するのではなく、神が与えてくださった、神と人を愛する機会を感謝して用いる（V—2）。

愛の目標と一致する仕方で行動すること（V—1）。

感情が充足された状態

建設的な感情を心から感謝し、かつ、破壊的感情を自己吟味のための導き手として十分用いながら、すべての感情を、勇気をもって受け止めていくこと。

課題はまだ残されたままである。すなわち、この四つの要素の充足をどのように進めていったら良いのかということである。問いを変えるならば、私たちが愛する人として成長するというのはどういう意味なのか。最後の章では、この問いを取り上げる。

13章
成熟の本質：神により頼むということ

　もし、愛が成熟の証拠であるならば、成熟の本質とは何であろうか。成熟したクリスチャンの特質とは何であろうか。人は愛するようにプログラミングされた機械ではない。また、適度な圧力を加えられれば、あるべき行動をする反応体でもない。愛は何らかの行動で成り立っていると述べたところで十分ではない。そして、人々に進んで愛するように説いたとしても充分ではない。

　次のようなことは確かにあることだ。愛する人は、自分の感情にかかわらず、他者のために行動する決意を奮い起こさなければならない。しかし、それが、愛する人の行為のすべてであって、確かな変化が他者に起こらないのであれば、彼らの愛は**実在**しないといえる。彼らに愛される人々は、自分がケアされ世話をされていると感じるかもしれない。さらに、励ましの温かさが自分の内に生まれるのを感じるかもしれないが、主との深い個人的なかかわりに引きつけられることはないであろう。主との関係性の中にある人々の存在自体が、他者の心を動かす。人格が深く変えられてこそ、愛する人々は存在するのである。

　カウンセリーが拒食症や抑うつ状態、親としての失敗に取り組もうとしているときに、カウンセラーは、愛がより深く生み出される仕方で、カウンセリーに対応しなくてはならない。カウンセラーは、カウンセリーの話す問題に関心を向けるだけでなく、根底にあるその人自身にも関心を払わなくてはならない。それはどのようにしたらよいのか。正に、人格とは何かという問いにぶつかる。

　どのクリスチャンも、神のみことばへの従順が、人の成長の鍵であることには同意する。神が人に求めておられることについて、そ

れぞれの考えがあるが、神が命じられるとおりに人生を生きなければならないということでは、クリスチャンは、まったく一致している。しかし、人は、懸命に神に従うこと以上のことを必要としている。

講壇から説教される一つに「何事も思い煩ってはならない」といううみことばがある。しかし、十代の娘が、週末に、家を不在にして評判のよくない女友達といるというときに、このみことばの意味を正確に知ることは、明らかに別のことである。「彼女たちは今、何をしているのか。娘を行かせるべきだったのか。たぶん、私たちは娘に寛大すぎた。しかし、友人夫婦は実に厳格な親であったけれど、彼らの娘は妊娠してしまった。娘が帰宅したとき、問いただすべきなのか、それとも、何も言わないほうがいいのか。」

このような親たちを、カウンセラーはどのように援助するのだろうか。娘を行かせる決断が正しかったのか間違っていたのか、確信をもって判断できない（もちろん、二人の少女が以前にトラブルに巻き込まれていたわけではないとして、そして、その親があまりに弱くて、NOと言えなかったとしたら判断はむずかしい）。彼女が帰宅したとき、質問すべきか、せざるべきか決めることは容易ではない。

聖書が、特定の選択のための指示を与えていないとき、原則は常に**人を愛する**ことである。

しかし、愛する行いとはどういうことなのか。親にどうするべきか話すマニュアルなどない。喜んで聖書に従おうとする親の意志が問題なのではない。彼らは、娘を愛するということはどういうことなのか、その意味を見出さなくてはならない。そのために、彼らは、自分たちのあり方の中に深い課題を探求しなければならない。

愛することは、相手の信仰を深めたい願いに動機づけられた行動であり、自分を守るために行動することではない。両親が、この意味を理解するためには、自分たちの自己防衛の行動パターンと娘の信仰の状態を理解する必要がある。娘を理解する賢明さと娘への愛が、両親のするべき行動を方向づける。

愛する行いはどのように生まれてくるのだろうか。この質問への答えについて、見解の分かれるところである。愛するとは何であるのか、何が正しいのか知るために、心の奥底にある願望、防衛的イメージ、愚かな信念、操作的目標、そして破壊的感情などの、心の内側の実体を「分析」し、「内観する」ことが必要なのであろうか。人が成長するのに人格分析が必要なのだろうか。人格の奥底まで見通すこと、行為の水面下にあることを探ること、終わりがないかのような複雑さと混乱の領域の中に入っていくこと、これらに成果はあるのだろうか。その種の人格分析を大いに推進しようとするならば、援助の働きに心理学を持ち込んでいるのではないか。霊的なことがらに重きをおかないのではないか。何故、祈らないのか。何故、聖書で明確に言われていることをしないのか。何故、神の御手に委ねないのか。

　人の成長について、保守派の最も共通している見解は、次のとおりである。十分に良い教えで心を満たし、自分自身を訓練するならば、心の内の困難な問題は落ち着き、正常になっていくだろうという考えである。この見解に立てば、うつ状態の人に、子どものとき、どんなところに失望を感じたのか質問することは、心理学の知見に譲歩し、聖書の真理を危うくすることになる。どの点で失望したのかという問いは的外れな質問になる。この保守派の見解では、神の御前で、自分の人生とどう取り組んでいるかがすべてなのである。従順な行動は、信仰の源泉であり本質である。結局、人は自分の人生を聖書の基準と合致させなくてはならない。人は愛情深くあらねばならないが、時間をもっと聖書にかけ、どのような罪も告白し、それらを放棄し、奉仕にいそしみ、日々の人生の必要なことがらに責任をとって生きるべきなのである。カウンセリングは、その人の人生において行為責任を取らせるように、これらの原則を個別的に述べるにすぎなくなる。以上が、保守派の一つの共通した見解である。

　そうした見解にもとずくアプローチは人に変化をもたらすかもしれない。しかし、そのアプローチによって、自己防衛なしに、自分

の存在をかけて愛するような人になるのだろうか。あるいは、心の思いを欠いた順応、つまり、教会の共同体を満足させはするが、その人自身はあまり生き生きとしていない、人間性に欠けるライフスタイルになるのだろうか。

　教会スタッフの間で緊張が高まっていくときの、よくあるリーダーシップの典型は、真っ先に自己防衛があるかどうか注意深く自己吟味をするよりも、むしろ、自己吟味はせずに自分が最善だと思うことをするのである。自分を内省することは、感傷的で時間の浪費であり、「問題に対処し、教会のミニストリーを進めていく」ことから焦点がずれているように思える。しかし、傷を受けやすい関係性の中で、自分の動機を率直に吟味することほど、無私でいなければならないことである。このことは、スタッフ間の緊張の本当の解決のために、もっとも本質的なことである。自分の内に自己防衛的行動パターンがあることをあからさまにし、それを悔い改めて、初めて愛を具体化する人格が形成されてくるのである。

自分の内に自己防衛的行動パターンがあることをあからさまにし、それを悔い改めて、初めて愛を具体化する人格が形成されてくるのである。

　愛を可能にする人の特徴を明確にするために、最初に、私たちクリスチャンの文化の中で、そのような特徴の形成について、どのように理解されているか、具体的に考えたいと思う。

人格の成長に関する二つのモデル

　人格の成長の重要性は、だれもが同意する。親は子どもが人として成長していくのを望み、牧師は、会衆が人格的に成長していくのを願う。教授や教師も、学生たちが授業コースの内容を学習するだけでなく、強い人格になっていくのを望む。人格とはどのようなものか確信はできないが、私たちは、それは重要なものであると分かっている。しかし、人格の本質的な性質についてあいまいであるなら、

私たちの期待に合致する人々が生まれればそれで十分だと考える。人々が期待に合致するとき、その順応性を「良い人格」だからそうなのだと考える。

　人格を狭い基準で判断するならば、私たちが暗黙の内に受け入れている人格成長モデル（本当は聖化のモデルである）は、水面上に現れた行動しか扱わないことになる。そのようなモデルは、習得・遂行モデル（Acquisition/Performance Model）と呼ばれる。確かに、子どもたち、会衆、学生は、知識が必要であり、知識にもとずいて承認された仕方で振る舞う。人が、聖書の真理をある程度理解しており、明らかに聖書の真理を自分の人生に応用するライフスタイルを実践しているなら、その人の成熟は幾分進んでいるのであり、人格は成長していると、私たちは想定する。

　一般的に、神学校では、知識の伝達、牧会技術の伝授、行動規律の遵守などのカリキュラムに、この習得・遂行モデルを採用している。教会も同様である。説教講壇が信徒の共同体の中心であり、その信徒たちは、よく交わり、ともに教会の業に加わり、ともに祈るが、しかし、互いに、自分の人生を深くオープンに分かち合うことができないならば、教会も習得・遂行モデルに立って神学校と同じことをしているのである。家族として有効に機能している証拠を、微塵も見えない反抗心、明らかな互いの親しみの感情に求めるならば、家族も習得・遂行モデルに巻き込まれてきたことになる。

　以上の人格の成長について鍵となる仮定はこれである。**水面下にある隠された問題に直接働きかけなくても、人格は成長する**。もし、その仮定が本当ならば、習得・遂行モデルは有効だということになる。しかし、このモデルにしたがって訓練された人は、有能な遵奉者となって自分に慢心していく。そして、家族の中に、教会の中に、そして教室の中に、自分自身と同じ人間を再生産していく。それによって、神の人々は弱体化していく。習得と遂行を強調するアプローチは、偽りの心がもつ罪の問題に、決して対決することはできないのである。結果的に、自己防衛を目的として人との関係にしかける

巧妙な戦略は、ほとんど気付かれないままとなる。心の隠されたところで懸命になされる自己充足の実体が否定されていくならば、心からの悔い改めは起こらないであろう。

　同様に、習得・遂行モデルに従っているとき、渇いた魂の心の奥からの熱望は表面化しない傾向になるので、主との人格的な関係は、ほとんど、感じられないままになる。主への熱意は決して生まれない。キリストとの豊かな出会いへと導く魂砕かれる経験は、クリスチャンの訓練強化の行動に置き換えられてしまう。その影響は、キリスト教は観念的なものとなり、人々は深い孤独の中に置かれることである。神を理解する経験はできない。人々は神について知るだけなのである。

> 人格成長に必要な理想的土壌は、ゆたかな共同体である。

　第二の人格成長のモデルは、二つの考え方を強調する。つまり、(1)心の隠された問題（第一に、心の奥の熱望と自己防衛的関係戦略である）に真正面から取り組むならば、愛を実現する人格は最もよく生まれていく。そして、(2)人格成長に必要な理想的土壌は、ゆたかな共同体である。人との関係において、隠された心の問題は、表面化し、解決されていく。以上の考え方である。このモデルを「共同体による人格成長」と呼ぼう。

　この第二のモデルは、最初のモデルで強調されたすべての要素を含むが、第二のモデルは、それらを異なる文脈で扱う。牧会技術の深化や聖化が現れた行動が重要であると同様に、聖書的神学的知識を学習することは、大切である（それが家庭においてであれ、教会であれ、また、神学校においてであれ）。

　しかし、これらのことがらが中心になるのではない。**実際のカウンセリングで観察された人間関係のパターンの研究**が焦点となる。つまり、自己防衛的パターンの悔い改めがあるか確かめ、それを重要なものとし、さらに私たちを神への信頼へと導き、私たちが心の奥深い所で神の善を経験できるように助ける働きに焦点がある。ク

リスチャンのコミュニティーが一つとなって十分に働いていないならば、私たちは、深い悔い改めも神の善をゆたかに味わうことも経験することもない。

　人格の問題は、さらなる心の痛みから自分自身を守るための関係性のパターンであるかどうかみていく。自己防衛は、イエスが約束されたいのちを求めてイエスのもとに来るのでなく、むしろ、自分自身の努力によっていのちを得ようとするものである。しかし、それは過ちである（ヨハネの福音書7：37—38）。自己防衛の人は、自ら作った水漏れのある井戸から水を飲むようなものだ（エレミヤ書2：13）。これらの過ちは、人々が実際にかかわり合う場面で一番はっきりとする。そのため、第二のモデルでは、**あるがままの**自分の中の自己防衛的罪を明らかにする明確な目的のために、人々がともに関わり合うことが求められる。

　人々が成長したいと願うならば、互いに温かく支える雰囲気の中で、他者が彼らにどのような印象をもつのか、率直なフィードバックを互いにしていくことが必要である。このフィードバックで、自己防衛の固有のパターンの根底にある、防衛的イメージと愚かな信念の探求が進んでいく。防衛という策略の下にある満たされなかった熱望が、明らかになり自覚される（おそろしく痛みの伴うプロセスである）。自覚していく中で、これまで自己防衛に懸命であったことを真に悔い改め、いまだ解決していない痛みの中にあっても、唯一の希望である主にしがみつくときが訪れる。

　これは私の確信であるが、習得・遂行モデルでは、防衛が無自覚であり、キリストのご人格へと他者を導く存在がそこにはいないために、このモデルの結果は、愛の関係が壊されたままであるということである。共同体による人格成長モデルでは、人々のフィードバックと支えの中で、人は自分の弱さと自分が頼るべき存在であることを深く知ることができる。それは、自己防衛的な関係性のパターンからゆっくりであるが自由になり、主との親しい霊的交わりのみによって、成長する自分自身の感覚が増すことなのである。

この最終章を振り返りながら、信仰的人格の本質を考察したい。誠実に主を追い求めるならば、神のかたちを帯びる贖われた人は、どのように変えられていくのだろうか。それはどのように起きるのであろうか。

成熟の本質

　愛を目に見える形にすることが可能な人は、通常の人間関係では満たされない、心の奥底にある熱望が明らかにされるとき、成長する。しかし、そのような熱望を明らかにすることは痛みが伴う。それは、私たちを砕き、神への徹底的な依存へと導くからである。ゆえに、私たちは、そうしたことから逃避する。気持ちを少しでも楽にしようと、数々ある自己防衛的手段の下に熱望を隠すのである。砕かれる経験をして愛することが可能になるには、自分の自己防衛的戦略がどのようなものか、冷静にその特徴を知り的確に把握しなければならない。すなわち、自己防衛的戦略は、巧妙かつ傲慢にも、神を頼らないと宣言することであるから。

　こうした戦略を放棄することで、人は自分の弱さの恐ろしいほどの痛みに触れることになる。痛みが最大に達したとき、何らかの方法でその痛みを軽くしたい誘惑が生まれる。その誘惑は圧倒的で強力である。もし、痛みから逃れるために自己防衛的戦略に依存する衝動がもっとも強くなるときに、戦略の放棄を拒否したいが、必死で神に頼り、神にしがみつくならば、私たちの人格は成長する。

　神に全面的に依存するというこれまでの自分には恐ろしい現実を経験して初めて、人格はもっとも成長する。人格の成長の機会が訪れたとき、自己防衛という壁の背後に隠れて神への依存を懸命に否定する私たちの本性は、厳しくチャレンジを受けることになる。

　堕落した世にある人生は、傷つく経験で満ちている。愛するものが病気になる。子どもは親に無関心である。同僚が宣教の業を妨害する。失職する。再婚生活は最初の結婚生活より悪い。年取るとも

に楽しく有意義な活動の幅がせばまるなど。痛みを軽くしたい欲求は、気晴らしや妥協によって、痛みの存在を否定しにかかる。しかし、そのような欲求がなく、神への忠実さを最優先にするとき、痛みは軽減されるかもしれないし、されないかもしれない。だが、人は成長する。

　私たちの主は、霊的喜びの誕生を、出産にたとえられた。最初に痛みがあり、それから喜びがある。「夕暮れには涙が宿っても　朝明けには喜びの叫びがある。」（詩篇30：5）あらわにされた痛みのさなかで、神のかたちを帯びる人が、神にしがみつき、自己防衛戦略を捨て去るとき、信仰の気高い人格の形成が具体的に始まっていく。自分を守りたい衝動に屈服せずに、懸命に神にしがみついてあきらめないことが鍵なのである。それは、生きるために、自分に死ぬことなのである。

　自ら決意して従うことがかなめであることに気づいてほしい。これは、信頼を受け身の期待だと考える「神にゆだねておまかせ」アプローチではない。決意による従順は、聖化の過程であり、神に従う責任を深め、物事の中心にきっぱりと従順を据える。人生をうまくやっていくための手段がなくても私たちは存在するのだと徹底して理解していくことで、従順は強められていく。人生を神に委ねより頼むことを自覚し、深く心に感じ、完全に自分を神に手離すことが、ゆたかな従順の条件である。

　信仰の人は、神にある確信の人である。その確信とは、すべてのことは、ある日、あるべき姿になるという確信である。今ある現在の人生で、私たちはうめき苦しむ——全てに亘って何かが間違っていると。しかし、来たるべき人生では、大いに喜び祝う——しかし、どのようなことも何一つ間違っていないと。堅忍と喜びは、この信頼から生れる。過去（キリストの死と復活）によって可能とされた栄光に満ちた将来に目を注いで、成熟した人は、喜んで、今現在を忍耐するのである。成熟の特徴である信頼が強められるのは、次の場合にだけである。(1) 奥底にある熱望が満たされない現実を、今このとき、

心に深く感じる。そして(2) 自分自身では決して充足を得ることはできないという徹底した無力感を、痛みをもって受け入れる。

　成熟とは、すなわち、神に依存しなければ生きていかれないと自覚すること、自分の貧しさを認めること、そして砕かれることである。人生は願うような仕方で簡単に進んでは行かない。人生を変えようとしても、私たちには何もできない。自分が欲しいものを自分の力で獲得するために必要なものは持っていない。無力さと弱さの自覚のただ中で、否認や妥協をして痛みから逃れない決意、人生は神の恵みから離れても何とか取り戻せるという考えを悔い改める決意、それが、豊かな人格の始まりである。愛することのできる人は、今、どんなに痛みに直面しようと、あるいは、目前に起こることがどんなに恐ろしいものであろうと、喜びをもって忍ぶ人である。

　神をより頼むからこそ、神に従ったために生じるかもしれない痛みを恐れることはない。この世界を自由に生き、自由に責任をもって世界にかかわれる。神にしがみつくからこそ、自由に愛することができる。

　私の祈りは、さらに多くの教会、神学大学、神学校が、自ら本当の霊的成熟さを求め、取り組んでいくことである。それぞれの場に、ゆたかなコミュニティーがほとんどないことを懸念する。ゆたかなコミュニティーとは、互いの率直なフィードバックによって、誠実に自己吟味がなされ、葛藤する人々にそうした自己吟味が広がっていくコミュニティーである。

　自分の人生に向き合うには勇気が要る。自分のイメージを自己防衛のために変えても、そのイメージは透けて見えてしまい、努力は無駄に終わる。人生に正直に取り組んでいくと、痛みの伴うプロセスが始まるが、それは、神をより深く知ることにつながる。神を知ることは、自分が砕かれることであり、変えられることである。無力になることであり、新たにされることである。打ちのめされることであり、そして、強められることである。神を知ることは、**いのち**そのものだ。神を離れた人生は、持ちこたえようとしても、歪め

られてしまう。神とともにある人生ならば、人は醜悪さと可能性の中で、その人生に向き合うことができる。そして、私たちは戦勝者以上になることができる。つまり、キリストとの交わりがあるからこそ、神が意図された通りに、キリストと他者を愛する人になれるのである。

結論
イエスはまことに道である

　最近のことであるが、私は、短期精神力動療法のパイオニアでよ⁽¹⁾く知られた精神分析家が講師をつとめるセミナーに参加した。ビデオテープに記録された、彼のカウンセリングを観た後、私はいくつかの視点で考えてみた。

　最初に、もし、本当の変化を起こすべきなら、私たちの人格の深いところにあるプロセスを扱わなければならないと改めて確信した。適切なこと——それ以上のことは必要ない——ができるように訓練を受ける努力を重ねていけば、いよいよキリストに似るようになるために必要な本質的な変化がおこると考えるのは間違っている。同様に、認知的アプローチも、それが非宗教的であるかキリスト教的であるかにかかわらず、魂の中に重要な信念があることを見落としている——信念というのは、親しさへの心からの熱望で強められ、神なしで懸命に人生をまい進する頑なさに支配された信念である。

　変化を促す行動モデルは、内的な動機の変化の重要性と複雑性を無視しているのと同様に、自分の熱望（かかわりが喜びとなるための熱望）を主観的に認識する必要性を同じく無視している。責任を強調するのも目に見える変化を強調することも、それはまったく聖書的である。しかし、心からの悔い改めと神への信頼が必要な、欺きの心の中にある問題から目をそらすなら、行動モデルは聖書的とはいえない。

　聖書の一つの働きは、これまで気づかれなかった考えや動機をあらわにすることである。そのような露呈によって、ただひたすら頼るしかない状態へと、人は変えられていく。そこから真の従順が始まるのである。

精神力動理論は、少なくても人の心の内面に入りこむ努力をして
きた。この立場の人格モデルは、認知モデルや行動モデルと同様に、
聖書的見方と直接的に競ってきたけれど、真の変化をもたらすため
に必要な心の内側の熟視を重要視した。

> 人生の本当の姿があらわに
> なるとき、それに対して考
> えられる選択は、キリスト
> に立ち返ること、或いは自
> 殺や否認への後戻りである。

第二に、私は、残念に思うのであ
るが、世界的に有名なリーダーたち
が、聖職者を援助する際に、魂の問
題に効果的に対処することがある
が、けっして解決の根本には到達し
ていないのである。否、彼らは到達
できないのである。人生の本当の姿があらわになるとき、それに対
して考えられる選択は、キリストに立ち返ること、或いは自殺や否
認への後戻り（これは、砂の上に家を建てることと同じである）である。

非宗教的な療法がせいぜいできることは、否認の敷居を低くして、
人々を自分自身と他者の真実以外のことに目を向けさせるようにす
ることである。そして、正にこの理由で、非宗教的カウンセリング
は、聖書的カウンセリングと思われるものよりも、人が傷つかない
と思われている。なぜなら、聖書的カウンセリングと見なされるも
のでは、道徳的努力が重視され人はますます否認の中に入っていく
からである。現実に向き合っているさなかにも、道徳的努力で、そ
の人の信仰が測られる。道徳的努力は痛んだところを麻痺させるた
めになされる。その努力は偽善である。

世俗主義者が信仰者より、もっと現実世界にかかわりをもってい
ることは、なんと悲しいことであるか。クリスチャンだけが、否認
をせずに生きるよりどころがあるというのに。しかし、ノンクリス
チャンのほうがクリスチャンよりも、心の内部で起きていることを
理解している。

だが、ノンクリスチャン（世俗主義者 訳者注）は常に解決に到達し
ない。神を認めないならば、人間存在の二つの核心部分は否定され
るにちがいないから。二つの核心部分の一方さえも認めるというな

らば、唯一の希望であるキリストに近づくことを必要とする。二つの核心部分の最初は、人は堕落した世界では得られない関係の本質を経験するために造られたという事実である。どの人の魂の奥底には、み国でしか十分に満たされない渇きがある。二つ目の否定された実体は、罪のすさまじさである。器質的なものでない限り、どのような問題にも、神から離れ自己充足に近づく明らかな心の動きがある。その動きは、人が選択した動きであり、人々のすべての問題を生み出し、その問題を温存するための手段である。

　問題がすべて改善されても、魂が熱望するいのちを求めてキリストに心からより頼み、神からの罪深い離反を悔い改めることがどのような意味なのか分からないままなら、改善は表面的なのである。たとえ、改善が意味あるように見えても、また満足できるものであるとしても。神に立ち帰った結果、症状が軽減され、活力が回復し、そして、人との関係がより健全になったのであるならば、それらは本当のことなのである。他方、表面的な改善によって、人は、独立独行の幻想をもち神とのかかわりなしに人生はうまくいくという幻想を持ち続ける。

　私は、精神医学者のセミナーを去るとき、三つめの印象をもった。キリストとの関係が人生の問題への唯一の答えで**ある**ということそれは本当である。私は、クリスチャンの行動が的外れだと感じて、非常に虚しさを覚えるときがある。そのようなとき、私の心は必然的にペテロのことばに向かう。「主よ、私たちはだれのところに行けるでしょうか。あなたは、永遠のいのちのことばを持っておられます。」（ヨハネの福音書6：68）。

　クリスチャンのリーダーは、そのような真理を、そして福音を阻害するような仕方で教えることがあまりに多い。しかし、真理は真理なのである。世俗主義者が、人生を妨害する複雑さに正直に向き合うことがある一方で、クリスチャンは、心の本当の問題を押しのける決まり文句を列挙する。結果として、ノンクリスチャンの方が、クリスチャンよりも、感情的問題をかかえる人々をより効果的に助

けることがある。

　しかし、ノンクリスチャンの試みはすべて不備であるのは必然である。キリストのおられないところには、いのちはない。あるのは、単なる一時的なまがい物である。いのちを偽造し、人々を神に立ち帰らせることなく、先に突き進ませようとするものは、すべて間違っている。

　すべての援助の核心はキリストでなければならない。福音とは、まさに、良き知らせなのだ。心の問題が露呈されるとき、熱望が満たされていないと感じそのため痛みが圧倒するとき、また、どんな動機にも自己中心が潜むと分かるとき、そうして初めて（その時まで分からない）、福音の驚異さが本当に理解されるのである。

　拒食症と葛藤する女性たち、今までの互いへの温かさがどうなってしまったかといぶかる夫婦、絶えず働き燃え尽きてしまった中年の大人たち、多くの人生の課題に直面してパニックになる若い人々、人が嫌悪する破滅的性的衝動に負ける人々、これらの人々に対して、そして、私たちすべてに対して、私のメッセージは単純に、これである。すなわち、**答えは必ずある**ということである。

　キリスト教のカウンセリングはときに助けとなる。非宗教的療法は、対処が必要な隠された問題を明らかにするかもしれない。教会出席、祈り、聖書研究、そして信仰の分かち合い、それらは、私たちの人生の一部であるのは当然である。正しいことをしようと新たに決意することは必要なことである。

人生の問題のすべてに対する答えは、キリストとの関係の中にある。

　しかし、人生の問題のすべてに対する答えは、キリストとの関係の中にある。キリストとの関係は、時間を置かずして結ばれる、人格的に心とらえられる関係であるが、深まっていくには長く困難な時間が必要な関係である。

　これらのことを書いてきて私が懸念するのは、私が誤解されて私が意図していないことを述べていると思われることだ。多くの人々

は、「キリストが答えである。」と主張するが、深く問題を抱える人々を、攻撃的で単純な仕方で扱いがちである。しかし、そのことで、問題が悪化するのである。臨床的に抑うつ状態の人に、キリストがその人の魂のすべての熱望を満たしてくれると単に言うだけでは、国政選挙のときに一人の人が票を投じるのと同じ影響を及ぼすに過ぎない。一票は重要である。しかし、形勢を一変させるには、それ以上のことが必要である。この本は、牧師が、広場恐怖の人、同性愛者、境界性パーソナリティー、あるいは、抑うつ状態の人々に対して、「キリストを信頼せよ、そして本気になって従いなさい」と訓戒しカウンセリングをするようにと牧師を励ましている本だと思われるならば、私は誠に遺憾に思う。

　そのようなカウンセリングの過ちは、その過ちをほとんど聞いてもらえないということにある。次のことがらは困難であるが、⑴関係性が原因である失望に直面することによって、魂の核心部分である熱望を探ること、⑵悔い改めへの基盤として、自己防衛的な行動パターンの巧妙さを理解すること、これらは、信頼と従順という種を根付かせるための土の掘り起こしでなければならない。カウンセリングと弟子化を五つのセッションプログラム（five-session program）にすることはできない。人生が変わるくらいに人々が主を知るように援助するためには、人々に深くかかわることが求められる。そのかかわりは、混乱と、挫折、そして恐れ、消耗、忍耐のかかわりである。

　しかし、深いかかわりのプロセスを通して、キリストが真に答えであると根本的な理解に導びかれる。私たちの魂の奥底で、つまり、誰しもけっして自分で自覚して入っていかれない領域があるがそのところで、キリストだけが与えることのできる愛の実質を私たちの誰しもが熱望するのである。相手に対してもつ自分の価値を知りたいと熱望するのだが、そのようなかかわりの中でこそキリストの愛の実質を熱望できる。隠された心の奥底では、強い熱望があるのが感じられる。その隠された心には、神への信頼を拒否する傲慢さが

醜い姿で露呈している。その心の奥底に入っていくならば、キリストがいのちであるとの真理が私たちを深くとらえ始める。

　成熟への道のりは、長く、でこぼこしている。そして、登り坂が続く。しかし、旅路は続く――そして、旅路にふさわしいものである。いのちへの道は死への道のようだと、何度も感じるだろう。自分の満たされなかった熱望に深く立ち入ること、罪深い自己防衛を徹頭徹尾あらわにしていくことは、痛みである。しかし、その痛みを知ることによって、より豊かに、より勇敢に神を信頼することができる。罪を知ることによって、より深い悔い改めとよりゆたかな従順へと導かれる。

　いのちへ至る道がある。私たちの主がその道である。主は私たちを自由にして主に向かって歩むようにしてくださる真理である。主は、私たちが今、味わうことのできるいのちであり、さらに、永遠に、自由で存分に喜ぶことのできるいのちである。カウンセリングも含めたすべてのことにおいて、キリストに卓越性があるべきなのである。

補遺
力動モデル、道徳モデル、関係性モデルの長所と弱点

人間に関する三つのモデル（5章）をそれぞれ考察し、各モデルが人格の四つの要素（6章）をどのように是認しているのか否定しているのか識別することは有用であろう。四つの要素（本質部分、理性、決意、感情）をどのように扱っているかによって、各モデルの人間理解の適切さが測られる。

	本質部分	理性	決意	感情
力動モデル	—+—	+	——	+
道徳モデル	—	+	—+	+
関係性モデル	+—	——	—	——+

力動モデルは、人格の心の奥にある働きを強調し、思考プロセスと感情の両方にも注意を向ける。概して、このモデルは、責任の伴う選択の役割をほとんど強調せず、全く採用しないこともある。

道徳モデルは選択の重要性を強調し、人間は、何にも増して、自分の行いに責任をもつのであると主張する。思考プロセスの重要性を残しているが、心の奥にある熱望や感情にはほとんど注意を払わない。そして、感情を強調すれば、無責任の言い訳（「私は、叫ぶしかなかった。怒っていたからだ」）になると懸念する。

関係性モデルは、そのときの人の感じ方に焦点を当てる。自分自身と他者について積極的な感情が向かっていく心の動きを重要視する。方向づける動きに心のより深い熱望が果たす役割があると考え、選択が役割を果たすとはほとんど認めていない。ましてや、思考の

プロセスや信念には役割をほぼ与えない。極端な場合には、「良いと感じるのであれば、してみればよい」ということである。

　人格の四つの要素の一つでも、極端な人間観によって軽視されるならば、結果は重大である。このことは留意すべきである。

　心の奥底にある熱望にあまり関心をもたないカウンセラーは、人にかかわりをもとうとはしない。浅薄で、いのちの温かさを感じない冷淡さがあり、よそよそしい傾向がある。律法主義はそうした雰囲気の中で盛んになる。

　人の理性の資質を十分に強調しないならば、カウンセリングは、役に立つものなら何でも良いからと、思慮なく追い求めるだけになってしまう。人の盲目性は問題視されることもなく、神へ立ち返る悔い改めも生まれてこない。

　もし、決意の資質が無視されるなら、カウンセリングは、人を脆弱な存在にさせてしまう。つまり、人は変化を起きるのを待つだけの存在であり、変化の主体者として責任をもって世界にかかわる存在ではないということである。

　正しい行いをすることが良いのであって、感情はどうでもよいことになるならば、人は、機械になり、人格の豊かさを知っていくことがないままである。感情は、心の内側にあるさらに深い部分に目を開かせる窓のような役割をもつ。その窓が閉じられてしまうなら、人格の深みにあるものは見失われる。

原書注

はじめに

1. 人は自分自身を愛して初めて他者を愛せるという考えを Erich Fromm が、発展させ、広めたことは注目すべきことである。

1章

1. J.Robertson McQuilkin, *The Behavioral Science Under the Authority of Scripture* (Paper read to the Evangelical Theological Society, Jackson Miss.,30 December 1975)

2章

1. John Calvin, The Institute of The Christian Religion, ed. Tony Lane and Hilary Osborne(London- Hodder and Stoughton, 1986), pp. 39- 40
2. Jay Adams と Charles Solomon の著作は顕著な例外である。
3. 最終的、完結したカウンセリングモデルというものは、堕落した有限な人間によってもたらされることはないであろう。最善のモデルでさえも、常に、刃がぼろぼろで、新しい考え方やデータを直ちに受け入れるときだけ、部分的に滑らかになる。

3章

1 心理学のデータや理論は、学習障害、精神疾患の投薬などのようなことがらに対処する際の助けとなるばかりでなく、人に何が起きているのか、どのようにしたらより適正に対応できるのか、といった挑戦的な質問を刺激するという点では有用であろう。しかし――このことは、見解1と見解3の本質的違いとして強調されるべきである――聖書**のみ**が、人生とはどうあるべきか、どう生きられるのか決着するための、信頼すべき答えとカテゴリーを提供できる。見解3は聖書の権威性と聖書の十全性の両方を支持する。
2. この本の第2部では、私は人間理解のモデルを提示している。私たちすべて、あるいは、最も成熟した人でさえ、聖書的コミュニティーの中で取り組む必要のある重要な問題と未だ格闘していると私は主

張したい。そのモデルは、この私の主張を裏書きするものである。

4章

1. フロイトは聖書を考慮しなかったと述べたが、私の考えが恐ろしいほど単純だと理解されるとしたら、遺憾である。つまり、「もし、フロイトが聖書を読んでいたとしたら、彼は申し分なかっただろうに」という意味である。精神力動理論は、神学者が見落としてきた人格の様々な要素を理解してきた点で、挑戦的であり、貴重である。たとえ、フロイトが聖書を読んだとしても、彼は、典型的で社交的なクリスチャンにはならなかっただろうと、推測する。むしろ、フロイトが聖書を読んでいれば、人間の心の内側の構造のより正確な理解を生み出し、罪を人間の中心的な問題ととらえ、さらに、充足を求める魂の深い熱望を理解していたであろう。第2部では、これらの考えを、より綿密に論じた。

2. 「Effective Biblical Counseling」では、三つのカウンセリングのレベルを記している。レベル3が治療を意味することがらを扱っている。

3. 聖書のテキストの直接的な記述から離れていけばいくほど、解釈上の過ちの可能性が高くなるといえるかもしれない。釈義的な所説は——特定のテキストの意味を確定すること——神学者の所説より、聖書の実際のことばに忠実である。神学的カテゴリーの含意を研究するとき、なお、聖書のテキストから隔たりがあるので、理論を定式化するときには、より慎重にならなければならない。

4. 「洗練された人生」の定義は、その人が属しているコミュニティーに依る。あるクリスチャンの教派では、霊的成熟さは、飲酒やダンス、映画鑑賞の禁止として定義される。他の教派では、社交上の付き合いの飲酒は許されていても、聖日の厳守（日曜日のテニスの禁止）を要求するところもある。また、他の教派では、スラングな言葉使い、映画、日曜日のテニスを許しているところもあるが、狭量と思える信念をもつことは認められない。どの場合も、心の状態を、外見的な分かりやすい見える基準にしたがって判断している。

5章

1. Joseph F. Rychlak, Introduction to Personality and Psychotherapy, 2nd

ed.（Boston：Houghton
Mifflin, 1981）

6章

1. J.I. Packer, Knowing God (Downers Grove, Ill.：InterVasity,1973),p.89.
2. J. Oliver Buswell, Systematic Theology (Grand Rapids：Zondervan, 1962), 1：232.
3. Lewis Sperry Chafer, Systematic Theology(Grand Rapids：Zondervan, repr. 1981),2：160
4. Ibid., pp.168.
5. Lois Berkhof, Systematic Theology(Grand Rapids：Eerdmans, 1978),p. 204

7章

1. 思い起してほしいことは、この節 (訳注：日本語聖書では、詩篇51篇 7 節である）は、神が強制的にはぎ取った自己義認の仮面の裏にある罪の醜悪さを否定した人が語ったことばである。サムエル記Ⅱ 12：1~13 を参照のこと。

8章

1. Richard Lovelace, Dynamics of Spiritual Life (Downers Grove, Ill.：Inter Vasity,1979), pp. 86- 89.
2. 私たちの堕落した状態では、本来の熱望のいずれも堕落に加担している。熱望は私たちが御国に置かれるまで、純粋にはならないであろう。熱望を抱いて、人は罪の方向に向かう。聖書が教える新生は、人の本来の熱望の強さが弱まることをいっているのではない。新生は、熱望を次第に純粋化していき、その結果、人々が神をなおいっそう熱望するようになることをいうのである。
3. 私がイメージについて述べるときは、可能性志向家（possibility thinkers）や確信的信条主義者（positive confessionalists）、そして原初療法（primal screamers）が考えるイメージ形成とはかなり違う。これらの立場は、想像を、望むものは何でも実際にかなえる、神のような潜在能力を解放する道具だと考えている。信じなさい、考えてみなさい、イメージしなさい――そうすれば、そうなるのだと。堕

落した、神のかたちを帯びる人は、神を頼らない独立独行にますます励むために、イメージする資質を道具として用いるのである。こうした独立独行のためのイメージを**悔い改める**ことが求められている。イメージを解き放すのではない。

9章

1.　キリスト教界では、「二つの人間性」という考えがあるが、これも同じ意味である。「私」（キリストにある本来の私という人格であり、新たにされた性質で、完全である）と「もう一人の私」（かつての人格であり、過去の性質で、完全に堕落している）がいる。私の内に二つの勢力の間で闘いが絶えず起きている。その結果、本当の私が、党派の争いの仲裁者となって良い兵士を励まし、悪い兵士を征服する。この考え方では、その瞬間、その瞬間、神に頼る道を選ぶのか、または頼らずに独立独行の道を選ぶのか、本当の私はその選択の責任をもつ一人の人ではなくなる。

2.　虐待をする夫を赦しかかわっていくにしても、警察を呼び、告発してよいと、私は指摘したい。聖書的なかかわりと自虐とは同じではない。

10章

1.　決意の感覚の欠如は、行動のある領域でもっとも強く経験されるかもしれない。あるいは、欠落感は、常態化した無気力感であるかもしれない。そして、決意の欠落感のもとには、自覚されていない目標がはりめぐらされていることがある。

2.　これらの言葉は容易に口からでる。大切にしてきたことが取り去られるとき、心に重くのしかかる現実は、簡単なものではない。それ自体あたかも地獄のような痛みでありながら、成熟が伴ってくる。容易に答えはない。

11章

1.　複雑さについて二点、指摘できるだろう。（1）　ある出来事が楽しいのか、不愉快であるのか簡単に決めることはできない。出来事が神のご性質を反映し神ご自身のみこころと一致しているならば、そ

してその出来事がたのしく経験されているならば、私たちは正しいコースの上にあるといえる。不愉快な出来事というのは、神のご性質とみこころを汚すものである。(2)　どんなに楽しい出来事でも、出来事自体が純粋に楽しい感情を呼び起こすことはできない。どんなに最善の出来事であっても、何かが欠落しているのである。クリスチャンにとって、楽しい感情には、常に、行く手にあるより良い日々を待望する感情が含まれているのである。不愉快な出来事も、また、とりわけクリスチャンにとっては、様々な感情を呼び起こす。苦しみの渦中、これ以上の困難はないとの期待が心を活気づけ、良い計画が進行中だと分かると、悲しみの下に静かな喜びが生まれてくる。

2.　以下の点を明らかにしておかなければならないが、成熟度の、高い低いは、軽はずみな浮ついた気持ちや人を無力にする抑うつとは関係がない。成熟した人の感情は、深い河の流れのようである。どのような感情の下にも、信仰へと進み続ける静かな決意がある。強い感情が、成熟した人の中に起きても、その感情が、長い期間、信仰への道の妨げとなることはない。

12章

1.　堕落した世界では、聖書的な関係のあり方は、クリスチャン同士の間でさえ、分断を生み出すことがあることに注意すべきだ。その関係は、結局は、愛のない、聖書的でないあり方になっていく可能性がある。誰しもがある程度自己防衛的であるが、比較的防衛的でない人々は、概して、防衛的な人の感情を害することがある。

2.　マタイ 10：38—39、16：24—25、マルコ 8：34—35、ルカ 9：24、14：26—27、17：33、ヨハネ 12：25

結論

1.　短期精神力動療法は、正統な精神分析的心理療法の現代的な変形である。積極的な（ときに対決的な）解釈的かかわりを強調する伝統的な精神分析療法のアプローチから様々な方法が生まれてきが、共通していることは、慎重にクライエントを選ぶこと、焦点化された問題には比較的短期間で対処できるという確信、そして、人格を精

神力動的観点で捉えることである。

訳注

はじめに

エーリッヒ・フロム（Erich Fromm, 1900 ～ 1980 年）〔原著注より〕
ドイツ。社会心理学者。新フロイト派を立てる。
日本でよく知られている著書は、以下の通りである。
1941 年 「自由からの逃走」：ワイマール体制下で自由になったドイツ国民は、その半面、孤独感、不安感を感じ、帰属感を失う。そこから逃走するために、権力を頼り、ナチスを信奉するに至った。
1951 年 「夢の精神分析」
1956 年 「愛するということ」：愛は人間を仲間から隔てている垣根を破壊して、人間を他人に結びつける力

コルネリウス・ヴァンティル（Cornelius Van Til, 1895 ～ 1987 年）
オランダにて誕生。1927 年 – 1972 年、ウエストミンスター・セオロジカル・セミナリー専任講師（弁証学）、同名誉教授。1936 ～ 1987 年、オーソドックス・プレスビテリアン・チャーチ教師。ヴァンティルの見解について、日本語では「改革派キリスト教弁証論」（聖恵授産所出版部　1986 年第三版）を参照されたい。

パニック発作（障害）：突然、激しい恐怖　又は、強烈な不快感の高まりが数分以内でピークに達し、動悸、発汗、身震い、息切れ、恐怖、めまい、寒気などの症状が起こる。（「心理学小辞典」有斐閣　2014 年判参照）

序章

浄化（catharsis）：内的に抑制または抑圧された観念や感情を再生、表出することによって、不安や緊張が解消されること。ヒステリー症状の改善のための催眠療法で、忘れていた感情の再生と除去で、浄化の方法が発見された。最近の心理療法では、解消のみでなく、感情抑圧状態の洞察が必要とされている。（心理学小辞典　有斐閣　2014 年　参照）

トラウマ（外傷）：個人の生活体験の中で、はなはだ強烈で適切に対応できない事件であり、情動的体験が病因となるような不安を引き起こすもの。（「心理学小辞典」有斐閣　2014 年判　参照）

1章
原初療法
アーサ・ヤノフが 1967 年に創設した。過去にあった苦悩（幼児期のトラウマ、愛情の欠落、満たされなかった欲求など）が感情を抑圧し、感情的問題を引き起こしているとする。この原初的体験をよみがえらせることを基礎にしている治療法で、過去を想起して感情をコントロールしないように促す。患者は湧き上がってくる自分の感情で一杯になり、叫んだり、泣いたり、親を呼んだりして（原初の叫び）、抑圧してきた感情を解放する。

家族システム療法
家族を一つのまとまったシステムとみなし、それがかかえる心理的問題を臨床対象とする。人が日常的な相互のかかわりを通してつくり上げていく関係系という意味でシステムという用語を用いる。

ゲシュタルトカウンセリング（ゲシュタルト療法）
ゲシュタルト（Gestalt）とは、形になっていたり、一つの全体になっている構造をさす概念。完結、全体へと向かう志向性をもつ。ゲシュタルトカウンセリングとはその人らしさを身につけた全人的な存在になることを志向し、クライエントの主体的参加と選択の自由と責任性を尊重する。そのため、「○○すべき」ではなく、何よりも、今、ここでの気づきの経験、直接経験を大切にする。解釈や説明ではなく、クライエントが一人称肯定文で話すことを求める。

論理情動療法
元々は、アルバート・エリス（Albert Ellis, アメリカ）が 1955 年に提唱した論理療法である。人間には非合理的に考え行動しがちな生来の性向があると考え、心理的問題は、出来事をどう受け止めたかの論理的思考が影響しているとした。1990 年代より、論理情動行動療法と呼ばれた。

自分の感情を明確化すること、状況の正確な認識をすること、現実状況を変えるためのスキルの習得を主な柱とする。

認知行動療法
人間が自分の周辺世界をどう見るか、どのように構造づけるかという認知によって、感情、行動が影響を受ける。認知を変え、修正することを目的とする。

内的粉砕療法
最も恐ろしい状態を、はじめは想像上、次に実生活で反復経験させる恐怖症の治療法。

力動精神療法
人間の精神現象を生物的、心理的、社会的な諸力による因果関係の結果として理解することを方法論的な基礎とする心理療法。

アドレリアンカウンセリング
個人の行動にはすべて目的があること。個人の行動の背景には幼少期に形成されるライフスタイル（自己概念、世界像、自己理想）が存在する、と考えた。アドラー自身のカウンセリングは、開放的な設定の中で積極的な助言を通して行動変化を迫るものであった。逆説的助言をして逆説的治療の先駆者となった。

経験主義（Empiricism）
経験説。知能の発達を規定するものとして、古くから遺伝と環境の要因が指摘されてきた。知能は遺伝的に規定されると説くのが生得説。これに対して、経験説は生後の経験に決定されると主張する。

家族カウンセラー（Family Counselor）
家族療法を、家族心理学やカウンセリングの視点からFamily Counselingという呼称も使われている。Family Therapy とほぼ同義語である。

2 章

実用主義（pragmatism）

「プラグマティズム」は他に、道具主義、実際主義とも訳される。原意はギリシャ語のプラグマで、「行為、実行、実験、活動」の意味がある。イギリスの経験主義、つまり、経験不可能なことがらの真理を考えることはできないとする考えをもとに、概念や認識がもたらす客観的な結果を科学的に記述することを重視する 1870~74 年に形成されたアメリカ合衆国の哲学である。プラグマティズムはウィリアム・ジェームズによって広く知られるようになった。その著書『プラグマティズム』(1910年) では「ある対象に関して我々の完全な明晰さを得るには、その対象がもっている実用的な種類の認識できる効果をのみ考える必要がある。」と記している。心理学では、「行動主義」として、影響を与えた。

5 章

力動的モデル（Dynamic Model）

行動の「如何に」にかかわる側面を記述する概念を「機構」とし、行動の「何故」を説明する部分、すなわち、機構を作動させるエネルギー源を「動機」として、重視した。本能、衝動、願望、構え、態度、意志、目的の諸概念が鍵となる。ちなみに、力動理論（Dynamic Theory）は生体の本質は、生体の動的平衡の維持にあり、心理的現象も平衡維持の表現と理解する立場。

転移（transference）

原義は、ある人への認知・感情を他者に移し向けること。精神分析では、患者は分析者に、恐れ・敵意・愛・あこがれを向けるが、これらは幼児期の両親等への無意識の感情の転移である。この転移の分析と分析者の真実の心を知ることで、幼児期の深い原因から解放されるとする。

ロジャーズ派カウンセリング（Rogerian counseling）：ロジャーズ派というのは、カール・ロジャーズ（Carl Rogers）によるカウンセリング及び心理療法の理論や実践に関するものを総称する。ロジャーズ（1902-1987）はアメリカの心理学者でクライエント中心療法 (person-centered therapy) の創始者である。ロジャーズは 12 年間の児童虐待防止協会で

の臨床経験を経た後、自らの人間観に立って新しい心理療法を展開し、カウンセラーの無条件的肯定、共感、自己一致を重視した。ロジャーズ派カウンセリングとは、クライエント中心や非指示的性格をもつカウンセリングを指す。

6 章

Capacity（資質・性質・能力）

生得的素質の影響を受けている個人の潜在的可能性をもつ性能、或は資質、能力を意味する。また、「受容力」「吸収力」の意味もあり、「志向性」の意味も内包すると考える。

8 章

コンプレックス

C. G. ユングによる造語で、「感情複合体」とも訳す。無意識にはある一定の情動を伴う心的要素のまとまりがあり、意識と分離した形で自律的に機能する。それが時折、意識に突出して様々な影響を人に及ぼす。
（『心理学小辞典』有斐閣　参照）

12 章

習得・遂行モデル（Acquisition/Performance Model）

習得とは、学習によって反応の強さが増したり、新しい反応様式が加わったりすること。遂行とは、実行行動ともいい客観的に観察され測定される行動である。

訳者あとがき

1. 著者について

本書は、Dr. Larry Crabb, Understanding People: Why We Long for Relationship, Zondervan 2013 の全訳である。初版（Understanding People: Deep Longings for Relationship）は1987年に刊行された。著者の Dr. Larry Crabb は、1944年イリノイ州エバンストンにて誕生した。イリノイ大学で臨床心理学博士号を取得、心理学の Assistant Professor（准教授に相当）になる。その後、アトランティック大学フロリダ校の Psychological Counseling Center 所長、およびフロリダ州、ボカ・ラトンにて臨床心理の実践をされた。Grace 神学校にて聖書的カウンセリング学科の教授、学科主任を勤める一方で、聖書的カウンセリング研究所を創設した。1986年から1996年まで、コロラド・クリスチャン大学大学院修士課程聖書的カウンセリング講座の主任、教授となる。その後、リージェントカレッジにて、実践神学の特任教授となる。

2002年、コロラド州、デンバーにて、非営利団体として、NewWay Ministries を創設した。ここに、Dr. Crabb の聖書的カウンセリングの目標が具体化したと考えられる。創設の趣意書には、「しかし今は、私たちは自分を縛っていた律法に死んだので、律法から解かれました。その結果、古い文字にはよらず、新しい御霊によって仕えているのです。」（ローマ書 7:6）のみ言葉が引用され、そこから「私たちは、魂に深く届くあり方で、互いに語り合い、すでに与えられている、神への深い願望が、それが私たちの人生を支配するようになるまで、かき立てられるようなあり方で互いに語り合う必要がある。」と、教会の真のあり方に言及しながら、理念の背景が記されている。NewWay Ministries の召命は「関係性の変革、すなわち、魂における真の戦いに向き合い、神からの祝福以上に神との親密さに価値を見

出す、新しい生き方に火をともすことである。この新しいあり方は、聖書と共にある。イエスに従うこと、これがすべてである。」この変革のために、三位一体の神の互いの位格の関係に学ばなければならない。福音のみが、この新たな生き方、考え方、かかわり方を可能にすると、述べている。神を経験するとはどういうことなのか、キリストのようになるために何が必要なのか、真のキリストにあるコミュニティーとはどのようなものなのか、役割は何であるのかという主題を中心に、キリストの体である教会が関係性において新たに生きるあり方を求めていかれるように援助していくことを目的にしている。

「展望」（Vision）のところに記されていることを紹介する。「神に対する心からの熱意・熱情が人生を支配し、その神への熱情によって、神の心をもって他者にかかわり、希望をもって苦しみに耐えるように至るまで、神への愛を奮い起こし深めること」とある。これまでの Dr.Crabb の著作はここに向かっているのだと念頭に置きながら読んでいくと、よりよく理解できるように思う。

日本において、Dr. Crabb の最初の著作、「Effective Biblical Counseling」（Zondervan 1977）が『教会の働きとカウンセリング』と題して、いのちのことば社から 1993 年に邦訳され出版された。次いで、2005 年、同出版社から「The Silence of Adam」（邦訳：『アダムの沈黙』）が出版された。一貫してあるのは、教会の働きである。「聖書的カウンセリングは、地域教会を形成する人々の間で行われてこそ、その力を最大限に発揮」（「教会の働きとカウンセリング」p13）するのである。

訳者の手元にある「Who We Are & How We Relate」「Men &Women: Enjoying The Difference」「The Silence of Adam」も合わせて読む限り、教えられることは、心の問題を扱うのは、いわゆる臨床心理分野の専門家の専売特許ではないということである。この論点については、「教会の働きとカウンセリング」でも「ミックス・サラダ」という視点で、また、本書 3 章と 4 章を通して、論じられている。かつて、Dr.

Crabb 自身が、認知心理学によって、行動変容を促す療法を実践する立場にあったが、それはもはや行わないことを述べている。人は何であるのか、そのことを徹底して聖書から論じた上で問題を理解していく。すなわち、人間そのものが、神のかたちに造られたこと、つまりは、「関係性」の存在として創られたこと、堕落以後、人間はその関係性、神に対する関係性と他者に対する関係性を歪めてしまったこと、その結果、人に本来与えられた関係への熱望の充足のあり方も歪められ、ここに問題が生じるのである。歪みとは、人は自分で考える方法で、これ以上の心の痛みを負わないためにサバイバルしようとする、つまり生き残るために戦略にもとづいて生きることである。戦略の行き詰まりとして、関係的問題が生じると考えている。究極の解決は、悔い改めにある。

　ここまで読むと、心の問題、逸脱した行動＝罪の図式で考えればよいのであろう、聖書のみ言葉を読み、悔い改めを促せば解決されると判断されてしまう。しかし、人の心の問題は簡単に判断されない。罪の一言で処理できない。表面的な受け止めをしても、結局は心の深みで起きている実体に届くことはない。一時的な解決をしても、再度同じ問題が起きてくるのである。深いところで動いて生じてきた問題を、しっかり聖書の人間理解から紐解く必要がある。すべての問題は、神、他者、自分との関係的な根本的な葛藤から生じる。そうであるがゆえに、この問題の解決の糸口は、堕落した世界に生きる人の心の問題のありかを、また、どのように行き詰まったのかを探っていくことなのである。人は、確かに、当初、家族による犠牲者だと言える。しかし、前述した、傷を負わないで生き残るための戦略を考え、決定し、行動する主体者なのである。しかし、その戦略は行き詰る。神に対して、他者に対して、自分に対して、関係性の問題が生じていく。真の解決のために、この捻じ曲げられた戦略をとってきた自分に、自分の心の奥で起きたことに向き合う旅路を行かなくてはならない。その同行者になることに、教会は召されているのである。問題が生じたら専門家に預ければそれで済むの

ではない。訓戒し教示的に対応すればそれでよいのでもなく、行動上の問題にだけ目を留めれば済むのでもない。

　現在、Dr. Crabb は、2000 年以来、全米キリスト教カウンセラー協会の霊的指導者の立場に就いているが、NewWay Ministries を基盤に、聖書学の講義、著述、セミナーの開催、訓練等、幅広い活躍をしている。

　NewWay Ministries のホームページの最新の情報により、Dr. Crabb 執筆の数ある推薦図書の内、テーマに従い、いくつかを紹介する。

　人とは何か：「Understanding People」（2013 年改訂）

　　　　　　　「The Silence of Adam」（1995 年初版）

　　　　　　　「Men & Women」（1993 年第二版）

　　　　　　　「Who We Are & How We Relate」（初版 1992 年）

　問題の本当のありか：「Inside Out」

　　　　　　　（初版 1988 年　Christian Book Award 受賞）

　人の問題を通して、なさる神の御業：「The Pressure's Off」

　　　　　　　（2004 年初版）

　神の聖霊は今日どのように働かれるか：

　　　　　　　「Finding God」（初版 1993 年）

　　　　　　　「Shattered Dreams」（2010 年初版）

　最新の著作は、「Waiting For Heaven」（2020 年 7 月）である。

　　副題は「癒やしがたい嗜癖からの自由」である。

2.　いくつかの訳語についての説明

ⅰ）クライエント / カウンセリー：カウンセラー（相談を受ける者）に対して、ともに、相談する、面談を受ける意味で、「来談者」と訳される言葉である。本書では、原語のままカタカナ表記にした。

ⅱ）サークル（Circle）：元来、「領域・圏・界・範囲・系統」と訳せる。本書では、サークル（Circle）が Rational、Volitional 等の側面の説明で用いられているが、これを思考領域、自発的意志領域と訳した場合、それら領域外は何であるのかという問題が

付随することを懸念し、文脈の前後や定義から、おそろしく単純な「......をあらわす円」という訳語に統一した。

3. 感謝のことば

　訳者が、Dr. Larry Crabb の本に出会ったのは、1994 年の春ごろであった。児童臨床の現場にいたことがあり、カウンセリングへの関心が強まっていた。最初に手にしたのは、『教会の働きとカウンセリング』（いのちのことば社）であった。キリスト教にあるカウンセリングを求め始めていたころ、属していた日本長老教会東久留米刈穂キリスト教会で奉仕しておられ、デンバーの福音長老教会から送り出されていたの Walker 宣教師ご夫妻に、Colorado Christian University で聖書的カウンセリングを学んだらどうかと勧められた。留学の経験もなく、ただ高校程度の英語力しかないものにとり、それは、あまりに夢のようなことであったが、志を与えられ、兄弟姉妹の支援をいただいて、1995 年の秋に、デンバーに行くことになった。当初は International Student のための英語学校に入り、学部の講座を聴講するなど、準備したが、特にヒアリングには悪戦苦闘した。そのような微力なものが、1996 年 7 月に Master of Arts in Biblical Counseling の入学を許された。全てが、主のお導きのもとにあった。集中的に一年間で二年分の課程の講座が用意されて、このコースには、全米からすでに教会のミニストリーについておられる人々も集まり受講していた。修了後は、救世軍の回復施設でインターンシップをさせていただき、1999 年 1 月に帰国した。

　こうして、帰国後の働きを経て、ようやく、Dr. Crabb の本を訳すことができた。アメリカでは、100 人カウンセラーがいれば、100 のカウンセリングの立場があると言われるが、徹底して、聖書が語る人間理解を解明して、問題の解決のありかを探求する Dr. Crabb のアプローチは、私たちの啓明である。

　本書の翻訳に際して、Dr. Crabb に連絡を取った。正直なことを言えば、「Inside Out」を推薦されたが、日本のキリスト教界でも百花

繚乱のごとくカウンセリングの立場がある中、聖書に従った、カウンセリングのあり方を真摯に論述する本書を先に出版したいと考えた。特に、聖書にもとづいてするカウンセリングと他の心理学、心理臨床領域との区別があいまいなまま、正に、聖書的カウンセリングといいつつ、ミックスサラダのように行われている日本の現況で、本書からチャレンジを受けて、教会で行うカウンセリングの精査をしなければならないと考える。

　翻訳のために、毎週、祈祷会で祈ってくださった星出卓也牧師、そして愛する兄弟姉妹たち、デンバーに送り祈り続けてくださった愛する兄弟姉妹たち、翻訳も初めてのつたないものに変わらずにご教示くださり励ましてくださった、ヨベル社の安田様に心から感謝を申し上げたい。そして、最後に 40 才近くで留学することを許してくれた両親に心から感謝をしたい。

　2020 年　6 月

川島　祥子

事項索引

（人名を含む）

　但し、広範囲に叙述してある項目については除いた。また、訳出の都合上省いたものもある (訳者)

訳者　**川島祥子**（Kawashima Shoko）

1955 年生まれ。慶應義塾大学法学部法律学科、大妻女子大学大学院修士課程家政学研究科児童学専攻、東京基督神学校、Colorado Christian University Master of Arts in Biblical Counseling、青山学院大学文学部第二部教育学科卒。彰栄保育専門学校専任講師、日本長老教会東久留米泉教会・教会主事、幼稚園での働きを経て、現在、日本長老教会西武柳沢キリスト教会・教会主事、東京基督教大学、聖セシリア女子短期大学の非常勤講師を勤める。

ひとを理解する —— なぜ、ひとは、関係を熱望するのか

2020 年 10 月 2 日　初版発行

著　者 —— ラリー・クラブ
訳　者 —— 川島祥子
発行者 —— 安田正人

発行所 —— 株式会社ヨベル　YOBEL, Inc.
〒 113-0033 東京都文京区本郷 4—1—1　菊花ビル 5F
TEL03-3818-4851　FAX03-3818-4858
e-mail：info@yobel. co. jp

装　丁 —— ロゴデザイン・長尾 優
印　刷 —— 中央精版印刷株式会社

配給元 —— 日本キリスト教書販売株式会社（日キ販）
〒 162 - 0814　東京都新宿区新小川町 9 -1
振替 00130-3-60976　Tel 03-3260-5670
Kawashima Shoko©2020　ISBN978-4-909871-21-3 C0016

聖書は、聖書 新改訳 2017（新日本聖書刊行会発行）を使用しています。